能源转型发展诉求下
中国天然气市场分析

柴 建 梁 婷 张晓空 著

科 学 出 版 社

北 京

内 容 简 介

　　本书旨在探讨能源转型发展诉求下中国天然气市场中的各种能源问题，为经济和能源的可持续发展尽微薄之力。首先，通过对天然气产业研究背景、研究意义、发展现状、发展前景及亟待解决的痛点进行回顾和梳理；其次，分析天然气消费的影响机制，精准和精细地预测天然气消费量；再次，采用前沿定量模型对天然气价格的扭曲度、价格弹性、价格波动对下游企业的影响及中国天然气市场与世界主要天然气市场的联动关系进行了深入的探讨；最后，对可中断燃气合同的内容、交易模式、组织形式和合同中期权费用的测算进行分析并给出建议。

　　本书可供高等院校能源经济、资源经济等专业的师生，能源相关企业，政府相关管理部门及对能源经济和能源发展感兴趣的大众读者阅读与参考。

图书在版编目（CIP）数据

能源转型发展诉求下中国天然气市场分析 / 柴建，梁婷，张晓空著. —北京：科学出版社，2022.5
　　ISBN 978-7-03-070410-8

　　Ⅰ. ①能… 　Ⅱ. ①柴… ②梁… ③张… 　Ⅲ. ①天然气工业－市场经济－经济发展－研究－中国 　Ⅳ. ①F426.226.69

中国版本图书馆 CIP 数据核字（2021）第 223496 号

责任编辑：郝　悦 / 责任校对：张亚月
责任印制：张　伟 / 封面设计：无极书装

科 学 出 版 社 出版
北京东黄城根北街 16 号
邮政编码：100717
http://www.sciencep.com

北京虎彩文化传播有限公司 印刷
科学出版社发行　各地新华书店经销

*

2022 年 5 月第 一 版　开本：720 × 1000　1/16
2023 年 1 月第二次印刷　印张：12 1/4
字数：247 000
定价：136.00 元
（如有印装质量问题，我社负责调换）

前　　言

随着新一轮工业革命的兴起，应对气候变化日益成为全球共识。作为温室气体的主要来源，能源工业受到人们的广泛关注，特别是在能源清洁低碳转型方面的改善。可再生能源目前处于技术进步及成本降低的高速发展期，便宜且可靠的化石能源仍然是当前能源发展转型期的主要关注点。目前，传统化石能源的可持续发展成为解决当下能源行业主要矛盾的重要途径，加快推进天然气利用成为我国能源清洁低碳转型的必由之路。

自"十二五"规划提出扩大天然气利用规模的总体要求以来，中国相继制定了提高天然气消费占比的发展战略，但是在加快推进天然气利用的过程中仍面临很多关键的挑战。当前天然气产业存在的诸多问题是体制改革不到位、竞争主体不充分和调峰设计不合理等导致的，但最终结果都可以归结于价格机制不完善和消费需求变化不均衡、不稳定。尤其是在天然气"以需定供"和供需失衡的大背景下，天然气市场的价格和消费决定着整个行业的发展方向，削峰填谷和应急调峰也成为当下的关注焦点。

本书所要探讨的是当前机制下天然气市场中的价格扭曲和调节效应、天然气消费的影响机理和预测等相关问题。对于这些问题，理论界和实践工作者总是异乎寻常地兴趣盎然。针对如何深入并细致地分析天然气价格的调节机制及消费的影响机理，进而精准预测消费量这一课题，团队投入大量努力以期做出扎实可靠、面向中国特色的研究成果。

本书的特点在于运用许多当前最前沿的高级计量模型，将规范研究与实证研究相结合、定量分析与定性分析相结合。首先，深入研究天然气供需波动、趋势及周期性变动的核心影响因素与影响机理，在考虑突变性、季节性、非平稳性及非线性、区域差异性、行业差异性、混频数据变量等特征条件下，以整合信息来构建新的预测框架，形成不同情景下天然气消费量的精准预测；其次，在考虑天然气供需系统不对称、非线性基础上，考虑当前机制下天然气价格的扭曲和调节效应，分析中国天然气市场与国际主要天然气市场之间的动态联动关系；最后，为天然气可中断合同的设计和组织提供了可行方案。

全书共分为11章。第1章是本书的研究依据，对天然气产业研究背景、研究意义、发展状况、发展前景及亟待解决的痛点进行回顾和梳理。第2章至第6章分析了天然气消费的影响机制，精准和精细地预测了天然气消费量。第7章至第

10 章采用前沿定量模型对天然气价格的扭曲度、价格弹性、价格波动对下游企业的影响及中国天然气市场与世界主要天然气市场的联动关系进行深入的探讨。第11 章对可中断燃气合同的内容、交易模式、组织形式和合同中期权费用的测算进行分析并给出建议。

在学术上，笔者获益于已经在这方面做出重大贡献的许多学者，得到许多人的鼓励和帮助，包括对本书做出贡献的梁婷、张晓空、魏照昊、李晓芬、史惠婷、毛敏、范文玥、金颖和王丽巧等。他们的鼓励和极具启发性的支持给予了我很大帮助。我希望，通过系统地汇总我和其他许多学者的思想，在天然气价格和消费方面，本书能够激发读者产生更多的兴趣。

本书是在国家自然基金面上项目（项目编号：71874133）、陕西省"特支计划"青年拔尖人才计划项目、陕西高校青年创新团队项目、陕西高校新型智库项目支持下完成的研究成果。是一部密切关注中国天然气发展动态、聚焦天然气研究热点，致力于解决当前天然气市场发展的痛点，并提供政策选择的专著。希望为能源经济学者、工作在天然气领域第一线的实践者，以及社会各界对天然气问题与政策感兴趣的广大读者，特别是天然气政策当局提供准确、及时、全面的能源发展信息。

由于时间仓促、水平有限，书中难免有不尽如人意之处，恳求读者和专家批评指正。

柴　建

2021 年 8 月

目　　录

第1章　中国天然气市场状况 ·· 1
　1.1　研究背景 ·· 2
　1.2　天然气发展状况 ·· 4
　1.3　研究问题的提出 ·· 14
第2章　基于 RBF 神经网络分位数回归模型的中国天然气消费分析和预测 ···18
　2.1　天然气市场的供需状况及研究诉求 ······························ 18
　2.2　国内外研究状况 ·· 18
　2.3　数据说明与研究方法 ·· 20
　2.4　中国天然气供需预测分析 ······································ 22
　2.5　主要结论与启示 ·· 29
第3章　基于 LMDI-STIRPAT-PLSR 框架下的中国天然气消费分析和预测 ···31
　3.1　中国天然气消费和能源安全 ···································· 31
　3.2　国内外研究状况 ·· 31
　3.3　数据说明与研究方法 ·· 33
　3.4　实证结果分析与讨论 ·· 37
　3.5　主要结论与启示 ·· 47
第4章　基于 BMA 模型的新常态下的中国天然气消费分析及预测 ········· 49
　4.1　新常态发展诉求下的中国天然气消费 ···························· 49
　4.2　国内外研究状况 ·· 49
　4.3　数据说明与研究方法 ·· 51
　4.4　实证结果分析与讨论 ·· 56
　4.5　主要结论与启示 ·· 61
第5章　基于精细化角度的中国天然气消费分析及预测 ··················· 63
　5.1　中国天然气消费特征 ·· 63
　5.2　国内外研究状况 ·· 63
　5.3　数据说明与研究方法 ·· 66
　5.4　中国天然气供需预测分析 ······································ 70
　5.5　主要结论与启示 ·· 82

第 6 章　基于工业化发展中新兴经济体的天然气消费分析 ························ 84
　　6.1　世界及新兴经济体天然气消费状况 ······························ 84
　　6.2　国内外研究状况 ·· 84
　　6.3　数据说明与研究方法 ·· 86
　　6.4　实证结果分析与讨论 ·· 89
　　6.5　主要结论与启示 ·· 97
第 7 章　中国天然气价格合理性及影响因素分析 ······················· 99
　　7.1　中国天然气价格机制 ·· 99
　　7.2　国内外研究状况 ·· 100
　　7.3　数据说明和研究方法 ·· 101
　　7.4　实证结果分析与讨论 ·· 108
　　7.5　主要结论与启示 ·· 114
第 8 章　基于 Meta 分析的中国天然气需求价格弹性分析 ········· 116
　　8.1　天然气价格需求弹性研究诉求 ·································· 116
　　8.2　研究状况 ··· 116
　　8.3　数据说明与研究方法 ·· 123
　　8.4　实证结果分析与讨论 ·· 126
　　8.5　主要结论与启示 ·· 131
第 9 章　基于 DCC-GARCH-NARDL-ARDL-ECM 框架下中国天然气
　　　　市场国际视野分析 ·· 133
　　9.1　中国天然气市场的国际地位 ···································· 133
　　9.2　国内外研究状况 ·· 133
　　9.3　数据说明与研究方法 ·· 135
　　9.4　实证结果分析与讨论 ·· 138
　　9.5　主要结论与启示 ·· 146
第 10 章　天然气市场波动对下游企业资本市场的影响 ············· 149
　　10.1　中国天然气下游市场状况 ······································ 149
　　10.2　国内外研究状况 ·· 149
　　10.3　数据说明与研究方法 ·· 151
　　10.4　实证结果分析与讨论 ·· 154
　　10.5　主要结论与启示 ·· 160
第 11 章　可中断燃气合同探析及设计 ·································· 162
　　11.1　中国天然气调峰机制及管理诉求 ···························· 162
　　11.2　国内外研究状况 ·· 163

11.3　结合期权的可中断燃气合同 …………………………………… 164

11.4　Black-Scholoes 模型应用与可中断燃气最优购买模型 ………… 167

11.5　案例分析 …………………………………………………… 170

11.6　结论 ………………………………………………………… 172

参考文献 ………………………………………………………… 174

第1章　中国天然气市场状况

党的十九大报告指出，中国特色社会主义进入新时代，我国社会主要矛盾已经转化为人民日益增长的美好生活需要和不平衡不充分的发展之间的矛盾①。该矛盾体现在能源领域就是，在能源供求总量关系缓和的同时，结构性、体制性等深层次矛盾进一步凸显，环境问题突出，能源供需的安全高效、清洁低碳可持续发展成为解决当下能源行业主要矛盾的重要路径。

天然气作为高碳排放的化石能源和新型清洁能源之间的过渡能源，已被全球很多国家广泛地使用在了工业、商业、居民和发电行业，肩负着能源结构向清洁化方向优化的使命。全球低碳发展趋势也迫使中国调整能源消费结构大力发展天然气，价格改革、天然气管网建设等问题都受到广泛的关注。

2017年，比往年更多的优质蓝天占比，宣告"大气十条"第一阶段蓝天保卫战的初步胜利，期间，天然气承担了能源转型中的重要任务。然而，在多重因素交互作用下，2017年冬季开始出现大面积气荒事件。但这并不是2017年冬季的独特现象，2005年和2009年冬季在全国多地已出现过气荒。然而在2014~2016年国内经济新常态及国际油价下跌的背景下，需求放缓致使气荒转变成了荒气，直到2017年9月国内天然气供需形势逆转，荒气才变成了气荒。2018年2月5日，《人民日报》发文"气荒如何不再来——对今冬大面积气荒的调查与思考"，解释了气荒的主因是国内天然气需求超常增长，打破了供需平衡，指出了避免气荒的方法是"需求侧平稳有序安排煤改气是关键，供给侧建设足够的调峰能力是重点，长远之计是理顺价格"。因此，在经济发展、能源安全及环境诉求的大背景下，需要对天然气需求侧进行精细及精准的预测，并在此基础上，完善和理顺目前的天然气价格机制，测算目前天然气不同定价模式对供需失衡的影响，同时对供给侧、储运侧进行短期的应急调峰策略分析及长期的系统可靠性评估研究，对于促进我国天然气行业长期安全稳定发展、解决目前天然气短期供需失衡矛盾具有重要的理论价值。

---

① 来自中国共产党第十九次全国代表大会上，习近平代表第十八届中央委员会向大会作出的《决胜全面建成小康社会 夺取新时代中国特色社会主义伟大胜利》报告，http://cpc.people.com.cn/19th/n1/2017/1027/c414395-29613458.html[2021-09-04]。

1.1 研究背景

1.1.1 资源约束和环境约束是全球面临的问题

全球能源经济显现出快速增长的趋势。据英国石油公司（British Petroleum, BP）报告，2000 年至 2015 年，全球一次能源消费增长了 40% 左右。伴随能源的使用会产生一定的环境问题，例如，2016 年全球 CO_2 的排放达到 334.23 亿万吨。中国已经成为能源消费大国，能源消耗及由能源消耗产生的污染物排放的增长速度也随着经济的发展而快速增长。2016 年中国一次能源消费占比已超过 23%，在保障国民经济持续快速发展的同时能源对外依存度也不断攀升，因此中国同样面临着资源约束的问题。加之，自改革开放以来的能源消费结构都是以煤炭为主，2014 年我国天然气在能源消费总量中的占比仅为 5.7%，而同时期煤炭的消费占比为 65.6%，石油消费占比为 17.4%，但是这三种能源的碳排放强度分别为 44.8%、75.5%、58.6%，即碳排放越高的能源在消费结构中占比越大，这就导致了中国存在巨大的 CO_2 排放量。从 2001 年开始，中国的 CO_2 排放进入快速增长阶段，平均年增长率达到 7%，并且在 2006 年超过美国的 CO_2 排放量，成为全球 CO_2 排放量占比最大的国家，在 2015 年其排放量在全球占比达到了 27.3%，因此，中国面临着严重的空气污染的环境压力。而且，2012 年我国能源利用率仅为 33%，从单位国内生产总值（gross domestic product，GDP）能耗来看，2012 年我国的单位 GDP 能耗是世界平均水平的 1.8 倍和美国单位 GDP 能耗的 2.2 倍。面对不断加重的能源资源约束与环境污染问题，我国从"十二五"规划开始就已提出了绿色发展。

1.1.2 经济发展需要能源作支撑

新常态经济发展阶段的经济稳步增长战略要求行业、企业随之转型升级，新型城镇化的相关建设也被作为"十三五"规划的重要内容，这一系列改革发展的背后都需要能源作支撑。据测算，我国城镇化率每提高 1%，需要新增能源消费 4436 万吨标准煤并需要 1093 万吨钢和 3061 万吨水泥。而且，经济发展往往都需要消耗巨大的能源，作为新兴经济体，未来中国在经济上的发展和推进也是其国际竞争地位的重要体现，因此为满足经济增长需要可预见的巨大能源消费，也对我国的能源安全和环境安全提出了挑战。中国"十三五"期间致力于在经济—能源—环境体系中抉择出一条可持续发展的战略，因此节能减排、发展低碳经济等一系列举措相继出现。同时作为在化石能源中清洁度较高的重要能源，天然气消费也会随之发生变化,因此对天然气消费进行深刻的研究有利于把握经济增长下天然气需求的不断攀升所刺激的行业产能扩容问题,为下一步的发展方向和政策制定提供一定的参考。

1.1.3　能源消费多元化和清洁化是明显趋势

面对日益严峻的大气污染问题,中国致力于实施低碳化的发展体系,然而中国以煤炭为主的能源消费结构导致碳减排压力较大。持续的雾霾天气也倒逼中国相关部门加大力度控制煤炭在能源消费结构中的比重,用清洁能源进行替代。研究表明,同等标准煤下每燃烧 1 吨煤炭产生的 CO_2 比石油多 30%、比天然气多 70%,由此可见,产生同等热量下天然气排放的 CO_2 是最少的,因此天然气作为化石燃料中高效、清洁的低碳优质能源,是优化能源消费结构使其逐渐趋于清洁化的最佳选择。

在石油和煤炭一度成为世界能源消费的主体能源后,石油危机、油价高涨及环境污染问题相继出现。在"十三五"期间,碳强度较高的石油和煤炭在一次能源消费中的占比逐渐下降,加之核能发展在一定时间内仍受到一定程度的抑制,非常规天然气的突破性发展使得具有能耗低、燃料高的天然气消费呈持续增长态势,在可以取代碳强度更好的燃料或能够支持可再生能源并存的情况下,天然气非常适合逐步低碳化的能源体系。同时,在实现节能减排和低碳发展这些目标的过程中,相比于风能、可再生能源等新型清洁能源,天然气更具成本、技术优势,且受地域和时间等自然条件的限制较小,因此,在煤炭和石油的清洁替代能源中天然气潜力更大。2015 年全球天然气消费增加了近 50%,成为化石燃料中增长最快的能源,而中国是天然气需求增长的主要中心。因此,天然气在未来有可能逐渐替代石油、煤炭等能源成为主要能源产品。因此对天然气消费的研究不仅有利于把握天然气这一重要能源的供需情况,同时对被替代的部分煤炭、石油来说可以有效判断并应对可能出现的供需局势。

1.1.4　中国天然气的发展具有很大的空间和潜力

相比于石油和煤炭等化石能源,天然气具有一定的清洁优势,以及相比于可再生能源等新型清洁能源,天然气具有很大的技术优势和成本优势。然而,2015 年中国作为新兴经济体的天然气消费增量仅次于伊朗天然气消费大国,其天然气占一次能源消费只有 6%左右。据 BP 统计,2015 年全球天然气消费在一次能源中的消费比重达到了 23.8%,因此中国天然气的市场消费份额既远远低于全球平均水平,而且也低于亚洲 10%的平均比重,但这也意味着中国在能源结构优化中存在很大的上升空间。

在美国，天然气的供应充足、价格低廉及清洁高效，使之超过煤炭消费成为最主要的发电来源。相对于美国，中国目前的天然气是一种发展比较滞后的能源。其中一个重要的原因就是中国天然气价格偏高，在能源价格结构中存在一定的价格扭曲，使得具有明显价格优势的煤炭和石油对天然气的替代性变大。但是，目前一些利好的天然气价格调整政策相继出台，例如，2015年国家发展和改革委员会对非居民用气最高门站价进行下调并取消下限浮动范围。这意味着政府对天然气价格的控制逐步放松，使其在一定程度上由市场供需决定，而且天然气门站价的大幅下调又极大释放了下游消费者需求，因此中国未来的天然气消费量将会有一个很大的提高。

1.2　天然气发展状况

1.2.1　世界天然气发展状况

从世界天然气产业发展史来看，天然气产业发展历程经历了1821年以前早期的天然气产业、1821～1915年天然气的商业化使用、1916～1949年现代天然气产业的兴起、1950～1970年现代天然气产业的成熟、1971～2000年天然气产业的高速发展和2001年至今新型天然气产业的出现六个阶段。进入2000年后，全球气候变化给人类经济、生活和健康带来了负面影响，应对全球气候变化、推进能源转型已成为国际社会和能源行业的共识，如何处理好资源和环境之间的关系是全球面临的关键问题。世界能源转型在非化石能源技术取得重大突破之前，仍主要依靠化石能源清洁低碳发展。天然气作为能源系统低碳转型的过渡性能源，为应对环境问题提供了解决方案，加上天然气技术的不断改革和创新，越来越多的新型天然气产业出现并不断发展。近年来，全球天然气贸易量随着产量增长而增加，在总量持续增长的背景下天然气贸易市场也持续发生深刻变化；2010～2019年液化天然气（liquefied natural gas，LNG）贸易量年均增幅为5.4%，管道天然气（简称管道气）贸易量年均增幅为0.2%；全球贸易增量主要来自LNG出口的增长。管道气贸易市场份额由2000年的73.4%下降至2018年的54.3%，LNG市场份额由2000年的26.6%上升至2018年的45.7%。未来随着美国、澳大利亚、俄罗斯等国LNG出口量进一步增长，LNG市场贸易份额将很快超过管道气贸易份额。全球天然气供需持续处于宽松态势。从BP展望来看，未来我国煤炭消费绝对量会下降、原油消费绝对量仍有小幅增长空间，但二者占比都会进一步被压缩，未来天然气市场随着全球对能源绿色化要求的逐渐提高将具备更大的发展空间，这也是未来20年我国一次能源方面最主要的增长点。

1. 全球天然气储量分布

BP 发布了 2020 年的《BP 世界能源统计年鉴》,据其披露,2012～2019 年,全球天然气储量基本上呈现上升态势。2019 年,全球天然气已探明储量为198.76 万亿立方米,较 2012 年增长 6.09%,相较于石油等资源的储量,天然气储量增长稍显强势。截至 2019 年,全世界共发现气田 1.21 万个,其中美国最多,有9552 个,俄罗斯有 882 个。全世界有 1000 亿立方米以上的大气田 114 个,储量占世界气田储量的 60%。在全世界已探明的天然气储量中,几乎 50%赋存于俄罗斯;中东地区的天然气约占全球的 25%;北美(美国、加拿大、墨西哥)约占 10%。全球天然气已探明储量排名前十的国家依次是俄罗斯、伊朗、卡塔尔、土库曼斯坦、美国、中国、委内瑞拉、沙特阿拉伯、阿联酋、尼日利亚。全球十大天然气田中,有五个位于俄罗斯,分别是 Urengoy、Shtokman、Yamburg、Zapolyarnoye、Bovanenko 气田。俄罗斯西伯利亚地区的天然气储量占到俄罗斯总储量的 50%左右。由于天然气储量丰富,又毗邻中国,俄罗斯目前已成为中国重要的天然气进口国。中俄天然气管线东线建成后,最高每年向中国输送 380 亿立方米天然气(约合油气当量 3400 万吨)。

截止到 2019 年,伊朗和卡塔尔天然气已探明储量分别为 32.02 万亿立方米和24.68 万亿立方米,两国共有全球第一大天然气田北方—南帕尔斯气田,该气田很大一部分位于伊朗境内。国际能源署(International Energy Agency,IEA)数据显示,北方—南帕尔斯气田估计储存有天然气 51 万亿立方米、凝析油 500 亿桶。值得一提的是按照已探明油气当量来计算,伊朗达到 3822 亿桶,比沙特阿拉伯高出近 18%。也就是说,其实伊朗才是中东真正的第一油气大国,而非沙特阿拉伯。土库曼斯坦凭借 17.5 万亿立方米的天然气探明储量位列全球第四名。需要强调的是,中国石油天然气集团公司(简称中石油)在土库曼斯坦的天然气项目投资很大。土库曼斯坦是向中国供应天然气最多的国家,该国的天然气是中国西气东输二线的重要气源。

非常规天然气范畴的页岩气是近年来的市场热点,联合国贸易和发展会议(United Nations Conference on Trade and Development,UNCTAD)2018 年发布的一份报告显示,中国的页岩气储量排名全球第一名,接近俄罗斯天然气已探明储量;阿根廷、阿尔及利亚、美国和加拿大分别排名第二名至第五名。目前,全球可开采的页岩气总储量预计达到 214.5 万亿立方米,这一总储量相当于目前情况下全球天然气 61 年的总消费量。中国拥有成为最大的页岩气储备国的资源,要远远超过目前世界第二大页岩气储备国阿根廷。问题的关键在于,页岩气规模化开采目前只在美国和加拿大所在的北美洲开展,中国在页岩气储量方面大幅领先其他各国,具有深厚的开采潜力,但页岩气开采潜力与能力和探明可采储量之间,仍有较大差别,最终能有多大量为我国所用,仍未可知。

2. 美国和俄罗斯是全球天然气主要生产大国

2012～2019 年，全球天然气日均产量整体上呈现逐年增长的态势。2019 年，全球天然气日均产量达到 3860 亿立方米，较 2018 年增长 3.43%。如表 1.1 所示，2019 年，全球十大天然气生产国是美国、俄罗斯、伊朗、卡塔尔、中国、加拿大、澳大利亚、挪威、沙特阿拉伯、阿尔及利亚。美国、俄罗斯天然气产量在全球排名前两位，当日产量分别高达 891 亿立方英尺[①]和 657 亿立方英尺。全球 LNG 贸易量的不断增长，以及在天然气贸易中的比重不断提升，推动了全球天然气液化产能的快速增长。数据显示，2010～2019 年，全球天然气液化工厂的年液化产能不断扩张，至 2019 年末，全球天然气液化产能已达 4.3 亿吨/年，而 2019 年的新增产能规模也是自 2010 年以来的最大规模。

表 1.1　2019 年全球十大天然气生产国

国家	全球份额	增长率
美国	23.10%	10.20%
俄罗斯	17.00%	1.50%
伊朗	6.10%	2.40%
卡塔尔	4.50%	0.90%
中国	4.50%	9.90%
加拿大	4.30%	−3.30%
澳大利亚	3.80%	18.00%
挪威	2.90%	−5.70%
沙特阿拉伯	2.80%	1.40%
阿尔及利亚	2.20%	−8.10%

美国在页岩油革命之后天然气产量超越了俄罗斯，并仍有巨大发展潜力。值得注意的是中东地区天然气产量自 2000 年以来一直保持高速增长，展望期内其将是全球天然气增量的核心主力。美国天然气产量的激增也使美国的天然气凝液产量跃居第一名。美国拥有全球近 40% 的天然气凝液（我国习惯称为轻烃），其中大部分用于本国炼油厂或石化生产。美国国内就消耗了其生产的大部分天然气，因此在 LNG 的出口方面落后于卡塔尔和澳大利亚。2019 年，卡塔尔以 22.1% 的 LNG 出口量在全球排名第一名，其次是澳大利亚（21.6%），美国以 9.8% 的全球份额屈居第三名，俄罗斯（8.1%）和马来西亚（7.2%）分列第四名和第五名。但是美国

---

① 1 立方英尺 = 2.831 68×10^{-2} 立方米。

是世界增长速度最快的 LNG 出口国,过去 2010~2019 年的年均增长率为 40%
(2018 年至 2019 年甚至增长了 66%)。2018 年,美国已经是全球第三大 LNG 出
口国,但是仅仅在五年前,美国 LNG 出口方面的全球排名还在第 18 位。美国 LNG
已出口到世界 33 个国家和地区,其中,亚太地区是美国 LNG 最大的出口市场。
很多权威机构和学者预测,在未来几年内,美国或将成为世界第一大 LNG 出口国,
在天然气领域的主导地位逐渐增强。

伊朗、卡塔尔虽然当前阶段看起来与美国、俄罗斯天然气产量差距较大,但
后续潜力巨大,两国凭借丰富的储量未来有望迎头赶上,目前看来两国正在增加
投资,提升自身国内天然气的出口量,近几年增速明显,未来占据更大的市场份
额将成定局。同样储量巨大的土库曼斯坦并未现身前十大生产国,但对于我国来
说,土库曼斯坦作为重要的资源供应方,其地位对于我国能源供应安全来说非常
重要,稳步推进该国的天然气开发不失为一个合理的合作方式。截止到 2019 年,
我国是第五大天然气生产国,但是由于天气、环保、经济体量大等方面因素,我
国自身并不出口天然气,反而需要进口大量的天然气。

3. 全球天然气消费回升

1)全球天然气消费恢复增长后继续强劲复苏

自 2017 年开始,全球经济整体向好,能源消费稳中有增。在经历了 2015~
2016 年两年低速发展后,全球天然气市场于 2017 年触底反弹,行业全面回暖,
恢复到 2007~2016 年平均水平,天然气消费占一次能源消费比重上升 0.14 个百
分点。亚太消费大幅增长,抵消了北美消费 2012~2016 年来首次负增长的影响。
拉动消费回升的主要因素:一是亚洲传统天然气消费大国和地区的减煤抑核、核
电厂安全标准升级及消费国天然气利用与相关政策推动;二是以中国为代表的
主要进口国及新兴经济体经济向好,促进天然气消费;三是受欧洲煤炭价格走
高、风力发电量下降及气温波动影响,燃气发电需求持续增长,促进欧洲天然
气需求稳步提升。2018 年,全球天然气市场景气程度继续提高,全球能源消费
结构进一步向清洁化、低碳化加速转变,天然气消费占比稳步上升至 26%,增
速领涨全球能源,全球天然气消费量 3.86 万亿立方米,增速达 5.3%,创 2010~
2016 年来新高。天然气消费主要拉动因素:一是全球经济整体复苏,亚太地区
及新兴经济体天然气需求增加;二是美国天然气消费受天气影响持续回升,不
仅扭转 2018 年负增长的局面,还呈现出全球主要地区中最高增速;三是亚洲天然
气市场仍然维持较快发展势头,特别是中国天然气市场的快速拉动作用明显。2019 年,
全球天然气消费延续了 2018 年增长态势,共消费 39.29 亿立方米,较 2018 年增长
2.00%。如表 1.2 所示,2019 年美国、俄罗斯、中国为全球天然气消费量排行前三
的消费大国,其天然气消费占全球天然气消费量的比重分别为 21.50%、11.30% 和

7.80%。因为天然气需要修建管道或液化以后用 LNG 专用运输船装运，因此，很多国家既是天然气生产大国，也是天然气消费大国。前六个天然气消费国也都在前十个天然气生产国之列。

表 1.2　2019 年全球十大天然气消费国

国家	全球份额	增长率
美国	21.50%	3.30%
俄罗斯	11.30%	−2.20%
中国	7.80%	8.60%
伊朗	5.70%	−0.20%
加拿大	3.10%	1.70%
沙特阿拉伯	2.90%	1.40%
日本	2.80%	−6.60%
墨西哥	2.30%	3.50%
德国	2.30%	3.30%
英国	2.00%	−0.50%

2）北美和亚太地区领涨全球天然气消费，欧洲放缓

北美、亚太、独立国家联合体、中东、欧洲五个地区天然气消费量的总和占全球天然气消费量的 90% 以上，是全球天然气的主要消费地区。2017～2018 年，北美和亚太两大地区天然气消费显著增长，消费量占全球消费总量的 48%。北美地区主要消费经历了负增长和强劲反弹，其主要推动力来自美国。2017 年，北美消费出现近 5 年来的首次负增长，增速下降 0.9%，消费量为 9521 亿立方米。天然气影响因素主要有：特朗普政府的"能源独立"政策，解除了煤炭禁令，煤炭消费上升导致价格敏感度较高的电力行业天然气消费下滑；美国亨利中心气价回升，对消费有所影响；美国天然气产量下降，出口量上升。2018 年，受全球消费量排名第一的美国消费快速增长拉动的影响，北美天然气消费同比增长 91%，消费量突破 1 万亿立方米。2019 年北美天然气消费量为 10 632 亿立方米，较上年增长 4%。其中，美国消费量为 8481 亿立方米，比上年增长 3.8%；加拿大消费量为 1222 亿立方米，比上年增长 5.6%；墨西哥消费量为 929 亿立方米，比上年增长 3.8%。2018 年，受极寒和连续降温降雨天气影响，美国冬季天然气消费比上年大幅增长 11%，而 2019 年冬季，美国气温相对温和，未出现极端天气引起天然气消费大幅增长，全年消费走势相对平稳，增速大幅回落。

亚太市场消费持续增强，但增速放缓。2017 年和 2018 年，亚太消费增速分别为 10% 和 5%，消费量从 7948 亿立方米增至 8312 亿立方米。其中，中国天然

气消费在"煤改气"政策推动下持续快速增长；韩国受能源政策和天气因素影响，城市燃气和发电用气增长，拉动全国天然气消费持续增长；日本核电站重启使核能发电量显著增加，天然气消费量下降。2019年亚太天然气消费量约为8583亿立方米（中国、日本、韩国消费合计为4619亿立方米），较上年增长3%。

欧洲天然气市场由稳定增长转为增速放缓。2017~2018年，消费量从5117亿立方米增至5423亿立方米，增速由52%下滑至6.0%。2017年欧洲受到冬季遭遇极寒天气、煤炭价格上涨、天然气库存下滑等综合因素影响，整体天然气需求稳步提升。但2018年，欧洲冬夏季气温温和，风能和核电利用增加，天然气市场面临多来源气源竞争和多能源竞争等使天然气需求受到抑制。2019年欧洲天然气消费量约为5665亿立方米，比上年增长4.5%，主要是由于LNG进口量大幅提升。随着欧亚市场联动性逐步增强，欧洲成为北美、俄罗斯中亚供应区和亚太消费区中间的平衡器。受亚洲LNG需求不旺、价格持续走低、液化项目投产高峰加剧供应过剩等因素影响，欧洲吸纳了市场过剩资源，全年LNG进口量增幅达66.9%，目前欧洲库存水平逼近上限。

3）全球天然气区域市场格局重构

全球各大天然气区域市场普遍出现从量变到重大格局变化的趋势。北美市场中，美国随着页岩气产量的迅速增长，天然气进口迅速减少，2018年转为天然气出口国，目前正谋划向亚太地区增加出口量，中国、印度成为其亚太地区首要拓展目标；加拿大随着国内消费量的增长，出口量持续减少。独立国家联合体天然气出口量呈现稳步增长的趋势，增量主要来自俄罗斯；俄罗斯向欧洲地区出口的管道气增速减缓，目前正建设向东出口至中国的管道气通道，其北极圈附近亚马尔半岛地区LNG出口能力正随该地区天然气产量增长迅速扩建。中东地区长期以来一直是亚太地区主要LNG进口端，近年来随着LNG巨头卡塔尔出口增量减缓，出口增长进入平稳期。非洲出口量持续保持平稳。亚洲市场内部差异持续扩大；出口端中，澳大利亚出口量快速增长并加大向中国出口，马来西亚保持平稳，印度尼西亚持续下降；进口端中，日本进入负增长阶段，韩国、印度仍处于快速增长阶段，中国进入高速增长阶段并持续拓展全球多元化进口渠道。欧洲进口处于平稳阶段。西半球出口量快速增长，而进口增量主要来自亚太地区，天然气供应"西移"与需求"东进"的市场新格局进一步凸显。

1.2.2　中国天然气供需状况

1. 天然气供需发展阶段

中国经济稳定发展促使能源消费总量持续增长。天然气消费量受需求总量

持续增长和能源供给侧改革的影响,近年来,天然气消费量高速增长。从图 1.1
可以看出,我国天然气产量和消费量逐年上升,但国内天然气资源禀赋较差,
客观上难以满足国内经济发展需求,供需缺口逐年扩大,对外依存度也越来越
高。2018 年国内天然气表观消费量接近 2800×10^8 立方米,消费量跃居世界第三
位,同比增长 18%。但国内天然气生产受资源禀赋制约难以规模上产,产量增
速远低于消费量增速,导致我国天然气消费对外依存度快速增长,2019 年天然气
对外依存度达到 42.5%。

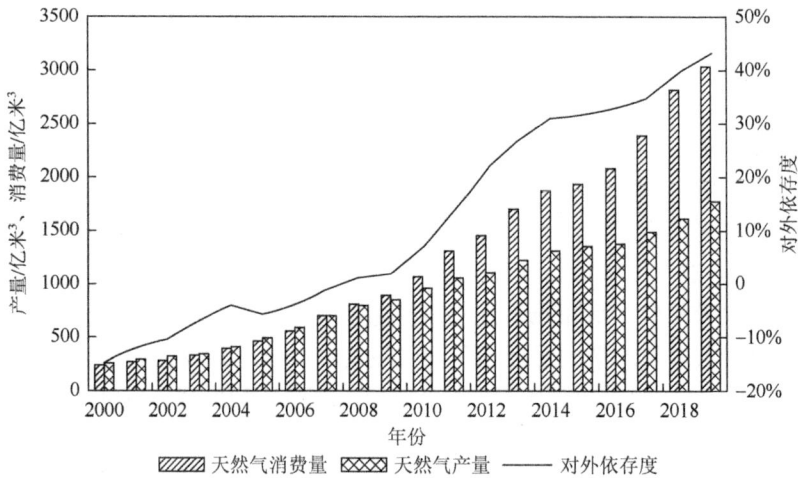

图 1.1　中国天然气产量、消费量和对外依存度增长趋势图

与国外天然气成熟市场相比,中国天然气产业发展起步相对较晚,总体上可
以划分为三个发展阶段:起步期、发展期、快速发展期。1950~1997 年为起步期,
消费规模小于 200×10^8 立方米,产量上溶解气和气层气各占一半,油气产业总体
呈现"重油轻气";天然气消费局限于川、渝、陕、甘、宁、新等省区市主要天
然气产区附近,通过局部管网就近消费。1998~2006 年进入发展期,上游勘探发
现资源增加,消费区域扩大,管道跨区增长;天然气通过区域管网的延伸和新建
长输管线开始跨区运输消费,此期间,天然气消费仍主要立足国内资源,产量决
定市场的消费量。2007 年起进入快速发展期,国内一批大气田相继投产,资源基
础进一步夯实;随着西气东输管线逐步贯通、LNG 新建端口投入运行,多气源供
应量快速增长;管道初步互联,天然气进入跨区消费阶段,消费行业开始延伸,
需求快速增长;随着长输管道的持续拓展、扩建,气源数量、供应量均呈现迅速
增长态势;天然气价格改革机制开始进入试点运行,天然气消费市场初步显现市
场化趋势。总体上,由于天然气产业发展相对较晚,基础相对薄弱,目前仍处于

快速发展期，离成熟天然气市场的稳定供应、发达管网、供应互联互通等各项指标均有较大差距，未来产业发展潜力依然巨大。

2. 天然气消费状况

受资源禀赋制约，中国能源消费结构中煤炭长期占据绝对主体地位。中国目前能源消费结构仍以煤为主，与欧美 20 世纪六七十年代构成类似。在 2014 年之前，煤炭消费量长期占据 65% 以上比例。2014 年以来，随着国内能源结构调整不断深化，通过不断提高煤炭市场准入、压减产能，加大环保力度，持续推进节能减排、煤置换，煤炭消费量逐渐减少，能源消费构成出现历史转折；天然气在一系列消费领域中逐步置换煤炭和成品油，天然气消费量在能源结构中的比例持续上升。2008~2019 年中国天然气消费保持快速增长态势，年均复合增长率达 12.8%，明显高于世界消费增速，是天然气消费大国中增长最快的国家，其中 2011 年增速高达 24.1%，2015 年仅为 2.3%。2019 年天然气消费量为 $307.3×10^9$ 立方米，仅次于美国和俄罗斯，是世界天然气消费第三大国，消费量占世界消费总量的 7.8%。天然气在一次能源消费总量中的占比不断提升，从 2008 年的 3.4% 提升到 2019 年的 8.1%。

天然气消费增长主要受政策、环保、经济、城市化等几大因素影响。各因素在全国不同地区作用程度各不相同，导致全国天然气分地区消费构成变化走势不同。自"十五"规划以来，长江三角洲（简称长三角）、东南沿海地区受经济快速增长下制造业需求增长、城市化规模推进、天然气调峰发电增长等因素影响，天然气消费量快速增长，在总能源消费量中的占比也快速增长，华东地区成为中国天然气消费量最大的区域。京津冀地区同时受"煤改气"等因素影响，天然气消费量也呈现快速增长走势。西北、西南及东北地区受早期天然气普及程度较高与经济增长相对缓慢影响，天然气消费增长有限，在总能源消费量中的占比也有所减小。受天然气价格承受能力、其他能源可置换程度及政策约束影响，不同行业天然气消费量增长呈现较大差异。制造业、生活消费、发电、交通运输是天然气消费增长最快的四大行业领域，即城市燃气和工业用气是天然气消费主力。

3. 天然气生产状况

由于加大了天然气勘探力度，尤其是页岩气勘探的突破，中国天然气新增储量不断增长，2008~2019 年天然气证实储量年均复合增长率约为 10.9%，除 2010 年以外，各年增速都高于世界储量增速。截至 2019 年底，天然气证实储量为 $8.4×10^{12}$ 立方米，比上年增长 32.0%，在世界上排名第六位。

中国天然气产量持续增长，但是增速低于消费量增速，2008~2019 年产量年均复合增速为 7.4%，高于世界产量增速，其中，2008 年增速高达 16.0%，2015 年增速最低仅为 1.8%。2011 年中国天然气产量迈上 1000×10^8 立方米的台阶，其中页岩气产量实现了零的突破，2018 年页岩气产量超过 100×10^8 立方米。2019 年中国天然气产量 177.6×10^9 立方米，为世界第五大产气国，占世界总产量的 4.5%。

2008~2019 年中国天然气进口快速增长，2018 年超越日本成为世界第一大天然气（管道气＋LNG）进口国。中国于 2006 年 6 月首次进口 LNG，而后总体上不断增长，2008~2019 年 LNG 进口量年均复合增长率为 30.3%，明显高于世界进口量增速。其中 2009 年增长速度最快，增速达 72.1%，随后增速下降，到 2015 年出现负增长，2016 年又恢复较快增长。2019 年 LNG 进口量为 84.8×10^9 立方米，比 2018 年增长 15.4%，仅次于日本，是世界 LNG 第二大进口国，这是自 2017 年超越韩国后连续第三年位居世界第二名。从表 1.3 我们可以看出，经过多年的发展，我国天然气市场的活跃度逐渐上升，在证实储量、产量、消费量、LNG 进口量方面都占据重要的地位。

表 1.3 2008 年和 2019 年中国天然气在世界的地位

项目	2008 年			2019 年		
	数量/米^3	世界占比	国家排名	数量/米^3	世界占比	国家排名
消费量	81.9×10^9	2.7%	7	307.3×10^9	7.8%	3
证实储量	2.7×10^{12}	1.6%	14	8.4×10^{12}	1.5%	6
产量	80.9×10^9	2.6%	7	177.6×10^9	4.5%	5
LNG 进口量	4.6×10^9	2.0%	10	84.8×10^9	17.5%	2

1.2.3 中国天然气管网建设

截至 2019 年底，天然气国家基干管网总里程近 8.1×10^4 千米，年输气能力超过 3500×10^8 立方米，实现了"西气东输、北气南下、海气登陆、就近外供"的供气格局。随着中俄东线天然气管道（北段）通气，中国四大进口天然气通道（东北、西北、西南和海上）全部贯通，一个"横跨东西、纵贯南北、覆盖全国、连通海外、资源多元、调度灵活、安全可靠"的天然气管网输送体系初具规模。同时，中国区域性天然气管网发展迅速并逐步完善。

1. 国家基干管网

目前，国家基干天然气管网系统有 3 个，分别是西气东输、陕京线和川气东送，并由 5 条联络线连接，实现各个方向的天然气安全输送。此外，还有约 30 条其他支干管网实现天然气的统一调配。西气东输管网系统现有 3 条管道，分别为西一线、西二线和西三线，是中国距离最长、口径最大的输气管网系统。陕京线西起陕西，东至北京，主要承担着为首都供气的重大责任。截至 2019 年，陕京线年输气量超过 500×10^8 立方米。川气东送天然气管网系统起自四川省达州市普光首站，止于上海末站，是上海地区仅次于西气东输的又一大重要气源。它的建成使得西南油气田丰富天然气资源得以外输，支撑了东部地区庞大的天然气消费市场。此外，5 条主要联络线也意义重大，它们串联基干管道，实现了资源的快速转移。具体来看，靖边—榆林线连通陕京一线和陕京二线；冀宁线连通西气东输和陕京线；淮武线连通西气东输和忠武线；兰银线连通西气东输和涩宁兰线；中贵线在中卫与西一线、西二线对接，在四川与川渝管网对接，在贵阳市与中缅管道对接。

2. 区域管网

依托国家基干天然气管网，出于经济发展和供应安全互保的需要，京津冀、长三角、珠江三角洲（简称珠三角）形成了互联互通的区域天然气管网，川渝地区也有完善的区域管网。①截至 2019 年京津冀区域天然气管网主要由陕京线、大港—永清、中俄东线等六条管道组成，年供气能力约为 1100×10^8 立方米，可接收中亚、俄罗斯等进口天然气，也可接收新疆地区、长庆油田等国产天然气，并配套建设有 LNG 接收站、华北储气库群等储气调峰设施。②截至 2019 年长三角区域天然气管网主要由西一线、西二线上海支干线、冀宁线等九条管道组成，年供气能力约为 600×10^8 立方米，并配套建设有金坛、刘庄储气库和江苏如东、江苏启东、上海、浙江 LNG 接收站等储气调峰设施。③珠三角区域天然气管网主要由西二线南宁支干线、广—深支干线、香港支线等七条管道组成，并配套建设有广东大鹏、珠海、粤东、九丰等 LNG 接收站。

3. 省级管网

省级天然气管网一般由各地区的省级天然气管网公司建设及运营。截至 2018 年底，中国已有 25 个省及直辖市成立了省级管网公司，运营模式上有统购统销、代输或二者兼有。北京和上海由于政策导向强、市场资源多、发展要求高等因素，形成了强大的区域天然气管网。在市场经济活跃、消费能力充足的江苏和广东，也形成了较为完善的省级天然气管网，基本实现了全省一张网，天然气覆盖率处于全国领先的地位。浙江、山西、山东、河北、河南、湖北和重庆等省区市的国家基干管网较多，也建成了较大规模的省级天然气管网，基本实现了省内天然气互联互通。另外，宁夏、海南、福建、辽宁和四川等省区市达到了重点城市基本普及天然气的水平，并且正在进一步努力实现全省一张网的目标。而在西北、东北等人口密度低、经济发展慢、主干管网少的部分省区市，天然气管道的建设速度缓慢，城镇天然气普及率有限。

1.3　研究问题的提出

大幅度提高天然气消费比重，能有效缓解我国面临的能源安全、环境保护等双重压力。尽管中国一直重视未来能源的多样化，并致力于发挥天然气的环境和效率优势，但中国天然气的未来仍具有不确定性，天然气发展仍存在挑战。虽然中国有独特的现实国情，但是现阶段面临的诸多问题也是许多发达国家曾经面对的问题。通用电气公司在《中国的天然气时代：能源发展的创新与变革》展望报告中认为，价格因素、创新（技术创新、商业模式创新及促进创新的政策激励）、管网的安全性和可靠性、降低排放、提升天然气价值链五大关键领域对成功步入天然气时代至关重要。虽然当前天然气产业很多问题是体制改革不到位、竞争主体不充分和调峰设计不合理等问题导致的，但最终结果都可以归结于价格机制不完善和消费需求变化不均衡、不稳定上。因此，长期以来，探讨天然气价格动态调整机制、分析天然气供求的影响效应及精准预测天然气消费需求一直是学术界研究的重点和难点。本书将围绕上述问题进行深入的研究和分析，以期为天然气市场化改革提供理论和事实性参考依据。

1.3.1　天然气消费精细化预测模型框架构建

第一，对于天然气系统来说，消费需求的分析和预测涉及供气系统长期的安全性、可靠性及相关企业的经济效益等诸多方面的因素，而目前亟须解决的天然气应急调峰问题也是天然气消费问题的再现，因此，天然气消费需求的相关研究对天然气系统经济平稳、安全可靠的发展具有重要意义。第二，从供给总量来看，随着非常规天然气的发展、美国等国 LNG 出口增加、四大能源战略通道的建成、天然气资源供应整体宽松，供给总量不再是制约发展的关键因素，供气企业由"以产定销"跨入"以销定产"时代。因此，需求分析尤为重要。第三，若要加强基础设施建设，必须进行工程技术分析、储气设施设计、管网设计优化，以及燃气管网管理现代化的实现。在进行工程技术问题分析时，要将天然气消费放在用气工况的背景下进行研究，这样的分析需要典型化的消费负荷变化，而这种变化来源于对已有消费负荷数据的研究基础。在储气设施设计及分配管网设计或确定制气设备能力时，需要知道用气消费随时间变化的规律。储气设施的储气规模主要取决于工作气量，以便提高储气设施的经济性。在城市燃气规划、设计中需要年供气量的基础数据，以便确定系统的配置规模和建设资金。因此，良好稳定的天然气消费预测就是加强基础设施建设的基础。日益复杂的供需网络结构、越来越多样的供需主体行为、越来越不稳定的国际市场及政策环境都对目前天然气预测框架带来很大的挑战，针对天然气消费规律构建动态、精细精准的前沿预测框架是燃气行业健康稳定发展的基础。第四，在我国天然气季节性峰谷差波动逐年增大、气荒及荒气交替频现的背景下，天然气消费侧的削峰填谷应急策略尤为重要，在目前我国合理的能源价格机制、气源风险、管输及储气能力等问题还尚未解决的情况下，可中断负荷是重要且可行的应急调峰措施。因此，在考虑目前价格机制及供给约束的情况下，基于天然气消费的精细预测，对不同情景、不同节点的可中断负荷容量需求、发生条件、阈值函数、合约设计进行研究，对可中断负荷的顺利实施及政策制定提供重要的理论基础和决策支持，对增加天然气消费需求侧弹性，以及天然气市场安全平稳运行具有重要的现实价值。

对消费品来说，供需及价格是紧密相连的一个系统，但针对天然气的战略属性，为保证供给安全及稳定，天然气价格很大部分由政府控制，而"以需定供"时代下的天然气供应也只能在部分程度上对需求产生影响，故对天然气消费的分析及预测中，除供应及价格外还需考虑很多其他影响变量，这也是本书以需求侧的消费量分析及预测为突破口的原因。考虑天然气消费序列的突发性、周期性、异质性，分行业、分区域、分时段的精细及精准的天然气消费预测对解决季节性峰谷差逐年增大状况下的天然气供给安全具有重要的现实价值。随着天然气政治属性、金融属性越来越强，不同频度的天然气消费数据受到多种复杂因素影响，表现出行业及区域差异性、突变性、周期性、非线性、非平稳等特性。基于此，本书拟在创新预测架构的基础上，从全网（年度、月度）、分行业（年度、月度）、分管网节点区域（年度、月度）等三个维度对天然气消费进行全面系统的分析和预测，构建适合我国过渡期天然气系统燃气消费特征的多维度、多频度系统分析及预测模型。

1.3.2　维持天然气系统安全、可靠运行，需要全面、系统、及时地分析终端用气规律

可靠性评估作为衡量天然气系统供气安全水平的重要手段，对规划和运行工作有着重要的指导意义。受天然气供气系统一体化的运营模式影响，供应可靠性与天然气消费显著相关。但目前的终端用气具有季节性差异愈加明显、区域用气量不均衡性差异显著增大的特点，随着人口结构、产业结构、经济发展、消费水平及消费结构、环境温度等的不确定性增加，终端用气需求的预估愈加困难。同时，随着进口来源国经济发展的自用气量的增加、环境气候变化、设备故障等问题的增加，进口气源供应不确定性风险加大。深入研究天然气供需波动、趋势及周期性变动的核心影响因素与影响机理，在考虑天然气系统供需不确定性、非线

性及网络复杂性的前提下，测算不同情境下中国天然气系统供应可靠性是具有迫切现实价值的重要课题。

1.3.3　天然气价格机制完善策略

首先，中国的天然气定价在 2013 年 7 月新的定价机制引入之前受到政府的严格管制，是以成本定价为特征的定价机制。这种定价机制现如今多为发展中国家采用，欧洲等发达经济体一般都采用市场净回值定价法。那么，中国天然气在管制下使用成本定价法的价格是否合理，是否出现扭曲，扭曲度如何，这都需要对价格的现状进行一定的评价并对其影响因素进行研究，才能明确中国天然气面临的改革压力和未来的改革方向。政府管制下的能源价格扭曲不但会制约能源结构的优化发展，而且在节能减排和经济效益上都会产生一定的影响，中国的天然气价格正是处在一定程度的管制政策下，而天然气作为最具有应对资源约束和环境约束双重压力潜力的能源，众多学者也将目光聚焦在天然气改革上，因此对当前机制下的天然气价格进行研究是很重要的，尤其是从扭曲度测度和影响因素两个角度对中国天然气价格进行研究分析是很有必要的。

其次，据预计，未来几年中国将会面临大量迅速增长的天然气消费需求。但由于中国受天然气资源及自主开采能力的限制，未来中国将不得不面临大量从国外进口天然气的状况，天然气的对外依存度可能会越来越高。尽管近些年中国先后成立了两个天然气交易所，逐渐开放了天然气市场定价体系，但目前为止中国仍未建立起由供需关系相互驱动作用的完整市场机制。因此，在尚不具备成熟天然气定价体系的背景下，从国际市场上大量地进口天然气必然会对中国的天然气市场价格产生巨大影响，甚至可能会威胁到中国的天然气供应安全。随着世界天然气市场间风险关联程度的逐渐加深，中国需要建立起一套能充分反映市场自身供给需求关系，并与国际天然气市场变化联动的价格机制，以保护天然气进口商、供应商和消费者的利益。因此，考察近些年来世界各主要区域天然气市场之间的动态联动关系变化，以及在这种变化下国际天然气市场价格波动对中国天然气市场价格产生的具体影响，并且正确把握国际天然气市场的变化及其与中国天然气市场之间的关系是非常必要的。本书通过对中国与世界天然气市场间价格关系的研究，以期可以为中国未来逐步接轨世界天然气市场，改革自身定价体系提供重要参考。

1.3.4　基于天然气消费精细化预测及供给约束下的可中断负荷策略分析

随着我国天然气市场的快速发展，各行各业对天然气的需求与日俱增，但我国还没有真正意义上的可中断燃气用户，所以在我国天然气市场引入并实施可中断负荷管理是十分必要的。从国家层面来讲，实施可中断燃气管理，就意味着挤出非理性需求，推动天然气合理利用，保障天然气安全。从产业角度看，可中断燃气管理是供给推动的重要补充，能够缓解市场供需矛盾，降低天然气消费季节波动的剧烈程度，促进天然气产业的健康发展。从资源利用来说，可中断燃气管理能够达到节约资源和提高能源利用效率的目的，推广节能理念，增强用户的节能意识，从而为产业发展设置正确导向。气荒及荒气交替频现的背景下，削峰填谷、应急调峰策略成为短期内解决问题的关键，在目前我国天然气差别价格体系不完善、气源风险不明晰、管输及储气能力不足等问题尚未解决的情况下，可中断燃气负荷便成为过渡期天然气系统具有可行性的短期应急调峰的重要手段。但目前缺乏对中国可中断燃气负荷发生条件、容量需求、合同设计、交易模式等方面的理论和实证研究，因此如何将可中断负荷管理引入我国天然气市场及如何设计可中断燃气合同的内容和交易模式，这正是本书所研究的关键问题。因此，在天然气消费的精细预测基础上，考虑供给约束情景下，对不同节点的可中断负荷容量需求、备用率阈值函数、合约设计进行研究，对天然气市场安全平稳运行提供重要的理论基础和决策支持。

第2章 基于 RBF 神经网络分位数回归模型的 中国天然气消费分析和预测

2.1 天然气市场的供需状况及研究诉求

近年来，天然气因其环保性、经济性、安全可靠性等优点被广泛应用于发电、化工工业、城市燃气、压缩天然气等工业生产和居民生活领域。从 2007 年开始，我国天然气消费量进入快速增长期，年均增长 16%。但 2014 年中国进入新常态时期，经济增速放缓，各行业都开始努力适应新常态，天然气消费量增速也出现下滑迹象。中国石油经济技术研究院报告显示，2014 年中国天然气消费量增幅仅为 7.4%，2003 年以来同比增速首次出现个位数增长，进口量增幅度也出现紧缩，仅为 12.6%。据国家统计局报告，2015 年一季度，国内天然气消费量为 502 亿立方米，同比仅增长 4.8%；国内天然气产量为 352 亿立方米，同比增长 6.8%；天然气进口量为 160 亿立方米，同比增加 16.5%。天然气产量及进口量的增速已经超越消费量的增速。进入新常态时期，国内经济下行压力加大及国际油价下跌导致需求放缓，天然气供应出现产能过剩倾向。中国天然气究竟是荒气还是气荒，天然气的需求拐点是否已经提前到来。在此背景下，分析中国天然气市场供需状况，对未来天然气市场的供需情况进行合理准确的分析和预测具有十分重要的现实意义。一方面有助于天然气管道的规划建设、生产管理及输配气的调度；另一方面，可以避免供过于求，促进天然气价改，更好地满足生产和生活需求。

2.2 国内外研究状况

能源需求的研究越来越多地吸引到了国内外科研工作者的目光。其中，对天然气生产和消费需求的分析及预测也相对丰富。本章从多个角度与层次对天然气供需市场进行了探讨，主要在以下两个方面。

（1）天然气供需的驱动因素。在驱动因素方面，大量研究表明能源的需求量与经济增长、经济结构、人口数量、人口结构、价格等因素有关。Li 等（2011）运用情景分析的方法分析了中国各部门天然气的消费状况和趋势变化情况，认为

GDP 和人口是天然气消费的主要影响因素。李君臣等（2010）也认为 GDP 和总人口数是影响中国天然气消费量的核心影响因素，在对天然气消费量进行系统分析时必须掌握这两个因素的变化规律。Zhang 和 Yang（2015）认为影响中国天然气消费量的因素包括 GDP、城镇化率、能源效率、能源消费结构、产业结构和商品与服务出口，并利用贝叶斯模型平均（Bayes model averaging，BMA）方法对未来天然气消费量进行预测。史立军和周泓（2012）运用系统动力学方法，综合考虑了人口、经济、环境等因素，对我国 2010 年到 2030 年的天然气供应量、消费量、净进口量、对外依存度、CO_2 排放量等进行了预测。结果表明，天然气需求量的上升导致进口量的不断增加，天然气对外依存度也在不断提高。Wang 和 Lin（2014）分析了中国天然气消费量和各部门天然气价格之间的关系，从长期发现来看居民部门对天然气价格敏感度高于工业和商业部门对天然气价格的敏感度。

　　（2）天然气供需的预测方法。Soldo（2012）指出 Hubbert 曲线模型和灰色模型将会是天然气预测的主要工具，在较小范围内最优化工具和经典回归工具的结合可能将是发展方向。Wu 等（2015）提出了一种新的灰色预测模型，可以在理论上很好地反映新信息的先验性。实证结果表明，此方法可以应用到中国天然气消费量预测上。随着组合预测的发展，Khotanzad 等（2000）提出两阶段人工神经网络方法，利用多层前馈神经网络和功能连接神经网络组合预测出美国六家公用事业天然气用量。Xu 和 Wang（2010）将二阶多项式曲线模型与移动平均模型结合，建立了多项式曲线和移动平均模型（polynomial curve model and moving average model，PCMACP），对 2007～2008 年我国天然气需求总量进行预测分析，所得预测值与真实值的平均误差为 3.82%，显著低于利用传统的二阶多项式曲线模型、BP（back propagation，逆向传播）神经网络模型及灰色预测模型预测所产生的误差。Kaynar 等（2011）利用经典的时间序列预测模型移动平均自回归模式（autoregressive integrated moving average model，ARIMA）和两种神经网络模型——多层感知和半径向基网络分别预测了天然气消费量，最后将三种模型的预测结果进行组合得到天然气消费量的预测结果。Wang 等（2016a）运用 Hubbert 峰值预测理论来分析中国天然气产量，通过构建小样本下有效滚动 GM(1, 1) 模型建立了八个不同的数据集来预测未来的天然气消费量，并对天然气生产量和消费量之间的差距进行了趋势分析，结果表明天然气生产和消费差距会越来越大。

　　随着集成人工智能技术的快速发展，预测方法从传统的时间序列平滑法、回归模型法、趋势外推法与相关分析法发展到现在，模糊集、粗糙集、支持向量机、遗传算法等智能化方法已被广泛引入能源预测中。通过对前人的研究总结发现，多数学者比较赞同的观点是：基于历史数据的自回归移动平均模型（autoregressive moving average model，ARMA）和指数平滑（exponential smoothing，ES）法更适合短期预测；灰色预测方法能够适用于范围较广的长短期预测，但精确度有所下降；人工神经网络具有自适应、自组织和实时学习的特点，适用于动态天然气消费预测及动态训练系统且具有较高的预测精度等。但是单纯的神经网络算法是在无约束的非线性条件下将所有信息数字化，虽然精确度很高，但是在预测方面却不能有效地反映出现实经济变量之间关系的不确定性。于是，为了找到一种可以避免确定性预测缺陷的新方法，有学者开展了大量概率性区间预测的研究工作，如分位数回归方法结合神经网络模型，得出了一定置信水平下的概率化区间预测结果。这样就把在非线性预测方面具有较高精度的神经网络和凸显局部影响的分位数回归很好地结合起来，得到良好的预测效果。分位数回归方法结合神经网络模型既能够基于历史数据的变化提高预测效果，又能反映经济变量之间的关系。何耀耀等（2013）将径向基函数（radial basis function，RBF）神经网络和分位数回归两种方法相结合构建模型，并利用时间序列数据得出了一天中每个时刻电力负荷的完整概率分布函数。

所以本章将采用 RBF 神经网络分位数回归模型对我国天然气市场供需进行分析及预测。首先，利用通径分析筛选出我国天然气供需的核心驱动因素。其次，构建 RBF 神经网络分位数回归模型并对我国天然气生产量、消费量进行预测。模型构建时以非线性分位数回归为理论基础，建立天然气概率密度分位数回归预测模型，并采用标准的梯度优化算法估算出模型的参数向量。运用交叉验证方法确定 RBF 神经网络基函数的中心、宽度及惩罚参数的值，拟合出不同分位数水平下天然气的生产量、消费量，计算并比较各分位数水平下的相对误差。再次，选取误差最小的中位数回归进行天然气生产量和消费量预测。但由于 RBF 方法对天然气生产量的预测误差较大，我们进一步分析后改用指数平滑（exponential smoothing，ETS）模型对天然气生产量进行预测。同时，由于我国天然气进口时间较短且数据趋势平稳，在进口量预测时采用情景分析法。最后，比较分析未来中国天然气市场的供需情况。

2.3 数据说明与研究方法

2.3.1 数据说明

本章基于文献综述提及的国内外研究及我国的状况，将分别从需求和供给、替代能源、成本因素与国家政策等角度综合考虑天然气消费、天然气产量、人口、城镇化率、GDP、城镇人均消费、工业燃料出厂价格、电价等影响因素之间的相互作用，选取 1990～2011 年的年度数据（本章数据来源：Wind 数据库、《中国统计年鉴》）中的天然气消费总量的数据作为输出变量。

2.3.2　研究方法

1. RBF 神经网络结构

针对传统 BP 神经网络中出现的收敛过分依赖初值和局部收敛等问题，Moody 和 Darken（1989）在 20 世纪 80 年代末提出了 RBF 网络，它是以 RBF 作为隐含层神经元激活函数的三层前向型神经网络，具有较快的运算速度、较强的非线性映射能力和较好的预报效能。它通常具有三层网络结构，包括输入层、隐含层、输出层，网络模型的拓扑结构如图 2.1 所示。

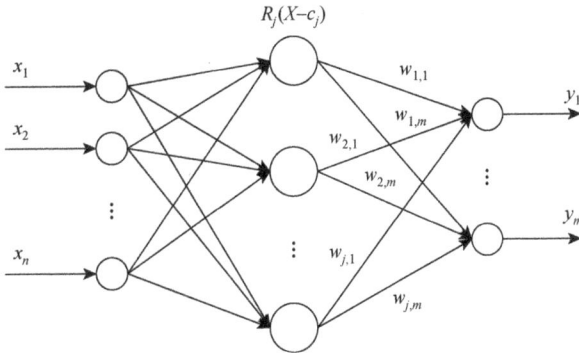

图 2.1　RBF 神经网络结构

$x_1, x_2, \cdots, x_n$ 为输入变量；$y_1, \cdots, y_m$ 为输出变量；R_j 为隐含层神经元基函数；X 为输入变量向量；c_j 为隐含层神经元基函数的数据中心；$w_{j,m}$ 为隐含层到输出层的权值

RBF 神经网络结构通过两层映射关系实现，分别是输入层空间到隐含层空间的非线性变换和隐含层空间到输出层空间的线性变换。RBF 神经网络结构的确立，是通过映射函数的学习，确定隐含层神经元基函数的数据中心 c_j、方差 σ_j 及隐含层到输出层的权值 $w_{j,m}$，从而完成输入到输出的映射。

2. 分位数回归

Koenker 和 Bassett（1978）于 1978 年提出了分位数回归理论，该方法度量了自变量 X 在分布中心、上尾及下尾对因变量 Y 的影响。假设 Y 受到 k 个因素 $X_1, X_2, \cdots, X_k$ 的影响，分位数回归表示为

$$Q_Y(\tau \mid X) = \beta_0(\tau) + \beta_1(\tau)X_1 + \beta_2(\tau)X_2 + \cdots + \beta_k(\tau)X_k \equiv X'\beta(\tau) \qquad （2.1）$$

式中，$Q_Y(\tau \mid X)$ 为因变量 Y 在自变量 $X = (X_1, X_2, \cdots, X_K)'$ 给定下的条件 τ 分位数；$\tau \in (0,1)$ 为分位数点，决定了在因变量的哪个分位点水平上进行回归；$\beta(\tau) = [\beta_0(\tau), \beta_1(\tau), \beta_2(\tau), \cdots, \beta_k(\tau)]'$ 为回归系数向量。

3. 基于 RBF 分位数回归的预测模型

Taylor（2000）提出了基于单层神经网络的分位数回归模型：

$$Q_Y(\tau \mid X) = f[X, W(\tau), V(\tau)] \tag{2.2}$$

式中，$W(\tau) = \{w_{jk}(\tau)\}_{j=1,2,3,\cdots,J; k=1,2,\cdots,K}$ 为输入层到隐含层的连接权重向量；$V(\tau) = \{v_j\}_{j=1,2,\cdots,J}$ 为隐含层与输出层之间的连接权重向量；K 为隐含层节点数；f 为一个非线性函数，其表达式为

$$f[X, W(\tau), V(\tau)] = g_2\left\{\sum_{j=1}^{J} v_j(\tau) g_1\left[\sum_{k=1}^{K} w_{jk(\tau)} x_{ki}\right]\right\} \tag{2.3}$$

式（2.3）体现了由解释变量 X 到响应变量 Y 的非线性结构。本章中，由于天然气的年消费量、生产量数据具有连续性，在众多的神经网络类型中 RBF 神经网络适合拟合连续变化数据，故本章神经网络选取 RBF 神经网络方法。

神经网络分位数回归模型式（2.2）中参数向量 $W(\tau)$、$V(\tau)$ 的估计可以通过下列式子的最优解得到：

$$
\begin{aligned}
&\min_{W,V}\left\{\sum_{i=1}^{N} \rho_\tau[Y_i - f(X_i, W, V)] + \lambda_1 \sum_{j,i} w_{ji}^2 + \lambda_2 \sum_i v_i^2\right\} \\
&= \min_{W,V}\left(\sum_{i|Y_i \geqslant f(X_i,W,V)} \tau \mid Y_i - f(X_i, W, V)\mid + \sum_{i|Y_i < f(X_i,W,V)} (1-\tau)\mid Y_i \right. \\
&\left. - f(X_i, W, V)\mid + \lambda_1 \sum_{j,i} w_{ji}^2 + \lambda_2 \sum_i v_i^2\right)
\end{aligned} \tag{2.4}
$$

式中，λ_1、λ_2 为惩罚参数，是为了避免网络结构陷入过度拟合的状态而设置的。惩罚参数 λ_1、λ_2 和隐含层节点数 K 的最优取值也可以用交叉验证方法确定。参数向量 $W(\tau)$、$V(\tau)$ 的估计可以使用标准的梯度优化算法进行求解，将得到的参数估计量 $\hat{W}(\tau)$、$\hat{V}(\tau)$ 分别代入式（2.2），就可以得到 Y 的条件分位数估计：

$$\hat{Q}_Y(\tau \mid X) = f[X, \hat{W}(\tau), \hat{V}(\tau)] \tag{2.5}$$

2.4　中国天然气供需预测分析

2.4.1　天然气消费核心影响因素提取

在研究影响因素时，大部分研究采用多元回归分析方法，但该方法的缺点是不能消除多重共线性。通径分析是简单相关关系的进一步发展，在多元回归的基础上对自变量与因变量之间表面直接相关性的分解，通过直接通径、间接通径

和总通径系数来研究自变量对因变量的直接作用、间接作用及综合作用,从而为统计决策提供可靠的依据,在众多领域得到广泛应用(卢全莹等,2015;Chai et al.,2011)。

从表 2.1 的面板 A 可以看出,经过通径分析筛选和检验,最终确定三个解释变量进入天然气消费量模型,分别是人口、城镇化率、GDP。直接影响大小排序(按绝对值大小排序):GDP>人口>城镇化率,综合影响(相关系数绝对值大小)排序:GDP>城镇化率>人口,可以发现不管是从直接影响还是综合影响来看,GDP 对我国天然气的消费作用最为显著。这是因为现阶段我国还处于发展阶段,经济增长还是主要依靠工业拉动,而工业产值的增长又是以能源为主导。人口和城镇化率的加快,伴随着交通运输、基础设施的跟进,最终也会反映到 GDP 的增长中。从人口、城镇化率、GDP 的决策系数分别为 1.4296、1.6458 和–0.1501 可以看出,人口和城镇化率为天然气消费的主要推动因素,且城镇化率的推动作用大于人口的推动作用。GDP 是天然气消费的限制因素,因为 GDP 和能源消费是一种复杂的系统,我国天然气储量较少,使得天然气在我国相对于煤和石油而言还是一种高端消费能源。决定系数 $R^2 = 0.9989$,说明选定的因素对变量的解释能力达到了 99.89%,证明通径分析把握住了主要的影响因素。

表 2.1　各影响因素对天然气消费、生产的通径分析表

自变量	综合影响	直接影响	总间接影响	决策系数	t 检验
面板 A:各影响因素对天然气消费量的通径分析表					
人口	0.8018	–0.3794	1.1812	1.4296	–9.6228
城镇化率	0.8985	0.2236	0.6748	1.6458	3.9145
GDP	0.9920	1.1111	–0.1191	–0.1501	41.0835
面板 B:各影响因素对天然气生产量的通径分析表					
人口	0.8550	–1.0367	1.8917	–2.8476	–4.3886
城镇化率	0.9389	1.9465	–1.0076	–0.1336	8.2399

从表 2.1 的面板 B 可以看出,最终进入生产量模型的两个解释变量,分别是人口、城镇化率。直接影响大小排序(按绝对值大小排序):城镇化率>人口。综合影响(相关系数绝对值大小)排序:城镇化率>人口。可以发现不管是从直接影响还是综合影响来看,城镇化率对我国天然气的生产作用最为显著,这是因为城镇人口的增加需要更多的天然气作为生产生活的保障。人口、城镇化率的决策系数分别为–2.8476 和–0.1336,表明人口和城镇化率为天然气生产的限制因素。因为目前我国天然气开采主要受技术创新、成本等因素影响,所以为

了满足人们所需的生产生活消费，国家相对于开采更愿意进口天然气。决策系数 $R^2 = \sum_{i=1}^{2} p_{iy}r_{iy} = 0.9412$，说明选定的因素对变量的解释能力达到了94.12%，证明通径分析把握住了主要的影响因素。

2.4.2　基于 RBF 神经网络分位数回归的天然气供需预测分析

本章选取1990年至2011年我国天然气消费总量的数据作为输出变量，将通径分析筛选出的三个核心影响因素 GDP、人口和城镇化率作为输入变量。构建 RBF 神经网络分位数回归模型分两个阶段进行，第一阶段：选取1990~2006年数据作为训练样本，对模型拟合并得出各个参数值，选取2007~2011年数据作为测试样本，并预测该时间段内我国天然气消费量。将2007~2011年天然气消费量预测数据与国家统计局公布的实际值作对比，计算预测误差。第二阶段：以1990~2011年天然气消费量作为训练样本，利用上述所得参数值对2012~2020年天然气消费量进行拟合。模型经训练所得，RBF 神经网络的最大迭代次数为1000，神经网络结构为3—1—1，即输入层的节点数为3，隐含层为1，输出层为1；分位数回归模型的惩罚参数 λ_1、λ_2 都为0.00001，RBF 神经网络核函数的宽度为10。所有数据进行标准化处理，如式（2.6）所示：

$$X_s = \frac{X_t - \bar{X}}{S} \tag{2.6}$$

式中，X_s 为标准化处理后的样本向量；X_t 为原样本向量；$\bar{X}$ 为列向量的平均值；S 为列向量的标准差。

2.4.3　天然气消费核心影响因素基准情景设定

本章给出了2012~2015年天然气消费核心影响因素的基准情景估计值，根据我国"十二五"规划，人口年均自然增长率控制在7.2‰以内。我国 GDP 在2015年达到55.8万亿元，年均增长7%，故本章以7%的增长率计算 GDP 变化量。2015年城镇化率要达到54%以上，"十二五"规划第一年（2011年）的城镇化率已达到51.27%。党的十八大后，中国政府致力于改变贫富差距、保持经济的持续发展，而完成这两个目标最重要的一个措施就是提高城镇化水平，通过提高城镇化水平来缩小贫富差距，在城镇化过程中基础设施建设、产业转移和结构调整将带动大量的投资与就业。因此未来城镇化增长速度不会下降，按照十八大后大部分人口专家的估计，2020年中国的城镇化将达到60%以上。按照这个预期，城镇化的年增长率将达到2%左右，本章以增长率2%的标准来设定2011~2020年中国的城镇化率。具体结果见表2.2。

表 2.2　天然气消费核心影响因素基准情景

年份	GDP/亿万元	人口/亿人	城镇化率
2012	506 221.28	13.57	52.295 4%
2013	541 656.77	13.67	53.341 3%
2014	579 572.74	13.77	54.408 1%
2015	620 142.84	13.87	55.496 3%
2016	663 552.83	13.97	56.606 2%
2017	710 001.53	14.07	57.738 3%
2018	759 701.64	14.17	58.893 1%
2019	812 880.75	14.27	60.071 0%
2020	873 033.93	14.37	61.272 4%

注: 因变量指天然气消费量, 自变量指 GDP、人口、城镇化率

2.4.4　不同分位数水平下天然气消费预测结果

　　RBF 神经网络分位数回归中, 预测结果因分位数取值不同而有差异, 反映在本章中, 就是在不同概率密度水平下, 天然气消费量、生产量预测结果的不同。表 2.3、表 2.4 分别为不同分位数水平下天然气消费量预测和生产量预测的结果差异比较。选取 1990～2006 年数据为训练样本, RBF 神经网络经训练后, 对 2007～2011 年天然气消费量进行预测, 并与 2007～2011 年我国天然气实际消费量进行对比。由表 2.3、表 2.4 可以看出, 两个模型的分位数分别在 $\tau=0.1$、$\tau=0.8$ 时, 预测误差最小, 为 3.02% 和 0.68%, 故天然气消费量和生产量的 RBF 神经网络分位数模型选取的 τ 值分别为 0.1 和 0.8。

表 2.3　不同分位数水平 (τ) 下天然气消费量预测结果差异比较

分位数值	2007 年	2008 年	2009 年	2010 年	2011 年	平均相对误差
0.1	705.60	846.01	945.29	1124.61	1302.27	3.02%
0.2	707.03	848.74	948.92	1131.43	1313.91	3.42%
0.3	707.97	849.77	949.99	1133.02	1315.87	3.56%
0.4	706.50	841.86	937.89	1105.29	1256.15	3.13%
0.5	714.99	873.16	986.13	1204.57	1443.40	8.43%
0.6	717.34	883.07	1002.08	1237.38	1506.10	10.67%
0.7	718.20	887.31	1009.53	1253.31	1537.61	11.75%
0.8	719.53	891.58	1016.26	1267.09	1563.86	12.70%
0.9	725.03	914.50	1053.49	1347.85	1722.78	18.20%
真实值	705.23	812.93	895.19	1069.40	1305.30	0

表 2.4　不同分位数水平（τ）下天然气生产量预测结果差异比较

分位数值	2007 年	2008 年	2009 年	2010 年	2011 年	平均相对误差
0.1	472.06	501.80	536.68	577.76	615.01	21.07%
0.2	498.70	533.89	575.42	624.69	669.63	32.59%
0.3	564.04	614.84	674.12	744.59	811.22	21.08%
0.4	569.74	624.69	687.56	761.66	833.72	12.03%
0.5	624.73	692.33	770.22	862.75	952.96	9.89%
0.6	623.69	694.40	773.55	866.04	959.18	9.60%
0.7	664.37	753.22	849.49	960.78	1078.80	0.85%
0.8	663.94	754.67	851.59	962.59	1082.16	0.68%
0.9	663.37	753.71	849.92	959.79	1078.35	0.89%
真实值	692.40	802.99	852.69	948.48	1026.89	0

对模型进行训练时，将所得 1990～2011 年天然气消费量和生产量的拟合数据与真实数据比较，计算预测平均误差分别为 0.08% 和 0.62%，即模型的拟合精度高达 99.92% 和 99.38%，这显示了 RBF 神经网络分位数回归在进行复杂非线性预测方面的优越性。2012～2020 年我国天然气消费量和生产量拟合值的具体结果见表 2.5。

表 2.5　2012～2020 年我国天然气消费量、生产量拟合结果

年份	消费量/亿米³	生产量/亿米³
2012	1389.97	1278.69
2013	1513.25	1461.19
2014	1645.04	1655.39
2015	1785.32	1861.21
2016	1934.14	2079.02
2017	2091.36	2308.58
2018	2256.77	2550.39
2019	2430.09	2804.88
2020	2618.53	3071.90
年均增长率	8.24%	11.58%

虽然拟合优度很好，但也不排除过度拟合的可能，所以我们还要与已有的真实数据进行比较。拟合结果表明，2012 年我国天然气消费量预测值为 1389.97 亿立方米，生产量预测值为 1278.69 亿立方米，而 2012 年天然气实际消费量和生产量分别为 1463 亿立方米和 1072 亿立方米，相对误差分别为 4.99% 和 19.3%，年均增长率分别为 8.24% 和 11.58%。可以看出，消费量预测误差在可接受范围内。虽然天然气消费量预测值略小于真实值，但是天然气作为新兴的清洁能源，发展速度快、潜

力大，其预测值略小于真实消费值是合理的。随着环境污染的日益加剧，能源消费结构会被逐渐调整，清洁能源的消费占比会逐步提高。但天然气生产量的预测误差则过大，说明 RBF 神经网络分位数回归模型可能不适合于天然气生产量的预测。一方面，天然气生产量会受储蓄量、开采技术、管道建设等因素的限制。另一方面，虽然需求不断攀升，但就我国的具体国情而言，国家会选择增加进口量而不是开采量。因此，我们改用单变量预测方法。

2.4.5　基于 ETS 模型的天然气生产量预测结果

在单变量预测方面主要是时间序列预测。时间序列预测用得最多的是 ETS 模型和 ARIMA 预测模型，历史上有大量关于这些模型的理论及实证研究，并至今仍在被不断地改进。平滑预测模型是在移动平均的预测方法上发展起来的，较移动平均法有所改进，主要是利用平滑系数来进行移动平均预测。理论上来说 ARIMA 模型更适合对具有周期性的年度数据进行预测，而 ETS 模型能更好地对非平稳性及非线性特征的数据进行预测（Chai et al.，2011）。由历史数据可以看出，天然气生产量具有非平稳性，同时不具有周期性，这说明天然气生产量趋势特征更为显著，ETS 模型的拟合结果可能更加准确。同时，通过比较预测结果发现，ARIMA 模型和 ETS 模型对 2012 年天然气生产量的拟合值分别为 1111.21 亿立方米和 1108.15 亿立方米，与 2012 年天然气生产量的真实值 1072 亿立方米相对误差分别为 3.65% 和 3.37%。所以，本章最后选择 ETS 模型对天然气生产量进行拟合。

针对天然气生产量，在 30 种 ETS 模型的计算结果下（R 语言的 FORECAST 程序包），通过信息准则的选择及预测精度的比较，最终模型选择结果及精度统计结果如表 2.6 所示[①]。

表 2.6　天然气生产量 ETS 模型选择及精度分析

平均误差	均方根误差	平均绝对误差	平均相对误差	平均绝对百分比误差
486.0	2006.1	1487.8	1.2	4.0

注：均方根误差（root mean square error，RMSE）；平均绝对百分比误差（mean absolute percentage error，MAPE）

ETS 模型的预测结果表明，天然气生产量在 2012 年为 1108.15 亿立方米，

---

① 经过推导，本章的 ETS 估计天然气生产量 ETS(M, A, N)模型具体形式如下。

$y_t = (l_{t-1} + b_{t-1})(1 + \varepsilon_t)$，$y_{t+1} = (l_{t-1} + 2b_{t-1})(1 + \varepsilon_t)$，···，$y_{t+h-1} = (l_{t-1} + hb_{t-1})(1 + \varepsilon_t)$，$l_t = (l_{t-1} + b_{t-1})(1 + \alpha\varepsilon_t)$，$b_t = b_{t-1} + (l_{t-1} + b_{t-1})\beta\alpha\varepsilon_t$，$\varepsilon_t \sim \text{NID}(0, \sigma^2)$，$0 < \alpha < 1$，$0 < \beta < \alpha$。其中 $\alpha = 0.9999$，$\beta = 0.6554$，$l_0 = 13\,652.6462$，$b_0 = 1118.2389$，$\sigma = 0.049$。

这与 2012 年实际的天然气生产量 1072 亿立方米，差距较小，相对误差为 1.2%，说明单变量预测方法的效果较好，能够有效地反映出我国天然气生产量未来发展趋势和状况，天然气生产量发展趋势延续历史趋势，历史记忆性规则下的时间序列预测模型结果更加符合。

2.4.6　净进口量情景分析模型

据国家统计局统计，我国从 2006 年开始进口天然气，当年进口量为 0.9 亿立方米，2010 年天然气进口量达到 164.7 亿立方米，对外依存度达到 15.8%。2007 年以前，中国天然气生产和消费基本平衡。自 2007 年开始，中国天然气进口量逐年增加，成为天然气净进口国家，2012 年中国天然气进口量为 420.6 亿立方米，净进口量为 391.7 亿立方米。随着中亚天然气管道及一批 LNG 接收站的投运，进口天然气的比例还将不断上升。2009 年，中国—中亚天然气管道建成通气，目前已经具备年供气 300 亿立方米的能力。中缅油气管道于 2013 年 5 月建成通气，具备年供气能力 120 亿立方米。中石油的土库曼斯坦"复兴"气田供气项目，年产 300 亿立方米，建成后绝大部分天然气将供应中国。从 2018 年起，俄罗斯开始通过中俄东线天然气管道向中国供气，输气量逐年增长，最终达到每年 380 亿立方米，累计 30 年。此外，中国还通过海路进口来自卡塔尔、澳大利亚、印度尼西亚等地的 LNG，2013 年中国进口 LNG 约为 230 亿立方米。

根据已签署的合同，2015 年我国年进口天然气量约为 935 亿立方米（《天然气发展"十二五"规划》），2020 年约为 1200 亿立方米。因此 2012～2015 年天然气进口量的年均增长率为 30.51%，2015～2020 年的年均增长率为 5.12%。本章以此为基准推算天然气的消费量和供给量，具体结果见表 2.7。理论上，总供给量等于生产量加净进口量，但由于我国天然气出口量一直相对稳定，维持在 30 亿～40 亿立方米，主要目的地是香港和澳门，占总进口量的比例较小，故净进口量和进口量的数据差距不大，本章在计算总供给量时用进口量代替净进口量。

表 2.7　天然气消费量、供给量预测结果　　　　单位：亿米^3

年份	总消费量	生产量	进口量	总供给量
2012	1389.97	1108.15	420.60	1528.75
2013	1513.25	1189.40	548.93	1738.33
2014	1645.04	1270.66	716.41	1987.07
2015	1785.32	1351.92	935.00	2286.92

续表

年份	总消费量	生产量	进口量	总供给量
2016	1934.14	1433.17	982.85	2416.02
2017	2091.36	1514.43	1033.14	2547.57
2018	2256.77	1595.68	1086.01	2681.69
2019	2430.09	1676.94	1141.58	2818.52
2020	2618.53	1758.19	1200.00	2958.19
年均增长率	8.24%	5.94%	14.00%	8.60%

由表 2.7 可以看出，虽然从 2012 年到 2020 年我国天然气总消费量的整体走势一直处于平稳上升状态，但总消费量的年均增长率小于总供给量的年均增长率，2015 年天然气市场确实出现了供过于求的现象，且 2016 年到 2020 年供大于求的程度逐年增加。模型结果进一步证实了中国天然气荒气现象的出现。拟合结果显示 2012 年中国天然气的总供给量已经略大于总消费量，但我们认为是合理的。因为通过查阅《中国统计年鉴》发现，2012 年我国天然气的实际消费量为 1463 亿立方米，总供给量为 1463.23 亿立方米（生产量为 1071.53 亿立方米，进口量为 420.60 亿立方米，出口量为 28.90 亿立方米），总供给量略大于总消费量，出现这种情况的原因可能是国家统计局的统计口径与国际统计口径不同，存在一定的统计误差。但由于我们所选用的所有数据均来源国家统计局，为了统一口径，我们并没有更换天然气供需量的数据源，此预测结果是在可接受的合理范围。进入新常态时期，经济增速放缓，经济下行压力增大，国际原油价格大幅度下跌，导致天然气需求放缓，出现了如今的气荒变荒气的现象。从需求侧来看，工业天然气的消费量增长放缓，甚至出现停滞，应该是最主要的原因之一。在天然气消费结构里，工业用气量曾占比最大。由于之前天然气市场一直处于一种供不应求的状态，天然气价格居高不下，多数的用气行业对价格较为敏感，部分企业用户因难以承受高价格，就选择少用或者不用，甚至出现了"气改煤"的非正常现象。种种迹象显示，2015 年我国天然气市场形势已出现有史以来的首次逆转。

2.5　主要结论与启示

本章对中国天然气供需市场进行深入剖析，利用通径分析方法筛选生产和消费核心影响因素，发现人口和城镇化率是天然气消费的主要推动因素，GDP 是天然气消费的主要限制因素。人口和城镇化率是影响天然气生产的限制因素，这与目前中国的能源消费结构相关，我国能源现状是多煤、少气，能源消费还是以煤炭为主。近年来环境污染的巨大压力使得我国正在逐渐实现能源结构的转型，所以天然气在能源消费中占比增加，呈现出增长趋势，甚至在 2013 年一度出现气荒现象。

模型的拟合结果表明，我国能源结构转型，天然气相对于煤炭的清洁优势使得我国天然气消费量总体呈现增长趋势。据净进口量情景分析模型估计，"十二五"期末中国天然气需求量达到近 1785.32 亿立方米，2020 年中国天然气消费达到近 2618.53 亿立方米，2011～2020 年的年平均需求增长率达到 8.24%。为了应对天然气需求高峰，国家加大了天然气资源勘探开发力度，使得天然气产量稳步增长。

同时，天然气进口量逐年攀升，对外依存度增加。模型结果表明，"十二五"期末中国天然气总供给量将达到近 2286.92 亿立方米，2020 年中国天然气总供给量达到近 2958.19 亿立方米。由此可以看出，天然气产业逐渐出现了产能过剩现象，新常态时期天然气的发展将面临新的挑战。

尽管从大的趋势来看，天然气消费量仍会有较大的增长，但整体的供需情况已经发生转变。国内经济增速放缓，国际原油价格下跌，导致天然气需求疲软。新的挑战也带来了新的机遇，荒气的冲击加快了天然气市场改革的脚步。为了应对新的天然气市场格局，政府相关部门应采取措施对天然气的使用进行统筹规划。首先，深化天然气市场化改革，特别是工业用气方面，合理定价，引入多元化市场主体；其次，推动天然气发电也是一种促进需求的方式。国外经验已表明天然气市场发展进入稳定期以后，发电将成为促进天然气需求增长的主要动力。同时，国内供气企业也应加快技术和管理创新，降低生产和供应成本，提高天然气价格竞争力。

第3章 基于 LMDI-STIRPAT-PLSR 框架下的中国天然气消费分析和预测

3.1 中国天然气消费和能源安全

自 2006 年以来，中国已经成为全球温室气体排放的最大贡献国，据 BP 统计，2016 年中国 CO_2 排放量占全球的 27.3%，在应对气候变化方面发挥了重要作用。因此，中国及其他西方国家和发展中国家的减排已成为国际社会的一个主要焦点（Qi et al.，2016）。无论是 CO_2 排放还是其他环境污染物，一般都是经济社会发展过程中能源和资源利用的副产品。因此，环境问题直接关系到能源的消耗。为解决这一问题，中国加强了环境保护措施，控制和减少煤炭消耗，并以清洁能源替代煤炭。

与风能、可再生能源等清洁能源相比，天然气具有更大的成本优势，因此，天然气作为一种低碳、优质的清洁能源，加快推进天然气利用正被视为优化能源结构的理想解决方案。提高天然气在一次能源消费中的比重也被列入"十三五"规划。事实上，2015 年我国天然气市场价格的大幅度下调显著刺激了下游消费需求。2015 年，中国天然气消费量仅占一次能源消费量的 6%，尽管中国是新兴经济体中仅次于伊朗的第二大天然气消费国，但仍远远落后于全球平均水平（据报道，2015 年全球天然气消费量增长了 1.7%，占一次能源消费量的 23.8%）。因此，中国在优化能源结构、改善空气和环境质量方面还有很长的路要走。为了刺激天然气需求，需要分析影响天然气消费的因素，进而找到实现天然气消费目标的适当手段。

然而，据我们所知，由于我国富煤、贫油、少气的能源储备结构，天然气消费量的高增长可能会带来一些供需问题，这些问题可能会对中国的能源安全产生不利影响。天然气供需不匹配可能给实现清洁能源和低碳经济的预期目标带来一些挑战。因此，有必要对未来天然气消费量进行预测，在解决能源安全问题和与其他国家的天然气贸易市场问题时，除了关注环境污染问题外，还需要这样的预测。

3.2 国内外研究状况

就天然气消费而言，调查其影响因素是很重要的。进入 21 世纪，能源和天然气消费一直是一个重要的研究重点。例如，Kum 等（2012）、Apergis 和 Payne（2009）

利用格兰杰因果关系证明了天然气消费与经济增长之间存在因果关系，Zamani（2007）应用向量误差修正模型，发现除 GDP 外，工业增加值与天然气消费量之间存在长期的双向因果关系，Kani 等（2014）采用平滑转换回归（smooth transition regressive，STR）模型发现 GDP、天然气价格和温度会对伊朗天然气需求产生非线性影响等。但这些传统的分析影响因素的方法往往忽略了不同能量类型之间的内部结构和替代效应。对数平均迪氏指数（logarithmic mean Divisia index，LMDI）方法是研究内部因素和影响强度的一种成熟方法，已被广泛应用于对碳排放、能源消耗和能源强度的评估。例如，Qi 等（2016）使用 LMDI 分析中国 CO_2 减排的驱动因素，Torrie 等（2016）使用 LMDI 分解能源强度，发现加拿大能源强度的下降可归因于经济部门间的结构变化。LMDI 方法也被大量应用于研究不同部门的总能耗，如 Zhang 和 Peng（2011）研究了中国交通运输行业的能源消耗，Mraihi 等（2013）研究了突尼斯道路能源消耗，Wu 和 Xu（2014）研究了中国货运能源消耗。

许多研究试图使用各种方法预测天然气消耗量，如模糊理论（Azadeh et al.，2011）、神经网络（Gorucu，2004a；Szoplik，2015）、系统动力学（Li et al.，2010）、遗传算法（Aras，2008）和灰色理论（Kumar and Jain，2010）。例如，Kumar 和 Jain（2010）使用灰色理论模型预测印度包括天然气在内的常规能源消费，而 Aras（2008）则使用遗传算法预测居民天然气的短期需求。然而，这些方法普遍未能把握能源开发过程中各要素的阶段性特征。情景分析最初被军方用于评估土地和水资源的使用（Schwartz and Peter，1996）。这种方法的优点在于，它能够描述与研究对象发展相关的变量的阶段性发展特征，并在不确定性下提供各种可能的预测（Kepner et al.，2004）。因此，情景分析被广泛应用于对能源资源与环境战略规划（Karvetski et al.，2011）、能源政策（Simões et al.，2008）和决策管理（Hong et al.，2013）的分析。在情景分析之前，先用多元回归模型研究变量之间的基本关系。在多元回归模型中，核心思想通常是最小二乘法（least square，LS），然而普通最小二乘法（ordinary least squares，OLS）发现，如果变量之间存在多重共线性，则会导致模型估计出现误差（Zhang et al.，2009）。然而，当观测值有限且变量众多、缺失值较多或变量之间存在多重共线性时，偏最小二乘法（partial least squares，PLS）更为可取（Frank and Friedman，1993），它还被成功地用于预测能源消耗（Zhang et al.，2009；Chai et al.，2008）。

这些宝贵的研究成果丰富了我们对天然气消费重要影响因素的研究和对未来发展的预测。在研究规模上，以往的研究大多选取了一定的宏观经济因素，而没有考虑其内部结构效应。天然气是重要的一次化石燃料能源，在考察天然气消费影响因素时，必须考虑不同能源类型之间的内部结构和替代效应。LMDI 方法使我们能够更详细地了解能源消费结构、经济结构等因素对天然气消费的影响，并在碳排放、能源消费、能源强度等领域得到了广泛的应用，但很少用于评估单一能源消耗，如天然气消耗的分解（Liu et al.，2016）。因此，本章采用 LMDI 方法对我国天然气消费量进行分解，分析其主要影响因素。PLS 可以很好地估计天然气消费的可拓展的随机性的环境影响评估模型（stochastic impacts by regression on population，affluence and technology，STIRPAT）。情景分析对于描述与研究对象发展相关的变量的阶段性发展特征，并在不确定性条件下提供多种可能的预测具有重要意义。

本章从以下几个方面努力弥补这一差距。首先，我们结合 LMDI、STIRPAT 模型和偏最小二乘回归（partial least squares regression，PLSR）技术，提出了一个研究天然气消费与其影响因素关系的综合框架。特别是，本章基于 LMDI 方法对我国天然气消费的影响因素进行了实证研究。这些分解因子既能反映能源经济系统对天然气消费的内部结构效应，又与决策者对环境、能源和经济的关注高度吻合。其次，在预测未来中国天然气消费量时，本章提出了一种新的基于 LMDI 方法的因子分类方法。由于环境污染的严重威胁和经济发展的需要，我国面临着能源利用与经济发展的矛盾。因此，将影响因素划分为经济发展指标和清洁指标有利于反映能源利用和经济发展中面临的问题，而且这也能代表政策制定者因地制宜地根据不同阶段的发展要求制定不同的导向政策。

3.3　数据说明与研究方法

3.3.1　数据说明

本章的样本区间为 1984～2015 年，数据来源于 Wind 数据库、《中国统计年鉴》，人均 GDP 以 2005 年不变价表示。

3.3.2　研究方法

1. LMDI 分解法

天然气作为重要的化石能源，在能源市场上与煤炭、石油、可再生能源等一次能源之间存在一定程度的替代性。因此，在研究天然气影响因素时，不能忽视能源的内部结构和替代效应。基于 Ang 和 Liu（2007）提出的 LMDI 分解法，能源消费可以分解为经济总量效应、能源强度效应和能源结构效应。能源结构效应可以进一步分解为化石能源结构效应和非清洁能源消费效应，这些都有助于分析结构因素和能源之间的替代效应。此外，Ang（2004）认为，LMDI 分解法由于其理论基础、适应性、易用性和结果解释，是分解分析中的首选方法。因此，本章采用 LMDI 分解法对我国天然气消费变化进行分解。分解方程如下：

$$NG = \frac{NG}{FE} \times \frac{FE}{PE} \times \frac{PE}{GDP} \times \frac{GDP}{P} \times P \quad (3.1)$$
$$= S1 \times S2 \times I \times PG \times P$$

式中，NG 为天然气消费量；FE 为化石能源消费量；PE 为一次能源消费量；GDP 为国内生产总值。$S1$ 为天然气消费占化石能源消费的比例，代表化石能源结构，反映煤炭及石油对天然气消费的替代效用；$S2$ 为非清洁能源消费结构，用化石能源占一次能源消费的比例表示，反映我国能源结构改善状况；I 为能源强度，也就是单位 GDP 能耗，反映我国经济层面上的技术进步；PG 是人均 GDP；P 是人口。

本章根据 Ang 和 Liu（2007）研究中的 LMDI 分解法计算从基期 0 年到 t 年的天然气消费变动，在时间序列中是从第 $t-1$ 期到第 t 期。中国天然气消费的 LMDI 分解表达式为

$$\Delta NG = NG_t - NG_{t-1} = \Delta NG_{S1} + \Delta NG_{S2} + \Delta NG_I + \Delta NG_{PG} + \Delta NG_P \quad (3.2)$$

$$\Delta NG_{S1} = L(NG_t, NG_{t-1}) \ln(S1_t / S1_{t-1}) \quad (3.3)$$

$$\Delta NG_{S2} = L(NG_t, NG_{t-1}) \ln(S2_t / S2_{t-1}) \quad (3.4)$$

$$\Delta NG_I = L(NG_t, NG_{t-1}) \ln(I_t / I_{t-1}) \quad (3.5)$$

$$\Delta NG_{PG} = L(NG_t, NG_{t-1}) \ln(PG_t / PG_{t-1}) \quad (3.6)$$

$$\Delta NG_P = L(NG_t, NG_{t-1}) \ln(P_t / P_{t-1}) \quad (3.7)$$

式中，$L(NG_t, NG_{t-1}) = \ln(NG_t - NG_{t-1}) / (\ln NG_t - \ln NG_{t-1})$。$\Delta NG$ 是天然气消费的总效应，由化石能源结构变化引起的化石能源结构效应 ΔNG_{S1}、非清洁能源结构变化引起的非清洁能源效应 ΔNG_{S2}、能源强度变化引起的强度效应 ΔNG_I、人均 GDP 变化引起的经济效应 ΔNG_{PG} 和人口总量变化引起的人口效应 ΔNG_P 五大部分组成。原始数据来源于《中国统计年鉴》。

能源强度的变化是部门能源强度效应和部门结构效应引起的（Sun，1998）。事实上，能源消费尤其是天然气消费也受到行业结构的影响。此外，与美国和日本相比，中国的能源强度更高，具有巨大的降低能源强度的潜力。因此，为了了解能源强度变化的原因，进一步研究未来天然气消费增长的更实质性的原因，本章利用 LMDI 分解法对能源强度进行分解。采用的分解公式如下：

$$I = \frac{NG}{GDP} = \frac{\sum NG_i}{\sum GDP_i} = \sum_i \frac{NG_i}{GDP_i} \times \frac{GDP_i}{\sum GDP_i} = \sum_i e_i \times k_i \quad (3.8)$$

式中，$i = 1,2,3$，为三次产业。e_i 是第 i 产业的能源强度，为强度效应；k_i 是第 i 产业的产业增加值在 GDP 中的占比，为产业结构效应。本章使用 LMDI 分解法对中国能源强度进行分解。其表达式为

$$\Delta I = \Delta I_e + \Delta I_k == \sum_i w_i \ln(e_i^T / e_i^0) + \sum_i w_i \ln(k_i^T / k_i^0) \quad (3.9)$$

式中，$w_i = (e_i^T \times k_i^T - e_i^0 \times k_i^0) / [\ln(e_i^T \times k_i^T) - \ln(k_i^0 \times k_i^0)]$；$\Delta I_e$ 和 ΔI_k 分别为强度效应和产业结构效应所产生的能源强度的变化；T 为时间，即第 T 期，当 $T = 0$ 时，表示第 0 期。在第二产业中，工业的能源消费比重超过 70%，产业增加值占比超过 95%，是第二产业发生变化的主要原因，因此，本章将第二产业按照部门划分为工业和建筑业来研究其对能源强度的影响。

2. STIRPAT 模型

Ehrlish 和 Holdren（1971）首次用 IPAT 模型反映人口对环境压力的影响。模型表示为

$$I = PAT \tag{3.10}$$

式中，I 为环境压力；P 为人口数量；A 为富裕度；T 为技术。由于 IPAT 模型存在一定的局限性，如在改变一个因素同时，无法保持其他因素固定不变来分析问题（姜磊和季民河，2011），而且所能得到的研究结果基本限于 CO_2 排放与能源、经济及人口在宏观上的量化关系与对因变量的等比例影响（孙敬水等，2011）。因此，Dietz 和 Rosa（1994）提出了 IPAT 模型的随机回归影响模型——STIRPAT 模型。该模型可以表示为

$$I = aP^{b_1} A^{b_2} T^{b_3} e \tag{3.11}$$

式中，a 为常数项；b_1、b_2、b_3 分别为 P、A、T 的指数项；e 为误差项。同时对模型两边取对数后，模型形式变为

$$\ln I = a + b_1 \ln P + b_2 \ln A + b_3 \ln T + e \tag{3.12}$$

STIRPAT 模型被改进并广泛用于研究环境等变化的决定因素，已为业内认可，环境污染问题是能源消费的副产品，因此很多学者已经将该模型用于分析能源消费问题，并利用该模型的灵活性，根据研究对象和实际研究背景将多个或者复杂的影响因素加入模型（York，2007；Zhang and Peng，2011）。因此本章将 LMDI 分解结果中对天然气消费产生较大影响变量的化石能源结构、非清洁能源结构、人均 GDP、人口、工业能源强度、工业结构引入 STIRPAT 模型来进一步分析这些因素是如何影响天然气消费的变化。

其中人均 GDP 作为衡量经济发展程度的重要指标，已有大量的研究表明经济发展和环境污染、能源消费等之间存在着环境库兹涅茨曲线（environmental Kuznets curve，EKC），但也有学者得出相反的结论（Wang et al.，2012），为了研究中国的天然气消费和经济活动之间是否存在着 EKC，本章将人均 GDP 的二次方引入模型中。

从 LMDI 分解结果来看，人口对天然气消费的影响很小，但是根据实际发展状况和相关的研究，居民对天然气消费确实有着刚性需求，因此人口因素也是个不能忽视的因素，故本章将参考林伯强（2009）、Wang 等（2012）的研究用人口

结构来代替人口变量,以反映人口因素在阶段性发展过程中对天然气消费的影响,同时,由于天然气的输送依靠管道等基础设施的完善,中国目前的管道主要覆盖在城镇,使用城镇化率这一指标也更加合理。

综上,中国天然气消费的 STIRPAT 模型可以表示为

$$\ln G_t = a + b_1 \ln Y_t + b_2 (\ln Y_t)^2 + b_3 \ln S1_t + b_4 \ln S2_t + b_5 \ln \text{II}_t$$
$$+ b_6 \ln I_t + b_7 \ln U_t + e_t \tag{3.13}$$

式中,G_t 为天然气消费量;Y_t 为人均 GDP;$S1_t$ 为化石能源消费结构,用天然气消费在化石能源消费中的比例表示;$S2_t$ 为非清洁能源消费结构,用化石能源在一次能源消费中的比例表示;$\ln \text{II}_t$ 为工业能源强度,用工业一次能源消费和工业 GDP 产出之间的比值表示;$\ln I_t$ 为工业水平,用工业增加值在 GDP 中的占比表示;$\ln U_t$ 为城镇化率;t 为时间。本章的样本区间为 1984~2015 年,数据来源于 Wind 数据库、《中国统计年鉴》,人均 GDP 以 2005 年不变价表示。

3. STIRPAT 模型的 PLS 回归

PLS 回归在 Wold 等(1983)的研究中首次提出,该回归将多元线性回归分析、主成分分析和典型相关分析有机结合起来,具有 OLS 回归无法比拟的优点,例如,当研究过程中存在观测值有限而变量较多、缺失值较多或者变量之间存在多重共线性等问题时,利用 OLS 回归拟合回归模型,会使回归系数估计值的抽样变异性显著增加,甚至当解释变量完全相关时,是无法求解回归系数的。若仍沿用 OLS 拟合回归模型,回归结果将会出现许多反常现象,致使其精度、可靠性得不到保证(王文圣等,2003)。

对于解释变量 $X = [x_1, x_2, \cdots, x_m]$ 及被解释变量 y,这里的每个 x_i 和 y 都是 n 维列向量。则 X 和 y 可表示为

$$X = t_1 p_1 + t_2 p_2 + \cdots + t_h p_h + e_h \tag{3.14}$$

$$y = u_1 q_1 + u_2 q_2 + \cdots + u_h q_h + f_h \tag{3.15}$$

式中,t_i 和 u_i($i = 1, 2, \cdots, h$)分别为从解释变量 X 和被解释变量 y 的样本数据中提取的潜在成分;p_i 和 q_i($i = 1, 2, \cdots, h$)分别为 X 和 y 载荷向量;e_h 和 f_h 为残差向量。

PLS 回归的思路是:首先从解释变量 X 和被解释变量 y 中提取第一个成分 t_1 和 u_1,在这里 t_1 和 u_1 应尽可能多地携带各自对应原数据的变异信息,使得它们能够更好地代表 X 和 y。其次,为保证解释变量和被解释变量之间的相关性,在对成分 t_1 和 u_1 的提取中,应使得 t_1 和 u_1 之间的相关系数最大,使得 t_1 对 u_1 具有最强的解释能力。在提取第一个主成分 t_1 和 u_1 后,建立 X 和 y 对这些成分的回归方程,如果精度满足要求,则不再进行计算;否则,利用 X 和 y 被 t_1 解释后的残余信息进行第二个主成分的提取,直至精度满足要求。这样,所提取的主成分既能很好

地概括解释变量中的信息，又能最好地解释被解释变量。因而有效地解决了自变量间多重相关性情况下的回归建模问题。

因此，本章使用 PLS 回归对中国天然气消费量的 STIRPAT 模型进行估计，以避免人均 GDP（$\ln Y_t$）、化石能源结构（$\ln S1_t$）、非清洁能源结构（$\ln S2_t$）、工业能源强度（$\ln I_t$）、工业水平（$\ln I_t$）和城镇化率（$\ln U_t$）之间存在的多重共线性而引起估计结果的不准确。

3.4　实证结果分析与讨论

3.4.1　基于 LMDI 分解法的天然气消费影响因素分析

根据式（3.1）～式（3.7）分解天然气消费的影响因素，结果如图 3.1 所示。

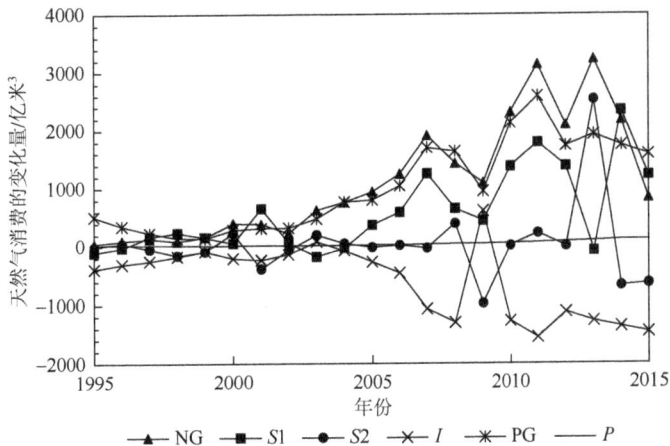

图 3.1　天然气消费变化的因素分解

从图 3.1 可以看出，人均 GDP 对天然气消费变动的影响最大，而且它们的变化趋势非常一致，除了在 2009 年稍有异常，1995～2015 年两者的总体变化趋势呈现出倒"U"形。其次对天然气变化驱动较大的是化石能源结构和能源强度，化石能源结构效应在 2005 年之前较小，说明煤炭和石油对天然气消费有一定的替代作用，2005 年之后化石能源结构效应明显增大，虽然在 2007～2009 年、2011～2013 年和 2014～2015 年有较大的下降趋势，甚至在 2013 年出现负值，但这也意味着天然气、煤炭及石油在能源市场上出现了竞争和替代，我国以煤炭为主的能源消费结构也在发生着一定的变化和改善。能源强度效应对天然气消费的增加有一定的抑制作用，能源强度作为能源效率的逆指标，该指标下降越快则代表能源效率提高越快，从图 3.1 可以看出，2005 年以后中国的能源效率有了很大的改善，中国将降低能源强度约束作为硬约束指标纳入"十一五"规划中，使得能源效率进一步提高，这对包括天然气在内的能源消费都产生了节能降耗的积极作用，在2009年能源强度出现异常增加，这可能是由于突发性的金融危机，能源强度的政策让位于"保增长"的社会主基调，庞大的经济恢复刺激计划，鼓励和催生了一系列"铁、公、基"等高耗能项目（邵朝对和苏丹妮，2015）。非清洁能源结构对天然气消费变动的影响较小，在2003年、2008年、2011年和2013年出现不同程度清洁能源结构的退化现象，总体来看，近几年中国能源的低碳化水平有所提高，对天然气和化石能源都产生了一定程度的替代作用。人口对天然气消费的驱动最小，这是因为中国实行人口控制计划，放开的二胎政策并没有对长期稳定的人口总数产生刺激。

　　根据式（3.8）和式（3.9），我们分解天然气消费能源强度的影响因素，结果如图3.2所示。

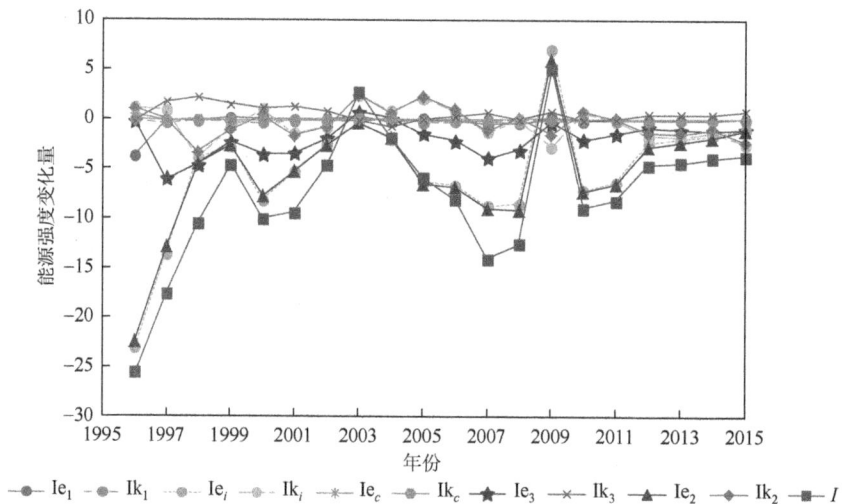

图3.2　能源强度因素分解

　　通过以上分析可知，对能源强度变化的影响主要有两种：部门能源强度效应和部门结构效应。在图3.2的部门能源强度效应中，工业能源强度（Ie_i）的变化对总能源强度（I）的影响最大，其次是第三产业能源强度（Ie_3）、第一产业能源强度（Ie_1）和建筑业能源强度（Ie_c）。总能源强度与工业能源强度具有相似的趋势。1996年至1999年，在工业能源强度的拉动下，总能源强度大幅上升，在2000年略有下降后继续上升为正值。此后，总能源强度再次下降，在2009年之后工业能源强度变化为负值，一直持续到2015年。与第三产业和第一产业的能源强度相比，工业能源强度对总能源强度的贡献显著，主要是因为工业部门的能源强度是第一产业的8倍左右，是第三产业的3倍左右，大约是建筑业的 7 倍。因此，为了提高能源效率，中国需要降低能源强度，尤其是工业能源部门的能源强度。而且，与产业结构效应相比，我国能源强度下降的主要原因是工业能源利用效率提高。

在图 3.2 的部门结构效应中，产业结构（Ik_i）对总能源强度变化的影响最大，其次是第三产业结构（Ik_3）、第一产业结构（Ik_1）、建筑业（Ik_c）。这与中国工业部门在 GDP 和能源消费中所占的比重很大有着密切关系。从图 3.2 可以看出，在大多数年份，产业结构导致了总能源强度的增加，但在 1997 年、2001～2002 年及 2011～2015 年，产业结构的优化调整在一定程度上导致能源强度降低。一般来说，工业发展伴随着技术进步，技术进步提升了能源效率，一定程度上有助于能源强度的降低。部门结构的变化并不一定会降低能源强度，它实际上增加了能源的使用，最终结果是否会降低能源强度取决于其 GDP 等产值。这是产业结构效应更加复杂的原因。然而，产业结构在部门结构效应中的作用最为显著，因此在分析天然气消费的影响因素时，应将其考虑在内。

3.4.2　中国天然气消费的 STIRPAT 模型

本章先用 OLS 对中国天然气消费的 STIRPAT 模型进行回归分析。结果如表 3.1 所示。

表 3.1　天然气消费影响因素的 OLS 估计结果

变量	系数	P 值	方差膨胀系数
c	−3.733 8	0.503 1	
$\ln Y_t$	0.244 5	0.826 9	38 975.50
$(\ln Y_t)^2$	0.078 7	0.189 6	36 013.23
$\ln S1_t$	0.627 1	0.000 6	175.80
$\ln S2_t$	0.824 1	0.000 2	5.75
$\ln II_t$	0.531 4	0.000 0	95.56
$\ln I_t$	0.354 2	0.048 0	2.30
$\ln U_t$	−0.851 9	0.005 0	306.28
调整 R^2	0.999 2	DW 值	1.166 2
F 统计量	5 617.248 0		

从表 3.1 中国天然气消费和影响因素之间的 OLS 回归结果可知，虽然模型的整体拟合度很高，但关于人均 GDP 的两个变量 $\ln Y_t$ 和 $(\ln Y_t)^2$ 均未通过显著性检验，

这与实际情况和相关的研究结果不符。从变量的符号看，代表人口结构的变量——城镇化率$\ln U_t$的符号为负，这意味着随着城镇化程度的推进，天然气消费会随之减少，但是不管是从当前城镇居民能源消费的实际情况还是天然气在消费中占比的不断提高，我们都认为城镇居民本身对天然气消费有一个刚性促进，以及城镇化建设对能源的强大需求，城市化对天然气消费都会是一个正向的影响结果，因此估计结果与现实状况有诸多不符，而且很多研究也都一致认为城镇化会促进包括天然气消费在内的能源消费，加之我国与世界各国的城镇化率进行相比，还处在较低的发展阶段，因此 OLS 估计结果令人质疑。

从变量的膨胀系数值来看，一般情况下，膨胀系数大于 10 则代表 OLS 估计结果可能受到变量之间多重共线性的影响（陈瑜和田澎，2006）。见表 3.1，除了$\ln S2_t$和$\ln I_t$，其余变量的方差膨胀系数均超过 10，这意味着变量之间可能存在严重的多重共线性。通过对变量相关系数进行检验可以看出，变量之间的相关性较高，如表 3.2 所示，达到 85% 以上的系数有 14 组，这会造成 OLS 估计结果存在不准确性。因此，本章不能使用 OLS 方法对数据进行建模和分析。为了克服变量之间会受到多重共线性的影响，提高模型待估计参数的精度和稳定性，本章引入 PLS 回归法对中国天然气消费进行分析。将 1989～2010 年的数据用来拟合模型，2011～2015 年的数据用来作为试验集观测值。表 3.3 是对 STIRPAT 模型进行PLS 回归分析的结果。

表 3.2　变量的相关系数

项目	$\ln G_t$	$\ln Y_t$	$\ln S1_t$	$\ln S2_t$	$\ln II_t$	$\ln I_t$	$\ln U_t$	$(\ln Y_t)^2$
$\ln G_t$	1.0000	0.9597	0.9708	−0.5376	−0.8596	−0.1211	0.9600	0.9693
$\ln Y_t$	0.9597	1.0000	0.8833	−0.6643	−0.9667	0.0672	0.9949	0.9993
$\ln S1_t$	0.9708	0.8833	1.0000	−0.5024	−0.7487	−0.2586	0.8968	0.8993
$\ln S2_t$	−0.5376	−0.6643	−0.5024	1.0000	0.7066	−0.3475	−0.6915	−0.6503
$\ln II_t$	−0.8596	−0.9667	−0.7487	0.7066	1.0000	−0.2279	−0.9531	−0.9574
$\ln I_t$	−0.1211	0.0672	−0.2586	−0.3475	−0.2279	1.0000	0.0566	0.0406
$\ln U_t$	0.9600	0.9949	0.8968	−0.6915	−0.9531	0.0566	1.0000	0.9947
$(\ln Y_t)^2$	0.9693	0.9993	0.8993	−0.6503	−0.9574	0.0406	0.9947	1.0000

表 3.3　STIRPAT 模型的 PLS 回归结果

变量	未标准化	标准化处理
c	−9.3015	12.4580
$\ln Y_t$	0.2172	0.2260

变量	未标准化	标准化处理
$(\ln Y_t)^2$	0.0137	0.2547
$\ln S1_t$	1.2865	0.5163
$\ln S2_t$	2.2511	0.1992
$\ln II_t$	0.0115	0.0135
$\ln I_t$	0.2760	0.0156
$\ln U_t$	0.5734	0.2162

R^2X(cum)	0.924	R^2Y(cum)	0.990
Q^2(cum)	0.987		

　　从 PLS 回归结果可以看出，从解释变量 $X = (\ln Y_t, \ln S1_t, \ln S2_t, \ln II_t, \ln I_t, \ln U_t)$ 中提取的主成分对天然气消费 $y = \ln G_t$ 变化的累计解释能力达到了 92.4%，R^2Y(cum) 代表从被解释变量 y 中提取的主成分的拟合优度，Q^2(cum) 是通过模型的交差验证进行预测被解释变量发生变化的部分，说明被解释变量 98.7%的部分可以拥有 92.4%的预测能力。

　　从表 3.3 的回归结果来看，人均 GDP、化石能源结构、非清洁能源结构、工业能源强度、工业化水平和城镇化率这六个因素都对天然气消费有正向影响。其中非清洁能源结构和化石能源结构对天然气消费的促进作用最大，天然气消费对非清洁能源结构的弹性达到了 2.2511，也就是非清洁能源结构每增加 1%，天然气消费量将上升 2.2511%，反过来意味着清洁能源占比每增加 1%，天然气消费下降 2.2511%，即对天然气的消费具有很大的替代性，新能源开发在一定程度受到成本、技术等方面的限制，使得当前的非清洁能源结构的提高对天然气消费的影响颇大，但在"十三五"中提出要将非化石能源占一次能源的消费比重提升到 15%的规划下，我们预计在接下来的五年内，这一因素对天然气消费的促进将会发生一定的变化。化石能源结构的弹性达到了 1.2865，天然气作为一次能源中的优质能源，具有清洁性强、燃料值高等特点，对石油和煤炭的替代性逐渐增强，在当前全球面临的资源约束和严重的环境污染问题下，天然气的未来市场和发展方向更是受到全世界的关注，而天然气作为中国实现能源结构优化调整、改善大气环境的重要能源，我国在《天然气发展"十三五"规划》中也提出要以提高天然气在一次能源消费结构中的比重为发展目标。

　　城镇化对天然气的影响，城镇化率每增加 1%，天然气消费将上升 0.5734%，说明城镇化率对天然气消费有明显的促进作用，与 OLS 估计的负向影响不同。工业化水平和人均 GDP 的影响相对较小，人均 GDP 对天然气消费的影响弹性是

0.2172，也就是当人均 GDP 增加 1%时，天然气消费量将上升 0.2172%。而且，$(\ln Y_t)^2$ 的系数为正，说明在中国天然气消费和人均 GDP 之间不存在 EKC。工业能源强度的正向影响不明显。

接下来，对 STIRPAT 模型的回归进度进行评价。利用回归方程对 2011～2015 年的中国天然气消费量的试验观测数据进行预测，并与实际值进行比较分析，结果如表 3.4 所示，从预测误差指标可以看出，回归方程预测结果的 MAPE 和均方百分比误差（mean square percentage error，MSPE）都在 1%以下，说明模型预测误差很小，因此本章将使用该模型对中国天然气消费进行预测分析。

表 3.4　PLS 预测误差　　　　　　　单位：亿米³

年份	实际值	预测值
2011	1305.3	1261.5
2012	1463.0	1448.9
2013	1705.4	1964.4
2014	1868.9	2168.4
2015	1931.8	2244.7
MAPE	0.96%	
MSPE	0.51%	

3.4.3　中国天然气消费量变动的情景预测

1. 各解释变量的情景设置

为了预测 2016～2025 年中国天然气消费，本章根据历史发展特征，分析当前趋势，对各解释变量的年均增长率设定了一个基准情景。基准情景是以过去和当前的发展特点为基础，分析其趋势，并据此推导出来的可能情景。它反映了经济发展可能趋势，也提供了与其他各情景比较的参照系（李善同，2005）。在基准情景基础上，对解释变量的变动情况进行一定的调整后设定出另外两种情景。

（1）人均 GDP。"十三五"规划指出了"十三五"时期经济年均增长保持在6.5%以上，以此作为经济增速的低情景。李善同（2005）对 2011～2015 年和 2016～2020 年两个阶段的经济增速进行测算，结果分别为 7.5%和 6.8%，与 2011～2015 年的实际经济增速 7.8%相比，测算低估了 0.3 个百分点，因此我们将 2016～2020 年经济增速的基准情景设定为 7.1%。根据《2030 年的中国》的预测，2021~2025 年经济增速放缓至 5.9%，中国人口专家张车伟预测 2025 年中国人口将达到峰值 14.13 亿人，由此可得预测区间的年均人口增长率为 0.276%。综上，基准情景下的人均 GDP 的年均增速分别为 6.82% 和 5.62%，其他两个情景分别向上、向下各浮动 0.6 个百分点。

（2）非清洁能源结构。根据《天然气发展"十三五"规划》，非化石能源消费占一次能源消费比重在 2020 年将达到 15%，那么非清洁能源结构即化石能源在一次能源中的占比在 2020 年要降至 85% 以下，因此 2016~2020 年的非清洁能源结构的年均增长率为 -0.7%。虽然本章的化石能源消费是由换算方法计算而来，与直接统计数据有所出入，但是我们可借鉴该增长率并将其近似值作为本章 2016~2025 年非清洁能源结构的基准情景，其他两个情景由此向上、向下各浮动 0.5 个百分点。

（3）化石能源结构。根据《天然气发展"十三五"规划》的目标，2020 年天然气消费占一次能源消费比例可能达到 8.3%~10%，年均增长率达到 4.542%~8.511%。2015 年中国气体清洁能源发展与能源大转型高层论坛指出 2030 年中国天然气消费占比一次能源达 15% 左右，以此计算 2016~2030 年天然气占比年均增长率为 5.576%，该增长率也在"十三五"规划目标范围之内。据此，计算出化石能源结构的基准情景为 6.276%，其他两个情景分别向上、向下各浮动 2 个百分点，化石能源结构可以表述为天然气消费量在化石能源消费量中的占比。

（4）工业化水平。本章参考 Lin（2014）研究的假设，将工业化水平在 2016~2020 年和 2021~2025 年两个时期的增长率的基准情景分别设定为 -0.65% 和 -2.02%。其他两个情景分别向上和向下各浮动 1 个百分点。

（5）城镇化率。城镇化率是衡量一个地区社会发展水平的现代化指标，根据《天然气发展"十三五"规划》，到 2020 年，常住人口城镇化率达到 60%，由此计算 2016~2020 年的城镇化年均增长率为 1.35%，这与简新华和黄锟（2010）利用拉平 S 形曲线预测的 2020 年城镇化水平为 59.17% 基本一致，同时他们还指出 2020 年以后中国城镇化将进入拉平 S 形曲线的缓慢发展阶段，因此，我们将 2010~2025 年城镇化率的基准情景设定为 1%。若按照孙东琪等（2016）估算的 2030 年中国城镇化率可达到 70.12%，2020~2030 年的城镇化年均增长率达到 1.57%，据此，我们将其他两个情景分别向上、向下各浮动 0.57 个百分点。

（6）工业能源强度。中国的工业也逐渐以能源原材料工业为主导向以高加工度、高技术含量制造业为主导进行转变，技术进步既可以提高能源利用效率，也可以将高耗能工业转换为低耗能工业，这在一定程度上会降低工业能源强度。本章根据历史数据，使用 ETS 单变量预测方法，对 2016~2017 年中国的工业能源强度进行预测，预测结果如表 3.5 所示，并求得 2016～2020 年和 2021～2025 年工业能源强度增长情况的基准情景，分别为-0.84%和-0.43%，其他两个情景在该情景基础上向上和向下各浮动 0.5 个百分点。

表 3.5　工业能源强度的 ETS 单变量预测结果

指标	2016 年	2017 年	2018 年	2019 年	2020 年	2016～2020 年均增长率
工业能源强度	1.231	1.218	1.207	1.198	1.190	-0.84%

指标	2021 年	2022 年	2023 年	2024 年	2025 年	2021～2025 年均增长率
工业能源强度	1.183	1.177	1.172	1.167	1.163	-0.43%

2. 预测结果

本章将上文分析的影响因素变量划分为经济发展指标和清洁指标，其中人均 GDP、工业化水平、城镇化率代表经济发展指标，非清洁能源结构、化石能源结构和工业能源强度代表清洁指标。将经济发展指标设定为高发展、基准情景和低发展三个情景，将清洁指标设定为高清洁、基准情景和低清洁三个情景，因此由这两项指标组合成的经济—能源体系的情景就会有九种情况，分别为高发展—高清洁、高发展—基准情景、高发展—低清洁；基准情景—高清洁、基准情景—基准情景、基准情景—低清洁；低发展—高清洁、低发展—基准情景、低发展—低清洁，本章基于以上情景，预测中国天然气消费未来可能出现的发展趋势。通过比较可知，给变量设置不同的情景即增长率，预测的结果存在着显著的差异，而且不同的发展战略，天然气消费情况也有所不同，这意味着不同的经济社会发展状况和不同的能源政策导向都会对天然气消费产生很大的影响。

首先，当经济—能源体系在高发展情景下，人均 GDP、工业化水平及城镇化率都在较高的增长率下，化石能源结构增长较快，非清洁能源结构和工业能源强度的降低程度高于基准情景的为高清洁情景，反之，则为低清洁情景。该情景为未来中国的经济运行设定了一个快速发展的前景，也为中国的能源—环境体系分别设置高、中、低三种模式情景。由表 3.6 和表 3.7 可以看出，当经济—能源体系为高发展—高清洁时，中国的天然气消费在 2020 年达到了 3218.13 亿立方米，2025 年达到了 5161.58 亿立方米；当情景设定为高发展—低清洁时，中国的天然气消费在 2020 年达到了 2940.16 亿立方米，2025 年达到了 4305.42 亿立方米。意味着在能源结构清洁化和环保政策的双重驱动下天然气的消费需求增速较快。

表 3.6　经济高发展情景设定

经济发展指标	2016~2020 年	2021~2025 年
人均 GDP	7.42	6.22
工业化水平	0.35	−1.02
城镇化率	1.92	1.57

表 3.7　经济高发展情景下，不同清洁情景下的天然气消费

清洁化指标	2016~2020 年			2021~2025 年		
	高清洁	基准情景	低清洁	高清洁	基准情景	低清洁
化石能源结构	8.276	6.276	4.276	8.276	6.276	4.276
非清洁能源结构	−1.2	−0.7	0.2	−1.2	−0.7	0.2
工业能源强度	−1.363	−0.864	−0.364	−0.958	−2.02	−3.02
天然气消费年均增长率	10.75%	9.29%	8.76%	9.91%	8.46%	7.93%
天然气消费量/亿米^3	3218.13	3012.45	2940.16	5161.58	4520.59	4305.42

　　经济—能源基准情景的结果如表 3.8 和表 3.9 所示。当经济—能源体系在低发展情景下，一方面，人均 GDP、城镇化率增长缓慢，工业化水平出现负增长且降速较快，这降低了包括天然气在内的能源的需求，此时经济和社会发展对环境的压力也较小；另一方面，不同清洁力度的政策下（即清洁指标在不同情景下）天然气消费存在差别。由表 3.10 和表 3.11 可以看出，低发展—高清洁体系下，中国的天然气消费在 2020 年达到了 3021.78 亿立方米，2025 年达到了 4531.49 亿立方米。低发展—低清洁情景下，中国天然气消费在 2020 年达到了 2757.58 亿立方米，2025 年达到了 3770.79 亿立方米。

表 3.8　经济基准情景设定

经济发展指标	2016~2020 年	2021~2025 年
人均 GDP	6.82	5.62
工业化水平	0.35	−2.02
城镇化率	1.35	1

表 3.9　经济基准情景下，不同清洁情景下的天然气消费

清洁化指标	2016~2020 年			2021~2025 年		
	高清洁	基准情景	低清洁	高清洁	基准情景	低清洁
化石能源结构	8.276	6.276	4.276	8.276	6.276	4.276

续表

清洁化指标	2016~2020 年			2021~2025 年		
	高清洁	基准情景	低清洁	高清洁	基准情景	低清洁
非清洁能源结构	−1.2	−0.7	0.2	−1.2	−0.7	0.2
工业能源强度	−1.363	−0.864	−0.364	−0.958	−2.02	−3.02
天然气消费年均增长率	10.01%	8.56%	8.03%	9.18%	7.72%	7.19%
天然气消费量/亿米^3	3112.85	2912.61	2842.24	4828.20	4224.83	4022.40

表 3.10　经济低发展情景设定

经济发展指标	2016~2020 年	2021~2025 年
人均 GDP	6.22	5.02
工业化水平	−1.35	−3.02
城镇化率	0.78	0.43

表 3.11　经济低发展情景下，不同清洁情景下的天然气消费

清洁化指标	2016~2020 年			2021~2025 年		
	高清洁	基准情景	低清洁	高清洁	基准情景	低清洁
化石能源结构	8.276	6.276	4.276	8.276	6.276	4.276
非清洁能源结构	−1.2	−0.7	0.2	−1.2	−0.7	0.2
工业能源强度	−1.363	−0.864	−0.364	−0.958	−2.02	−3.02
天然气消费年均增长率	9.36%	7.91%	7.38%	8.44%	6.99%	6.46%
天然气消费量/亿米^3	3021.78	2826.27	2757.58	4531.49	3961.82	3770.79

3. 中国天然气的供需问题

《中国气体清洁能源发展报告 2015》显示，中国的天然气供给主要来源于国产天然气（包括煤层气、煤制气及页岩气）、进口管道气及进口 LNG 这三个部分。对于国产天然气，王婷等（2012）使用 Logistic 曲线和高斯曲线预测出中国天然气产量峰值将出现在 2018 年左右，并且预测出国产天然气在 2020 年达到 1007.64 亿方米，2025 年达到 835.24 亿立方米。殷建平和黄辉（2010）的研究分析了我国未来天然气进口南、北两线的可进口供应量，其中在北线上和俄罗斯、土库曼斯坦、哈萨克斯坦和乌兹别克斯坦签订的合约得到的供应量为 900 亿~1100 亿立方米，从南线上在澳大利亚、印度尼西亚、马来西亚、伊朗、卡塔尔可得未来供应量共计 206 亿～220 亿立方米，总计天然气进口量有 1200 亿～1300 亿立方米，因与这些国家的战略合作较长，几乎长达 25 年，且都是从 2006 年以后开始供应，因此较长时间内，这一预计值不会有太大的变动。

供需结构问题往往会引发能源安全问题，中国从 2007 年开始成为天然气净进口国，随着天然气需求的不断增大，进口量随之增加，对外依存度也提高，这一方面使得天然气的价格受制于供给国，另一方面进口天然气供应链中断的可能性较大，南线上从中东海上运输的天然气将要经过马六甲海峡，三国共管的马六甲海峡的内部稳定性将会直接影响中国天然气的供应问题，进而影响工业生产和人民生活，北线上的管道途经多个国家，任何一个国家政局的变化都会影响这些管道的正常运行，任何一个环节出现问题都将会使供气中断。

3.5　主要结论与启示

本章从中国目前面临的环境问题和发展问题为出发点，通过研究和分析天然气消费的影响因素，进而对 2016～2025 年中国天然气消费增长情况进行分析及预测。研究结果表明，在研究的影响因素中，化石能源结构和非清洁能源结构是影响天然气消费增长最重要的因素，其他依次是城镇化率、人均 GDP、工业化水平和工业能源强度。该结果也再次说明了城镇化率确实会对天然气消费有着重要的影响，加入城镇化变量可以更为合理和准确地刻画人口阶段性发展对天然气需求的影响。而且，政策上是可以通过影响这些因素来实现天然气的消费目标。不同的经济社会发展状况和不同的能源政策导向都会对天然气消费产生很大的影响，中国天然气巨大的消费潜力和空间在优化能源结构、刺激全球天然气市场的同时也会面临很大的能源安全问题。这就需要政策制定者在经济—能源—环境—安全体系中通过对影响因素的调控来控制天然气消费过快增长。

本章的政策含义有以下几个方面。第一，在未来较长时期，中国的经济发展趋势仍是稳中求增，城市化和工业化进程仍将被继续推进，以及在现阶段中国采取的一系列清洁政策下，中国的天然气消费可能会有很大增速，这会给提升空气质量带来很大的益处，但同时也会面临很高的对外依存度的问题，天然气相对于其他化石能源，特殊的运输方式也会增加进口成本，从而使终端消费价格上升，并增加其他化石能源的可替代性，从而对清洁目标的实现和低碳发展的实施增加了一定的阻碍。因此，为天然气和其他替代能源设计一个合理的价格体系对决策者来说也很重要。

第二，在工业用气方面，降低能源强度是改善经济发展结构和保持清洁力度的最有效的方法之一，尤其是工业能源强度，这就需要运用提高效率的方法，要重视价格调控在市场资源配置效率提升中的作用。例如，通过鼓励高新技术产业的发展来提高天然气的利用效率和降低工业能源强度；在居民用气方面，鉴于居民对天然气消费的刚性需求，加之天然气市场的相对垄断，政府采取的价格补贴易形成冬季采暖负荷，而冬夏峰谷差加剧又造成了用气结构扭曲的现象，因此应放开天然气市场，鼓励更多的市场主体参与，通过竞争增加天然气供应，优化用气结构。

第三，化石能源结构、非清洁能源结构等能源结构对天然气消费具有显著影响。中国的清洁低碳发展政策极大地促进了天然气消费的增长。随着我国现行煤改气、气代油政策的继续实施，未来天然气消费量可能会超过上述设定和预测。因此，为确保天然气供需安全，必须确保过渡时期天然气的健康发展和供应，如加大非常规天然气的利用率、引入市场化程度较高的海洋 LNG。此外，加快缩短天然气作为高碳化石能源和可再生能源之间的过渡期，开发新的可再生能源和其他清洁能源可能是中国未来的长期政策方向。

第4章　基于 BMA 模型的新常态下的中国天然气消费分析及预测

4.1　新常态发展诉求下的中国天然气消费

当前，化石能源的过度使用加速了温室效应等气候变化，签署《哥本哈根协议》之后，节能减排、走低碳经济之路成为各国应对气候变化的共识。中国承诺到 2020 年单位 GDP CO_2 排放比 2005 年下降 40%～45%，实现减排目标的有效措施是增加可再生能源和天然气在一次能源消费的占比。

相对于天然气而言，可再生能源由于其特有的环境优势，逐步成为众多国家能源发展的战略选择（金朗和曹飞韶，2017）。中国的可再生能源在能源结构中的比重不断上升，从"十一五"规则初的 6.5% 提高到了 2015 年的 11.8%。可再生能源对天然气消费产生的替代效应抑制了天然气需求量的增加。中国天然气在一次能源中的占比经过几年的努力从 2.7% 提高到 4% 左右，在 2015 年天然气门站价下调以后，2016 年中国天然气消费量显著增长，随着天然气行业市场化进程的推进，国内气价仍有下调空间，这将刺激未来天然气需求量增加。综上所述，未来中国天然气消费量变化情况难以确定，因此，对中国天然气未来的消费量进行准确的预测是十分必要的。与此同时，随着国家经济发展进入新常态，影响天然气消费的不确定性因素也在增加。但以前与天然气消费预测相关的文献考虑的影响因素较少，难以准确分析与预测未来天然气的消费情况。因此，从全方位、多角度考虑天然气消费影响因素，研究未来天然气消费情况具有十分重要的现实意义。

4.2　国内外研究状况

预测天然气需求量作为能源领域的重要研究内容，引起了学术界的广泛关注。就相关的问题，本章从多个角度与层次对天然气消费问题进行分析。研究主要集中在以下两个方面。

在天然气消费影响因素方面，影响能源消费的主要有经济增长、人口状况、经济结构、能源价格等因素。Shahbaz 等（2013）通过建立了一个包含投资、就业人数、出口影响因素在内的多元框架模型，探讨了巴基斯坦天然气消费与经济增长的关系，结果表明经济的增长促进天然气消费量的增加。Dilaver 等（2014）利用 1978～2011 年经济合作与发展组织（Organization for Economic Co-operation and Development，OECD）欧洲年度数据建立了结构时间序列模型，分析得到天然气消费量的收入与价格弹性分别是 1.19 和−0.16，可以看出收入是天然气消费量的促进型因素，而价格则是抑制型因素。Wang 和 Liu（2014）将协整检验和误差修正模型应用于分析居民、商业、工业三个不同行业的天然气消费量与价格之间的关系，结果发现从长期看来，居民的天然气消费量的价格弹性大于其他行业。综合分析相关文献，影响天然气消费的因素主要有经济发展水平、国家人口状况、产业结构、天然气价格水平、能源结构等。

在预测方法方面，Rodger（2014）和 Szoplik（2015）使用天然气消费量的数据建立了人工神经网络模型，从而分析与预测天然气消费量的季节性趋势，最终结果显示，人工神经网络模型的结果令人满意。Yu 等（2014）通过分析比较 BP 神经网络和遗传算法的几种组合，他们发现附加动量因子改进模型为短期燃气负荷预测提供了较为理想的解决方案。Bianco 等（2014a）利用意大利 1990～2011 年 GDP、天然气价格、温度与非住宅天然气消费量的数据建立了回归方程，预测到 2030 年意大利的非住宅天然气消费量将达到 320 亿～430 亿立方米。Bianco 等（2014b）利用 1990～2012 年意大利的人口、GDP、供暖天数、住宅部门的天然气消费量和价格建立了多元线性模型对意大利住宅天然气消费量进行预测，预测到 2030 年天然气的消费量较 1990 年的消费量翻一番。卢全莹等（2015）首先利用通径分析筛选出天然气消费的核心影响因素，发现人口和城镇化率是天然气消费的主要推动因素，GDP 是天然气消费的主要限制因素。其次，运用智能算法 RBF 神经网络分位数回归模型对我国天然气消费进行分析和预测，结果表明"十二五"规划末，中国天然气消费量将近 1785.32 亿立方米，2020 年中国天然气消费量将近 2618.53 亿立方米。Wang 等（2016a）分别利用多循环 Hubbert 模型对中国天然气产量和消费量进行预测，实证结果表明，未来的供需缺口将越来越大。首先，在影响因素选择方面，文献中的预测模型考虑的因素个数较少，预测结果难以准确；其次，单一模型自身的适用性和限制性，预测目标所处环境及趋势发展的不确定性，使得仅仅使用单一模型进行预测分析的风险加大。

关于组合预测模型，Bates 和 Granger（1969）在研究航空旅客数据时，最早提出了使用模型组合的方法进行预测分析，结果表明组合预测模型方法优于任何单一模型。该文引发了 20 世纪 70 年代大量关于模型组合理论的研究及应用。Xu 和 Wang（2010）利用 2009～2015 年中国天然气消费量的数据，将二阶多项式曲线模型与移动平均模型相结合建立了组合模型，对中国天然气消费量进行预测分析，最终模型所得的平均误差为 3.82%，明显低于二阶多项式曲线模型与移动平均模型的平均误差。柴建等（2015）基于单变量和多变量两个维度，在给予三个模型同等权重的基础之上建立了组合模型，进行电力需求量分析及预测。Xu 和 Wang（2010）所建立的组合模型，相对于单一模型而言，虽然在精度上有所提高，但是该组合模型只是考虑了两个单一模型，且其考虑的影响天然气消费的因素较少，因此预测精度难以达到准确。BMA 方法则使用模型后验概率加权平均备选模型，其理论依据较强。陈伟和牛霖琳（2013）均在中国宏观经济预测中使用了 BMA 方法，预测结果表明 BMA 预测精度高于其他单一模型。

在总结前人研究的基础上，本章通过分析经济发展水平、产业结构、人口状况、能源结构、天然气产业的投资、能源加工转换效率等情况，提取了 12 个变量作为影响天然气消费的解释变量，并抽选出相关文献中常用的 6 个变量用以构建基准 BMA 模型，基于此，逐次增加其他相关变量建立一个 BMA 模型集合，对比分析后从中选取预测精度最高的模型，并对未来中国天然气消费量进行预测，这也是本章的创新之处。以往文章或者只建立单一模型进行因素分析；或者考虑到的影响因素太少，并不能全面地整合影响天然气消费的因素；或者预测模型中选取的影响因素只是凭借经验之谈，缺乏必要的实证分析。

4.3　数据说明与研究方法

4.3.1　数据说明

本章数据来自 Wind 数据库，在解释变量选择方面，遵循如下两个原则：其一，所选择的变量均是近年来在中国天然气消费分析的实证研究领域中经常出现的；其二，所选择解释变量的数据容易获取。由以上原则，本章选取了 12 个影响因素作为影响天然气消费量的解释变量。影响因素主要包含经济发展水平、产业结构、替代品的市场占有率、天然气产业的投资等，因此本章搜集了以上因素在 2003～2016 年度数据：①大部分天然气在工业领域使用，且第二产业占 GDP 的比重较大，因此 GDP 中工业占比是影响天然气消费的重要因素。②经济的发展影响了中国的能源消费量，因此收集了 GDP 的数据。③能源具有不可再生性，因此其未来消费量的预测应考虑该种天然气的中国年产量、天然气对外依存度。④煤炭、石油、可再生能源作为天然气的替代品，其市场份额的占有率也是影响天然气消费的主要因素，此外在低碳政策要求下，可再生能源是最具有影响力的，因此将煤炭、石油、可再生能源（核电、风电、水电）占能源消费总量比重纳入模型进行分析。⑤天然气管道基础设施建设能够促进居民生活天然气消费量的增加，用气人口增加，单位长度的管道服务的人口随之增加，能够促进居民生活天然气消费量的增加，天然气管道基础设施的建设大力促进了天然气的消费。由于天然气生活消费主要是以户为单位进行消费的，因此年底总户数也是影响天然气消费量主要因素之一。⑥技术进步能够提高能源利用效率从而节约能源（滕玉华和刘长进，2010），能源加工转换效率的增加能够提高天然气利用效率从而减少天然气消费。因此预测模型中应该考虑能源加工转换效率的影响。⑦天然气价格对天然气消费有负效应，因此预测模型中理应纳入价格因素，天然气出厂价格之后的成本加成由政府行政控制，出厂价格大致能反映天然气的价格水平，该价格指数（燃气生产和供应业出厂价格指数）上升将抑制天然气的需求。具体情况如表 4.1 所示。

表 4.1　天然气消费量的影响因素

变量	变量说明	转换方程	变量	变量说明	转换方程
x_1	GDP	1	x_7	天然气价格	1
x_2	产业结构（工业占比）	1	x_8	天然气管道长度	1
x_3	原煤占能源消费总量比重	1	x_9	对外依存度	0
x_4	原油占能源消费总量比重	1	x_{10}	能源加工转换效率	1
x_5	水电、核电、风电占能源消费总量比重	1	x_{11}	户籍总户数	1
x_6	城镇化率	1	x_{12}	中国天然气年产量	1

注：0 表示原始数据，1 表示对数化处理，即 $\ln(x_i)$

考虑到数据获得的难易程度，选取 2003 年到 2016 年数据为基础数据，利用 80/20 法则，从这些数据中提取 2003 年到 2013 年数据子集建立 BMA 模型，用 2014 年到 2016 年的数据验证该模型，然后滚动预测 2017 年到 2022 年的天然气消费量。

4.3.2　研究方法

1. BMA 描述

现代各种预测模型多是对已知数据的分析，通过找到已知数据的内在规律与相互依赖关系，从而获得对未知数据预测的能力。这通常是在样本数据足够多的情况下进行，当样本数据比较少时预测效果往往不甚理想。例如，在样本数少于变量数的情况下，采用常规回归方法分析各个解释变量对被解释变量的作用时，得到的系数通常是不稳定，其预测结果也不可靠，此时需采用分阶段、分批逐步回归的筛选方法，调整样本数与变量数间的对比关系，弥补样本数的不足，从而获得较为理想结果。

在商业、工程、军事等各个领域中小样本数据是广泛存在的，由于可获得的样本量较少，通过仅有的小样本数据获得新信息的难度也比较大。因此利用小样本数据进行预测时，即在信息量有限的情况下，需要适当的调整建模方法和利用高效的算法对潜在信息进行挖掘，从而找出信息间的规律性，再利用此规律对未知数据信息进行有效的预测。在已知的预测模型中，BMA 方法通过把所求参数看成随机变量，求得的后验分布为参数的概率分布区间，再利用先验分布，用小样本数据得到概率估计值，该类模型的优势是充分利用各类先验信息，从而可以降低对样本容量的依赖程度，使得在相同评估精度要求条件下，需要利用的样本容量可以相对减少。

与此同时，比起仅使用单一模型，BMA 方法作为一种基于贝叶斯理论的将模型本身的不确定性考虑在内的统计分析方法，其涵盖的信息更加丰富，能更好地模拟现实经济体，因而能够提供更加贴近现实的预测值。自 1978 年 Leamer 提出 BMA 方法的框架之后，除了在数学统计方面的应用（Raftery et al.，1997；Hoeting et al.，1999；Chipman et al.，2001），BMA 方法也在经济学上得到广泛的应用，如产量增长预测、汇率预测、股票收益的预测和通货膨胀预测等（Min and Zellner，1993）。

设 y 为综合预测值，D 为可获得的已知数据，$M_1, M_2, \cdots, M_R$ 代表所有可能的模型，但哪一个模型是最佳模型事先并不知道，即模型本身存在着不确定性。

根据 BMA 方法的理论，综合预测值 y 的后验分布为

$$p\left(\frac{y}{D}\right) = \sum_{i=1}^{R} p\left(\frac{M_i}{D}\right) p\left(\frac{y}{M_i D}\right) \tag{4.1}$$

式中，$p\left(\dfrac{M_i}{D}\right)$ 为在给定数据 D 的条件下模型 M_i 的后验分布，其形式为

$$p\left(\frac{M_i}{D}\right) = \frac{p\left(\dfrac{D}{M_i}\right) p(M_i)}{\displaystyle\sum_{j=1}^{R} p\left(\dfrac{D}{M_j}\right) p(M_j)} \tag{4.2}$$

式中，$p(M_i)$ 为模型 M_i 的先验概率，在没有特别信息的条件下可取均匀分布，即 $p(M_i) = \dfrac{1}{K}$；$p\left(\dfrac{D}{M_i}\right)$ 为模型 M_i 的边际似然函数，$p\left(\dfrac{D}{M_i}\right) = \displaystyle\int p\left(\dfrac{D}{M_i}, \theta_i\right)$

$p\left(\dfrac{\theta_i}{M_i\mathrm{d}\theta}\right)$，$\theta_i$ 为模型 M_i 的参数向量。因此，综合预测量 y 的后验分布实际上是以后验模型概率 $p\left(\dfrac{M_i}{D}\right)$ 为权重，对所有模型的后验分布 $p\left(\dfrac{y}{M_iD}\right)$ 进行加权的一个平均值。用 BMA 方法进行加权平均得到的预测均值如下所示：

$$E_{\mathrm{BMA}}\left(\frac{y}{D}\right)=\int y\left[\sum_{i=1}^{R}p\left(\frac{M_i}{D}\right)p\left(\frac{y}{M_iD}\right)\right]\mathrm{d}y=\sum_{i=1}^{K}y_i p\left(\frac{M_i}{D}\right) \tag{4.3}$$

解释变量与天然气消费量之间的关系并不一定是线性模型，在这里本章将变量的值进行了对数化处理，所构建的线性模型已经体现了指数及幂函数的非线性关系。因此先假设单一模型为对原始数据进行对数化处理后的线性模型，其设定如下表示：

$$y=\alpha+\sum_{i=1}^{p}x_i\beta_i+\varepsilon,\ \ \varepsilon\overset{\mathrm{i.i.d}}{\sim}N(0,\sigma^2) \tag{4.4}$$

式中，$y=(y_1,y_2,\cdots,y_t)'$ 为天然气消费量；x_i 为解释变量；$\beta=(\beta_1,\beta_2,\cdots,\beta_p)'$ 为参数向量；σ 为方差。

由上述公式可知，BMA 模型在进行建模分析数据的过程中，最重要的是计算出所有备选模型的后验概率，即各个备选模型的权重。本章是通过利用贝叶斯信息准则（Bayesian information criterion，BIC）来估计所有备选模型的后验概率（李兰兰等，2017）。$L\left(\dfrac{D}{M_i},\theta_i\right)$ 是样本数据 D 在模型 M_i 的极大似然。如果是 k 模型中的参数个数，那么 BIC 定义为

$$\mathrm{BIC}=\log L\left(\frac{D}{M_i},\theta_i\right)-\tau\frac{k}{2}\log n \tag{4.5}$$

式中，τ 为惩罚因子；$L\left(\dfrac{D}{M_i},\theta_i\right)$ 为在给定模型 M_i 下样本数据 D 的似然函数，且 $L\left(\dfrac{D}{M_i},\theta_i\right)$ 为

$$L\left(\frac{D}{M_i},\theta_i\right)=\prod_{m=1}^{n}\frac{1}{\sqrt{2\pi}}\exp\left[-\frac{[\ln(y_m)-\ln(\hat{y}_m)]^2}{2\sigma^2}\right] \tag{4.6}$$

式中，θ_i 为模型参数；y_m 和 $\hat{y}_m$ 为第 m 个数据组的观测值和该模型的估计值。模型 M_i 的后验概率为

$$p\left(\frac{M_i}{D}\right) \approx \frac{\exp\left[\dfrac{\text{BIC}_i}{2p(M_i)}\right]}{\displaystyle\sum_{l=1}^{k}\exp\left[\dfrac{\text{BIC}_i}{2p(M_i)}\right]} \tag{4.7}$$

最后进行预测精度的评价，本章使用 RMSE 来评价模型的预测精度。

$$\text{RMSE} = \sqrt{\frac{1}{n}\sum_{t=1}^{n}(y_t - y_t')^2} \tag{4.8}$$

式中，y_t 为观测值；y_t' 为预测值；n 为预测集数据中被解释变量的个数。

2. BAA 设定

通过阅读大量文献发现，GDP、产业结构、能源结构、城镇化率是预测天然气消费量模型中出现频率较高的影响因素（柴建等，2017；Ma and Li，2010；He et al.，2015；Huntington，2007），除此之外天然气价格、对外依存度、天然气产量、天然气管道长度、能源转换效率、普查人口（总户数）也是影响天然气消费量的因素（甄仟等，2018；赵晓琴等，2008；揣小伟等，2009；蔡流，2014；Wang and Lin，2016），但是这些因素在中国天然气消费量预测模型中出现的概率较低或者从未被当作解释变量纳入预测模型之中。因此本章首先构建了包含 6 个常用影响因素的基准模型，其次通过逐次添加利用频率较低的因素方式建立了其余 41 个模型。表 4.2 是对各个模型设定的描述。

表 4.2　模型设定描述

模型	模型描述	模型	模型描述
基准模型	模型中包含的解释变量为： x_1、x_2、x_3、x_4、x_5、x_6	M_9	在模型 M_1 的基础之上添加 x_{10}
M_1	在基准模型的基础之上添加 x_7	M_{10}	在模型 M_1 的基础之上添加 x_{11}
M_2	在基准模型的基础之上添加 x_8	M_{11}	在模型 M_1 的基础之上添加 x_{12}
M_3	在基准模型的基础之上添加 x_9	M_{12}	在模型 M_2 的基础之上添加 x_9
M_4	在基准模型的基础之上添加 x_{10}	M_{13}	在模型 M_2 的基础之上添加 x_{10}
M_5	在基准模型的基础之上添加 x_{11}	M_{14}	在模型 M_2 的基础之上添加 x_{11}
M_6	在基准模型的基础之上添加 x_{12}	M_{15}	在模型 M_2 的基础之上添加 x_{12}
M_7	在模型 M_1 的基础之上添加 x_8	M_{16}	在模型 M_3 的基础之上添加 x_{10}
M_8	在模型 M_1 的基础之上添加 x_9	M_{17}	在模型 M_3 的基础之上添加 x_{11}

续表

模型	模型描述	模型	模型描述
M_{18}	在模型 M_3 的基础之上添加 x_{12}	M_{30}	在模型 M_{16} 的基础之上添加 x_{12}
M_{19}	在模型 M_4 的基础之上添加 x_{11}	M_{31}	在模型 M_8 的基础之上添加 x_{10}
M_{20}	在模型 M_4 的基础之上添加 x_{12}	M_{32}	在模型 M_8 的基础之上添加 x_{11}
M_{21}	在模型 M_5 的基础上添加 x_{12}	M_{33}	在模型 M_8 的基础之上添加 x_{12}
M_{22}	在模型 M_7 的基础之上添加 x_9	M_{34}	在模型 M_9 的基础之上添加 x_{11}
M_{23}	在模型 M_7 的基础之上添加 x_{10}	M_{35}	在模型 M_9 的基础之上添加 x_{12}
M_{24}	在模型 M_7 的基础之上添加 x_{11}	M_{36}	在模型 M_{10} 的基础之上添加 x_{12}
M_{25}	在模型 M_7 的基础之上添加 x_{12}	M_{37}	在模型 M_{13} 的基础之上添加 x_{11}
M_{26}	在模型 M_{12} 的基础之上添加 x_{10}	M_{38}	在模型 M_{13} 的基础之上添加 x_{12}
M_{27}	在模型 M_{12} 的基础之上添加 x_{11}	M_{39}	在模型 M_{14} 的基础之上添加 x_{12}
M_{28}	在模型 M_{12} 的基础之上添加 x_{12}	M_{40}	在模型 M_{17} 的基础之上添加 x_{12}
M_{29}	在模型 M_{16} 的基础之上添加 x_{11}	M_{41}	在模型 M_{19} 的基础之上添加 x_{12}

4.4 实证结果分析与讨论

本章利用 R 软件基于 BIC 对所有的备选模型做了 BMA 方法预测（Garcia-Donato and Forte，1996）。以 RMSE 作为评价模型预测精度指标，各个模型的预测精度及相对于基准模型而言预测精度变化如表 4.3 所示。

表 4.3 模型预测精度

模型	RMSE	预测精度变化	模型	RMSE	预测精度变化
基准模型	133.30	—	M_7	123.64	7.25%
M_1	111.38	16.44%	M_8	103.89	22.06%
M_2	149.96	−12.50%	M_9	108.68	18.48%
M_3	106.28	20.27%	M_{10}	115.70	13.20%
M_4	120.60	9.53%	M_{11}	105.77	20.66%
M_5	116.96	12.26%	M_{12}	116.80	12.38%
M_6	108.89	18.32%	M_{13}	125.04	6.20%

续表

模型	RMSE	预测精度变化	模型	RMSE	预测精度变化
M_{14}	127.83	4.10%	M_{28}	88.89	33.31%
M_{15}	117.14	12.13%	M_{29}	115.43	13.41%
M_{16}	108.06	18.93%	M_{30}	82.67	37.98%
M_{17}	114.19	14.34%	M_{31}	106.30	20.26%
M_{18}	88.42	41.17%	M_{32}	112.07	15.93%
M_{19}	116.27	12.78%	M_{33}	79.79	41.37%
M_{20}	107.02	19.72%	M_{34}	116.06	12.93%
M_{21}	122.43	8.15%	M_{35}	106.59	20.04%
M_{22}	113.97	14.50%	M_{36}	122.63	8.01%
M_{23}	115.99	12.99%	M_{37}	124.10	6.90%
M_{24}	124.18	6.84%	M_{38}	116.28	12.77%
M_{25}	115.04	13.70%	M_{39}	128.98	3.24%
M_{26}	116.72	12.44%	M_{40}	85.66	35.74%
M_{27}	124.70	6.38%	M_{41}	122.06	8.44%

注：预测精度变化项中负号表示模型预测精度降低

　　由表 4.3 可知，相对于基准模型，除 M_2 的预测精度下降 12.5%以外，其余模型的预测精度均有所增加。若在基准模型的基础之上只增加一个解释变量（即 M_2 模型），加入天然气管道长度变量反而降低了模型的预测精度，这可能是因为中国天然气管道建设仍处于发展阶段且由政府管控投资建设，该变量无法准确地反映天然气市场变化；添加天然气价格因素可以使得模型预测精度提升 16.44%（即 M_1 模型）；添加对外依存度变量可以使得模型预测精度提升 20.27%（即 M_3 模型）；添加能源加工转换效率可以使模型的预测精度提升 9.53%（即 M_4 模型）；添加户籍（总户数）解释变量可使得模型的预测精度提升 12.26%（即 M_5 模型）；添加中国天然气年产量可使得模型预测精度提升 18.32%（即 M_6 模型）。所有备选模型中 M_{33} 的 RMSE 值最小，相对于基准模型而言其预测精度提高了 41.37%，因此本章利用 M_{33} 对天然气消费量进行预测，该模型包含 9 个解释变量，分别是 GDP，产业结构（工业占比），原煤占能源消费总量比重，原油占能源消费总量比重，水电、核电、风电占能源消费总量比重，城镇化率，天然气价格，对外依存度，中国天然气年产量。

　　在线性模型假设下，12 个解释变量使得备选模型空间达到 2^{12} 个。表 4.4 中展示了各个解释变量的 BMA 后验概率大小，BMA 后验概率表示如果存在解释天然气消费量的真正模型，该解释变量包含于真正模型中的概率。解释变量的 BMA 后验概率越大，表示该变量对于天然气消费量的解释力越强。从表 4.4 中可以看到，后验概率最大的是 x_9（对外依存度），这说明对外依存度可以弥补中国天然气产量不足的情况，从而保障天然气市场的供应量，影响天然气市场中的消费量。x_{12}（中国天然气年产量）也是影响天然气消费量的一个重要因素，其后验概率是89.4%。排在第三位、第四位分别是 x_6（城镇化率）、x_3（原煤占能源消费总量比重），它们的后验概率分别是 24.8% 和 20.5%，这说明城镇化发展使得天然气基础设施更健全，居民生活所需天然气更容易满足，从而扩大天然气消费量；中国煤炭在能源结构中的比例虽有所下降，但其仍是主力能源，对天然气会产生较大的替代效应。x_4（原油占能源消费总量比重）、x_5（水电、核电、风电占能源消费总量比重）、x_2（产业结构）和 x_7（天然气价格）的后验概率也相对较大，这表明天然气消费量也受产业结构与能源结构的影响。

表 4.4　解释变量的后验概率

解释变量	x_1	x_2	x_3	x_4	x_5	x_6	x_7	x_9	x_{12}
后验概率	14.2%	17.1%	20.5%	18.6%	15.7%	24.8%	17.2%	100.0%	89.4%

表 4.5 是单一模型的 BMA 后验概率排名前五位模型列表。根据所获得的4096 个模型，使用 BMA 方法后所得到的累计总后验概率为 1。所有备选模型中后验概率最大的模型包含 x_{12}（中国天然气年产量）、x_9（对外依存度）两个变量，该最大后验概率达到 0.21；其余四个模型的后验概率均为 0.06，除都包含 x_{12}（中国天然气年产量）、x_9（对外依存度）外，还分别含有 x_1（GDP）、x_2（产业结构）、x_3（原煤占能源消费总量比重）、x_4（原油占能源消费总量比重）。假设以后验概率最大的模型作为真正模型解释天然气消费量，其错误概率将达到 79.5%，这说明没有哪个单一模型能够以很大的概率证明自己可以代表真正模型，表明了单一模型的不确定性，同时也证明了 BMA 方法的重要性。因此所有解释变量对天然气消费量的解释力度不能够通过单一模型计算出来的统计量判断，而应通过 BMA方法下计算出的回归系数进行判断。

利用各个单一模型的后验概率加权平均后所得到的回归模型为

$$y = -1.5971 + 0.0024x_1 - 0.0006x_2 + 0.1251x_3 - 0.0562x_4 + 0.0087x_5$$
$$+ 0.5411x_6 - 0.0013x_7 + 0.0114x_9 + 0.8643x_{12}$$

回归模型中系数最大的是 x_{12}（中国天然气年产量），其次是 x_6（城镇化率），相当于 x_{12} 变动 1 个百分点，天然气消费量同方向变动 0.8643 个百分点，x_6 变动1 个百分点，天然气消费量同方向变动 0.5411 个百分点。

表 4.5　BMA 模型中最优的 5 个模型

项目	子模型 1	子模型 2	子模型 3	子模型 4	子模型 5
截距项	1.18×10^{-1}	-6.03×10^{-2}	3.53×10^{-1}	1.20×10^{-1}	4.08×10^{-1}
x_1		2.44×10^{-2}			
x_2			-6.70×10^{-2}		
x_3				-7.83×10^{-4}	
x_4					-6.19×10^{-2}
x_5					
x_6					
x_7					
x_9	1.20×10^{-2}	1.16×10^{-2}	1.18×10^{-2}	1.19×10^{-2}	1.24×10^{-2}
x_{12}	9.80×10^{-1}	9.63×10^{-1}	9.87×10^{-1}	9.82×10^{-1}	9.65×10^{-1}
后验概率	0.21	0.06	0.06	0.06	0.06

本章根据 80/20 法则将 2003 年至 2013 年的数据作为训练集数据建立 BMA 模型，2014 年至 2016 年数据作为预测集数据验证模型的预测精度。建立模型后对 2014 年至 2016 年天然气消费量进行滚动预测，预测值及真实值如表 4.6 所示。

表 4.6　2014 年至 2016 年天然气消费量的预测值及真实值　　单位：亿米^3

项目	2014 年	2015 年	2016 年
预测值	1873.85	2067.10	2050.51
真实值	1868.94	1931.75	2078.06

在单变量预测方面主要是采用时间序列预测，时间序列预测用得最多的是平滑预测模型和 ARIMA 预测模型；对于多元线性回归（multiple linear regression，MLR）的变量预测，逐步回归方法是指在建立多元回归方程的过程中，逐次选择最优的变量纳入模型；贝叶斯向量自回归模型（Bayesian vector autoregressive model，BVAR）通常在短期预测时能够提供更高的预测精度；等权重加权平均法避免了使用单一预测模型的缺陷，是在组合预测中较为流行的方法。上述五种模型均是其各自领域的代表性模型，所以为了检测 BMA 方法的预测效果，与 ARIMA 模型、单变量 ES 模型、多变量逐步线性回归模型、多变量非线性的 BVAR 及这四个的简单加权平均模型的结果进行对比分析。为了说明 BMA 模型的预测精度情况，接下来以 RMSE 为评判标准。具体情况如表 4.7 所示。

表 4.7　不同模型的 RMSE

模型	RMSE	a_i
逐步回归模型	98.810 02	0.192 4
ARIMA 模型	474.362 27	0.831 7
单变量 ES 模型	495.945 20	0.839 1
BVAR	182.717 93	0.563 2
简单加权平均模型	306.611 17	0.739 7
BMA 模型	79.799 22	

表 4.7 中，BMA 模型的 RMSE 最小，以 RMSE 表示模型的预测精度，以 $a_i = \dfrac{(\text{RMSE}_{\text{BMA}} - b_i)}{b_i}$ 表示相对于其他模型而言 BMA 模型的预测精度提高百分率，其中 $b_i (i = 1, 2, 3, 4, 5)$ 分别表示逐步回归模型、ARIMA 模型、ES 模型、BVAR 及简单加权平均模型的 RMSE 值，BMA 模型提高的预测精度百分比最低为 19.24%，最高可达 83.91%。这表明 BMA 模型的预测效果比 ES 模型、BVAR、逐步回归模型、简单加权平均模型的效果好。

从世界经济网可以得到中国 GDP 在 2017～2020 年的估算值，估算 2020 年中国 GDP 将达到 989 110 亿元，在世界排名第二位。我国 GDP 在 2017 年达到 785 770 亿元，年均增长为 7%，故本章以 7%的增长率计算 GDP 变化量。中商产业研究院发布的《2015～2020 年中国天然气行业分析与投资前景研究报告》显示，中国天然气产量由 2010 年的 958 亿立方米增加至 2015 年的 1350 亿立方米，2010 年至 2015 年的复合年均增长率为 7.1%，2020 年中国天然气产量将达 1861 亿立方米，2022 年中国天然气年产量将达到 2129.36 亿立方米。兰海强等（2014）的研究首先对我国城镇化率历史数据在统计口径上进行修正，然后又分别对四种传统的预测方法进行改进，最后基于我国城镇化率历史数据并运用改进的四种方法对中国城镇化率进行了预测。四种预测结果相互印证，由结果分析得出结论：中国 2020 年城镇化率将达到 63.76%。万广华（2011）预测到 2030 年中国城镇化率达到 80%。按照这个预期，城镇化的年增长率将达到 2.4%左右，本章以增长率为 2.4%的标准来设定 2017～2022 年中国的城镇化率。由上述单变量预测模型比较可知，ARIMA 模型的预测精度高于 ES 模型，因此根据历史信息利用 ARIMA 模型对其余的解释变量进行滚动预测。

结合上述信息得到的解释变量的预测值，利用构建的 BMA 模型与情景分析方法，对 2017 年至 2022 年天然气消费量进行预测，预测情况如表 4.8 所示。

表 4.8 天然气消费量的预测值 单位：亿米³

年份	预测值
2017	2268.10
2018	2437.33
2019	2629.30
2020	2842.43
2021	3034.95
2022	3254.15

"十三五"期间，国家层面的能源结构优化和环境污染治理成为天然气消费最主要的推动力，体现了中国对于天然气发展的重视。按照国务院《能源发展战略行动计划（2014—2020 年）》，天然气消费市场需求强劲，到 2020 年天然气在一次能源消费中的比重可能提高至 10%以上，天然气消费量会达到 4100 亿立方米。

但是，随着国家经济发展进入新常态，影响天然气消费的不确定性因素也在增加，主要体现在两个方面。第一，宏观经济增长对天然气消费的驱动力减弱，很多用气行业面临着效益下降、产能过剩等问题，不仅投资更换燃气设备存在困难，而且对用气成本的波动更加敏感，导致用户煤改气、油改气的意愿大幅减弱。第二，天然气行情上行和国际油价的下探均会对天然气消费起到抑制作用。随着国际油价的一路下探，天然气相对成品油的优势正在逐渐减弱，同时由于与煤炭的差价不断扩大，天然气在电力、化肥等行业已完全丧失竞争力。2014 年，中国天然气市场已经出现区间性、阶段性的供大于求的局面。

综合考虑各种因素，本章测算了"十三五"期间天然气消费量，到 2022 年天然气消费量可能达到 3254.15 亿立方米，年均增长率为 8%（表 4.8）。

4.5 主要结论与启示

本章通过对天然气消费影响因素的深入剖析，选取了 12 个解释变量进行研究，并从中选取 6 个常用的解释变量构建基准 BMA 模型，在此基础上，以逐次添加变量的方式创建了预测模型集合，从中选取预测精度最优的模型对 2017 年至 2022 年的天然气消费量进行估算。

研究发现，在现有的数据条件下，最优的 BMA 模型包含 GDP，产业结构（工业占比），原煤占能源消费总量比重，原油占能源消费总量比重，水电、核电、风电占能源消费总量比重，城镇化率，天然气价格，对外依存度，中国天然气年产量 9 个解释变量，相对于基准模型而言该模型的预测精度提高了 41.37%，其中中国天然气年产量、对外依存度对天然气消费量的影响最大。本章通过逐次添加变量的方式定量分析具体添加变量后模型预测精度的提升百分率，克服了现有预测模型在解释变量选择方面的不确定性。同时通过 BMA 方法计算后验概率并以此为权重对所有的备选模型进行加权平均，克服了现有的单一模型与简单加权平均模型的不足。在预测精度方面，BMA 比单变量的 ES 模型、多变量的逐步回归模型、多变量非线性的 BVAR 及简单加权平均模型的预测效果更好，由此可见 BMA 方法在理论上与实证分析上均优于单一预测模型与简单组合模型。由 BMA 模型与情景分析方法预测 2020 年中国天然气消费量将达到 2842.43 亿立方米，低于国务院发展研究中心预测的 4100 亿立方米，并且预测到 2022 年中国天然气消费量将达到 3254.15 亿立方米，年均增长率将达到 8%。

第5章 基于精细化角度的中国天然气消费分析及预测

5.1 中国天然气消费特征

天然气作为高碳排放的化石能源和新型清洁能源之间的过渡能源，已被全球很多国家广泛地使用在了工业、商业、居民和发电行业，肩负着能源结构向清洁化方向转变的使命。全球低碳发展趋势也迫使中国调整能源消费结构并大力发展天然气，价格改革、天然气管网建设等问题都受到广泛的关注。但同时，随着天然气分配系统的发展和消费量的增加，其他相应的问题也随之而来，例如，将消耗多少天然气，需要多大的管道建设，如何进行输气配送等，这时候，合理预测天然气消费量为这些问题的解决提供了重要的参考依据。

在经济发展、能源安全及环境诉求的大背景下，需要对天然气需求侧进行精细及精准的预测，且天然气消费呈现出明显的季节效应，秋冬气荒和春夏荒气的交替现象频发，对天然气消费进行短期的精细预测对我国多气源分布特征下的调峰应急策略实施具有重要意义。

天然气消费是一个复杂的系统，往往受多种因素和外部环境的影响（Zhang and Yang，2015），这给天然气消费的预测带来了一定的挑战。学者在研究中不断丰富和创新，在天然气消费的预测领域做出很大的贡献。从传统的计量经济学方法，如 MLR 模型（Gorucu，2004a）、ARIMA 模型（Erdogdu，2010）和灰色预测模型（Boran，2015）等，到智能预测方法，如神经网络方法（Kizilaslan and Karlik，2009）、遗传算法，天然气消费的预测方法越来越丰富。近年来，越来越多的学者致力于混合预测方法的应用，用来获得天然气消费更准确的预测结果（Cardoso and Cruz，2016；Ervural et al.，2016）。本章在充分考虑天然气消费可能存在的突变性和阶段性特征后，分区制、分时段地对天然气消费进行分析和预测，为天然气消费的集成预测思路提供一个新的补充。

5.2 国内外研究状况

天然气消费预测的相关研究中，其预测模型主要分为传统方法、智能方法及混合方法。在传统方法应用上，有常见的多元回归预测，如 Gorucu（2004a）为了解土耳其首都安卡拉影响天然气需求的因素，采用多元回归分析的方法预测天然气消耗。Herbert 等（2014）也先后使用回归分析中的误差分析和线性回归来分析天然气需求。在对天然气消费序列进行单变量预测方法中，ARIMA 模型（Ediger and Akar，2007）和自回归分布滞后模型（Huntington，2007）往往被用于天然气消费需求的预测中。Balestra 和 Nerlove（1966）使用统计模型和时间序列数据来预测天然气需求。另外，有学者从非线性角度来预测天然气消费，如 Vondráček 等（2008）基于非线性回归原理使用统计方法来估算个别住宅和小型商业客户的天然气消耗量。在统计回归分析体系中以 LS 为模型参数估计原理的灰色预测模型的动态特性也在天然气消费中取得显著的应用，如 Ma 和 Wu（2009）采用马尔可夫链对中国的天然气消费量和产量进行预测，表明改进后的灰色预测模型具有更高的可靠性。Boran（2015）使用一种采用滚动机制的灰色预测模型来预测天然气消耗。在天然气消费预测中，传统方法的应用还包括系统动力学模型（Li et al.，2010，2011）。

在智能方法的应用上主要包括人工神经网络和遗传算法。人工神经网络由于可模拟人脑的结果和功能，具有很强的记忆、关联和计算功能，且通过自适应信息处理，人工神经网络可以有效处理带有不确定性的大数据而被广泛使用。Kizilaslan 和 Karlik（2009）基于不同类型的人工神经网络算法，对土耳其伊斯坦布尔居民和商业消费者的天然气消费进行了预测。Gorucu（2004b）使用人工神经网络评估和预测土耳其首都安卡拉的天然气消费情况。遗传算法作为稳健的随机搜索算法可以解决各种预测问题，在不需要对基础功能或模型做出假设的情况下，可以通过从许多不同的初始点扫描空间来获得适当的解决方案，因而在天然气消费预测中同样受到了较大的关注。例如，Aras（2008）应用遗传算法预测天然气在住宅中的短期需求并取得了很好的效果。

不管是传统方法还是智能方法，其本质上都是单一模型，相比于这些单一模型，混合模型可以弥补单一模型的缺点从而得到更精确的结果，因此越来越多地被应用在预测天然气消费上，如 Cardoso 和 Cruz（2016）使用遗传算法和自回归移动平均方法对天然气进行预测。Yu 和 Xu（2014）在对天然气消费进行预测时结合使用了遗传算法和修正的多层前馈神经网络模型。Kaynar 等（2011）结合人工神经网络和自适应神经模糊推理系统构成不同的预测模型对土耳其的天然气消费量进行比较与预测。Ervural 等（2016）使用一种集成遗传算法和自回归移动平均方法的预测方法来预测土耳其最重要的大都市伊斯坦布尔的天然气消费量，并得出比单个经典 ARMA 模型更为精确的稳健预测效果，包括使用多种同一模型的不同形式的组合模型进行预测（Khotanzad and Elragal，1999），但是，在 Khotanzad 和 Elragal（1999）通过检验基于平均、递归 LS、模糊逻辑、Karmarkar 线性规划算法等八种不同组合算法下的天然气预测效果，发现基于单个人工神经网络的组合策略优于其他方法。

虽然以上研究证明了混合模型的预测效果比单一模型好，但是这些混合模型大多是基于智能方法的混合法，一方面，复杂的预测方法可能缺乏透明度，使管理者无法拥有预测的感觉（Goodwin，2005），另一方面，在预测中给予不同单一预测模型的权重来计算混合模型的预测值，在计算权重的时候可能存在一些缺陷，例如，主观信息没有被充分考虑，而且来自不同预测方法的关键性预测信息可能不会被充分利用。虽然，越来越多的学者在建模时会考虑更为广泛的影响因素，如天然气产量、天然气价格（Krichene，2002）、意外事件（Sánchez-Úbeda and Berzosa，2007）等，但是大多数学者在研究影响因素并进一步对天然气消费进行预测时，往往选择全部的样本范围，根据文献梳理、经验判断来选择影响因素并在实证中研究其与天然气消费之间的关系。很多学者已经认识到不管是经济领域还是能源领域，都具有一定的阶段特征，不同阶段影响效应不同（Park and Hong，2013；Santamouris et al.，2013）。但是这种阶段判断仍是基于大事件概率，如金融危机（Zhang and Peng，2011；Tsai，2015），且在研究时，其前提往往是假定不同阶段的影响因素相同，而影响大小不同。本章对马尔可夫机制转换（Markov regime switching，MRS）的内生性预判下的不同区制进行时间段的划分，且对不同区制下的天然气消费的影响因素重新进行局部筛选，以尽可能反映该区制下它们与天然气消费之间的关系，从而对未来所处区制的天然气消费提供精细化的预测思路。另外，鉴于已经有学者指出天然气消费具有一定变异性（Akouemo and Povinelli，2016），本章利用产品划分模型（product partition model，PPM）对天然气消费序列的变点进行识别和剔除，排除明显突变点以避免影响后文的状态判断和模型估计。因此，本章引入 BMA 方法探讨核心影响因素对天然气消费的影响，进而对天然气消费进行预测。

因此本章引入 BMA 方法对天然气消费进行组合预测，BMA 方法可以清晰显示信息更新过程，同时将主观信息和数据与各种干扰相结合。此外，BMA 方法使用后验概率作为权重来计算所有可能单一预测模型的预测均值（Zhang and Yang，2015）。因此，它克服了上述方法的缺点并解决了模型的不确定问题。

本章打破原有的研究思路，对马尔可夫机制转换的内生性预判下的不同区制进行时间段的划分，且对不同区制下的天然气消费的影响因素重新进行局部筛选，以尽可能反映该区制下它们与天然气消费之间的关系，从而对未来所处区制的天然气消费提供精细化的预测思路。

在关于能源消费的分析中，已有学者指出天然气消费具有一定的阶段性和变异性（Park and Hong，2013；Akouemo and Povinelli，2016），为了在天然气消费预测时能刻画这些特性，且能对天然气消费的预测方法进行一定程度的改进，本章首先利用 PPM 识别出天然气发展过程中消费序列的变点,排除明显突变点以避免影响后文的状态判断和模型估计,其次建立天然气消费的马尔可夫区制转移自回归(Markov regimes switching-autoregressive,MS-AR)模型以充分识别存在的阶段性特征,再使用 BMA 模型将 MS-AR 模型识别出来的不同机制和不同时间段的天然气消费的影响因素进行筛选,预测和定位未来天然气消费所处机制,最后利用基于 BMA 模型的估计结果对未来天然气消费进行预测。

5.3 数据说明与研究方法

5.3.1 数据说明

对消费品来说,天然气的供需及价格是紧密相连的一个系统。Chai 等(2019)得出中国的天然气供应会对消费产生影响。对于价格因素,天然气消费除了受到天然气价格的影响之外,Blattenberger 等(1983)认为替代能源价格也会影响天然气的消费,因此本章将考虑国内外天然气价格、煤炭价格、油价对天然气消费的影响。此外,经济因素也对天然气消费产生影响且一般都采用 GDP 来衡量经济增长(Apergis and Payne,2009;Kum et al.,2012),但考虑到数据频率的一致性,本章使用生产价格指数(producer price index,PPI)和克强指数反映中国的经济增长。另外,Chai 等(2018)认为调整能源结构会刺激天然气消费的增加。因此本章将化石能源结构作为影响天然气消费的政策因素。

综上,本章涉及的天然气消费的 9 个影响因素可归结为经济因素、供给因素、价格因素、替代能源因素及政策因素五个方面,数据区间是 2008 年 1 月至 2018 年 10 月。变量与数据来源如表 5.1 所示。

表 5.1 变量与数据来源

影响因素	变量	表示	单位	数据来源
因变量	天然气消费量	y	亿米^3	Wind
经济因素	克强指数	x_1	—	Wind
	PPI	x_2	—	国家统计局
供给因素	天然气产量	x_3	亿米^3	国家统计局
价格因素	中国天然气价格	x_4	元/米^3	CEIC
	亨利中心天然气现货价	x_5	美元/百万英热单位	EIA
替代能源因素	大庆原油现货价	x_6	美元/桶	Wind

续表

影响因素	变量	表示	单位	数据来源
替代能源因素	秦皇岛煤炭价格	x_7	元/吨	Wind
	WTI 原油现货	x_8	美元/桶	EIA
政策因素	化石能源消费结构	x_9	—	

资料来源：国家统计局：http://www.stats.gov.cn。Wind 数据库：https://www.wind.com.cn/。CEIC：https://ceicdata. com。EIA：https://www.eia.gov/

注：①在单位换算时，1 英热单位≈1060 焦耳，美元对人民币使用来自中国人民银行的期末汇率。②天然气价格使用的是生活、工业、服务业的平均价格。③化石能源消费结构＝天然气表观消费量/（天然气表观消费量＋原油表观消费量＋煤炭消费量），其中 1 立方米＝0.72 千克，原油、煤炭消费数据也均来自 Wind 数据库。④CEIC（China Entrepreneur Investment Club）为中国企业家投融资俱乐部；EIA（Energy Information Administration）为美国能源信息署；WTI（West Texas Intermediate）为西德克萨斯中间基原油

5.3.2　研究方法

1. PPM

在分析变点和拐点问题上，与传统突变点检验不同，PPM 不需要提前设定变点个数，PPM 根据时间序列原数据与其后验估计均值给出该点发生突变的概率，进而判断该时间点是否发生突变，由外生决定且不受制于提前假定变点个数，因此被广泛应用。

假定 $y_1, y_2, \cdots, y_n$ 为已知数据序列，指标集合为 $I = \{1, 2, \cdots, n\}$。假设存在一个 I 的随机分划 $\rho = \{i_0, i_1, \cdots, i_b\}[i, j]$，其中 $0 = i_0 < i_1 < \cdots < i_b = n$，用随机变量 B 表示 ρ 中的区域个数。每种分划都将原数据序列划分为 b 个连续子序列，在这里用 $y_{[i_{r-1}, i_r]} = (y_{i_{r-1}}, y_{i_{r-2}}, \cdots, y_{i_r})^t$ 表示，其中 $r = 1, 2, \cdots, b$。令 $c_{[ij]}$ 表示相关区域 $[ij] = \{i+1, i+2, \cdots, j\}$ 的先验紧度（$i, j \in I \cup \{0\}$，$i < j$），以表示观测区间 $y_{[ij]}$ 内观测值之间的相似程度。利用 Yao（1984）的紧度设定方法，假定序列中任何一点是变点的概率为 p，这样，区间 $[ij]$ 的先验紧度为

$$c_{[ij]} = \begin{cases} p(1-p)^{j-i-1}, & j < n \\ (1-p)^{j-i-1}, & j = n \end{cases} \tag{5.1}$$

对所有的 i，$j \in I$，$i < j$，由上式可知先验紧度 $c_{[ij]}$ 表示若突变在 i 处发生则下一次突变发生在 j 处的概率大小。先验紧度公式表明突变点发生时间序列是一个离散的更新过程并独立同分布于几何分布。这种假定可合理地认为过去的变点和未来的变点无关，这很符合实际应用。

随机变量 $x_1, x_2, \cdots, x_n$ 的边际分布密度为 $f_1(y_1 | \theta_1), f_2(y_2 | \theta_2), \cdots, f_n(y_n | \theta_n)$，其中 $\theta_1, \theta_2, \cdots, \theta_n$ 为未知参数。给定一个分划 ρ，对任意的 $i_{r-1} < i \leqslant i_r$，满足参数 $\theta_i = \theta_{[i_{r-1}, i_r]}$，

其中 $\theta_{[i_0 i_1]}, \cdots, \theta_{[i_{b-1} i_b]}$ 均独立，随机量 $(y_1, y_2, \cdots, y_n; \rho)$ 服从 PPM 分布。ρ 服从式（5.2）的乘积先验分布（Barry and Hartigan，1992）：

$$P(\rho = \{i_0, i_1, \cdots, i_b\}) = \frac{\prod_{j=1}^{b} c_{[i_{j-1} i_j]}}{\prod_{\varphi} \prod_{j=1}^{b} c_{[i_{j-1} i_j]}} \tag{5.2}$$

式中，φ 为将 $I = \{1, 2, \cdots, n\}$ 分划为连续的分划区间 $\rho = \{i_0, i_1, \cdots, i_b\}$ 的所有可能性，满足 $0 = i_0 < i_1 < \cdots < i_b = n$，$\forall b \in I$。

在 $\rho = \{i_0, i_1, \cdots, i_b\}$ 的条件下，序列 $x_1, x_2, \cdots, x_n$ 的联合条件密度为 $f(x_1, x_2, \cdots, x_n \mid \rho = \{i_0, i_1, \cdots, i_b\}) = \prod_{j=1}^{b} f_{i_{j-1} i_j}(x_{i_{j-1} i_j})$。在平方损失下，$\theta_k$ 的条件数学期望为 $E(\theta_k \mid x_1, x_2, \cdots, x_n) = \sum_{i=0}^{k-1} \sum_{j=k}^{n} r_{ij}^* E(\theta_k \mid x_{ij})$。

利用 Yao（1984）的紧度定义，ρ 和 B 的先验分布分别为 $P(\rho = \{x_1, x_2, \cdots, x_n\} \mid p) = p^{b-1}(1-p)^{n-b}$，$b \in I$。对每个 $\rho = \{i_0, i_1, \cdots, i_b\}$，满足 $0 = i_0 < i_1 < \cdots < i_b = n$，则

$$P(B = b \mid p) = C_{b-1}^{n-1} p^{b-1}(1-p)^{n-b}, \quad b \in I \tag{5.3}$$

此外，若 p 的先验分布为 $\pi(p)$，则 ρ 和 B 的条件后验分布分别为

$$P(\rho = \{x_1, x_2, \cdots, x_n\} \mid x_1, x_2, \cdots, x_n) = \prod_{j=1}^{b} f(x_{i_{j-1} i_j}) \int_0^1 p^{b-1}(1-p)^{n-b} \pi(p) \mathrm{d}p \tag{5.4}$$

$$P(B = b \mid x_1, \cdots, x_n) = C_{b-1}^{n-1} \prod_{j=1}^{b} f(x_{i_{j-1} i_j}) \int_0^1 p^{b-1}(1-p)^{n-b} \pi(p) \mathrm{d}p \tag{5.5}$$

在正态的先验假定下，PPM 的具体计算算法和技术见 Loschi 等（2003）。

2. 马尔可夫机制转换模型

Hamilton（1989）在研究美国 GDP 时间序列的经济周期现象时，认为经济周期扩张和萎缩是交替出现的，也就是说一个国家经济增长速度存在高速增长和缓慢增长两种状态，并引入不可观测的状态变量，使得状态之间的变化服从一个离散时间、离散状态的马尔可夫过程，因此来刻画时间序列表现出的这种非线性趋势。本章基于此认为天然气消费也存在高速增长和缓慢增长的状态，因此采用马尔可夫机制转换模型来进行研究。

根据 Hamilton（1989）的马尔可夫机制转换模型，对于所研究的时间序列 y_t，其马尔可夫机制转换模型可以表示如下：

$$y_t = u_{s_t} + \sum_{j=1}^{k} \phi_{j,s_t} y_{t-j} + \sigma_{s_t} \qquad (5.6)$$

式中，s_t 为 y_t 在 t 时刻的状态变量，是离散变量；u_{s_t} 为 y_t 在 t 时刻所处状态下的均值，不同状态下的均值不同；σ_{s_t} 为 y_t 在 t 时刻所处状态下的方差，$\sigma_{s_t} \sim N(0, \sigma_{s_t}^2)$，其随状态变量而变化；$\phi_{j,s_t}$ 为在不同状态下 y_t 的自回归系数。状态变量 s_t 的值只取决于前一个时刻所处的状态，并遵循具有以下转换概率的一阶马尔可夫链：

$$p_{ij} = P(s_{t+1} = j \mid s_t = i), \quad \sum_{j=1}^{k} p_{ij} = 1 \qquad (5.7)$$

转换概率控制了状态变量的随机行为。因此，所研究的时间序列的行为特征由误差项 σ_{s_t} 和状态变量 $s_t, s_{t-1}, \cdots, s_{t-j}$ 共同决定，马尔可夫状态变量导致了模型结构随机和频繁的变动，而其转换概率则决定了每个状态的持久性。

采用 Hamilton 的极大似然估计法对马尔可夫转换方程的参数进行估计时，在 σ_{s_t} 的正态分布假设下，时间序列 y_t 在 s_t 取值为 j 时的条件概率密度为

$$f(y_t \mid s_t = j, I_{t-1}; \theta) = \frac{1}{\sqrt{2\pi}\sigma_{s_t}} \exp\left[-\frac{\left(y_t - u_{s_t} - \sum\limits_{j=1}^{k} \phi_{j,s_t} y_{t-j} \right)^2}{2\sigma_{s_t}^2} \right] \qquad (5.8)$$

式中，I_{t-1} 为到 $t-1$ 时刻为止时间序列 y_t 在 s_t 的所有观察值，即到 $t-1$ 时刻所能获取的所有信息；$\theta = (u_{s_t}, \sigma_{s_t}, \phi_{j,s_t})$ 为模型的待估参数向量。

当概率 $f(s_t = j \mid I_{t-1}; \theta)$ 已知，在已知 I_{t-1} 条件下，y_t 的概率密度为

$$\begin{aligned} f(y_t \mid I_{t-1}; \theta) = {}& P(s_t = 1 \mid I_{t-1}; \theta) f(y_t \mid s_t = 1, I_{t-1}; \theta) + P(s_t = 2 \mid I_{t-1}; \theta) \\ & f(y_t \mid s_t = 2, I_{t-1}; \theta) + P(s_t = k \mid I_{t-1}; \theta) f(y_t \mid s_t = k, I_{t-1}; \theta) \end{aligned} \qquad (5.9)$$

观察期内总的对数似然函数为

$$\ln f(\theta) = \frac{1}{n} \sum_{t=1}^{n} \ln f(y_t \mid I_{t-1}; \theta) \qquad (5.10)$$

最大化此对数似然函数即可得到参数的估计值。

3. BMA

Leamer（1978）在 Barnard（1963）及 Bates 和 Granger（1969）关于模型平均的思想基础上，提出了 BMA 的理论框架，并同时提出了 BMA 方法在解决模型不确定性问题上的思路。BMA 方法先对模型中的所有解释变量根据先验信息赋予其相应的先验概率，在贝叶斯分析的框架内计算出所有潜在解释变量的后验包

含概率（posterior inclusion probability，PIP）作为判断模型优劣的标准，并以此作为解释变量的相对重要性进行排序。具体来说，假设所需估计的模型中共涉及 k 个解释变量 $X_i = \{X_1, X_2, \cdots, X_k\}$，由此可以形成 2^k 个不同的模型对解释变量 y 进行回归，进一步将这些互不相同的模型定义为 $M_i = \{M_1, M_2, \cdots, M_{2k}\}$。每个模型的一般形式为

$$y_t = \alpha + \beta X_{ti} + \varepsilon_i \tag{5.11}$$

同时定义样本数据为 $y_i = (y_1, y_2, \cdots, y_t)^{\mathrm{T}}$，其中 y_t 表示 t 时刻的观测值，并进一步假设第 i 个模型 M_i 中的先验概率为 $p(M_i)$，其后验概率定义为 $p(M_i | y)$，即 $p(M_i | y)$ 表示在给定样本数据下模型 M_i 的最优单一模型概率，这个后验概率的值可以通过下式计算获得：

$$p(M_i | y) = \frac{p(M_i y)}{p(y)} = \frac{p(M_i | y) p(M_i)}{p(y)} = \frac{p(M_i | y) p(M_i)}{\sum\limits_{i=1}^{2^k} p(y | M_i) p(M_i)} \tag{5.12}$$

式中，$p(y | M_i) = \int p(y | \theta_i) p(\theta_i | M_i) \mathrm{d}\theta_i$ 为模型 M_i 的似然积分函数；θ_i 为模型 M_i 的参数向量，从而 $p(\theta_i | M_i)$ 就是模型 M_i 中 θ_i 的先验分布密度，而 $p(y | \theta_i, M_i)$ 就是基于样本数据的似然值。然后可计算各个解释变量对应回归系数的后验包含概率、后验均值和后验方差，$\beta = (\beta_0, \beta_1, \cdots, \beta_k)$ 为模型 M_i 中各回归系数的向量，则后验包含概率为

$$p(\beta | y) = \sum_{i=1}^{2^k} p(\beta | M_i, y) p(M_i | y) \tag{5.13}$$

后验均值为

$$E(\beta | y) = \sum_{i=1}^{2^k} E(\beta | y, M_i) p(M_i | y) \tag{5.14}$$

后验方差为

$$\mathrm{Var}(\beta | y) = \sum_{i=1}^{2^k} [\mathrm{Var}(\beta | y, M_i) + E^2(\beta | y, M_i)] p(M_i | y) E(\beta | y)^2 \tag{5.15}$$

5.4　中国天然气供需预测分析

5.4.1　天然气消费的异常点识别和处理

随着天然气政治属性、金融属性越来越强，天然气消费数据受到多种复杂因素影响，表现出一定的阶段性、突变性等特征。因此本章将基于月度数据对中国天然气消费的阶段性特征进行研究，并在此基础上对天然气消费进行预测。

Akouemo 和 Povinelli（2016）指出在天然气的消费市场中，存在着各种各样的异常现象。因此在对天然气消费建立描述其阶段性特征的计量模型之前，为了使天然气的阶段性特征研究不受异常数据的干扰且可以合理地反映市场的正常规律，需要对天然气消费数据的异常值进行分析。本章通过构建 PPM，对 2008 年 1 月至 2018 年 8 月的天然气消费数据进行外生性的 PPM 突变点识别（图 5.1）。

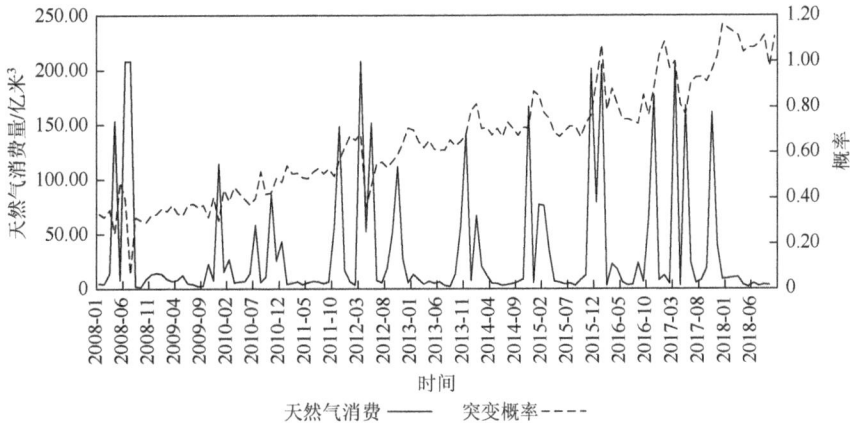

图 5.1　天然气消费及突变概率

根据图 5.1 中 PPM 识别的拐点可以发现由外生性决定的天然气消费拐点发生在 2008 年 6 月、2008 年 7 月、2012 年 3 月、2016 年 1 月及 2017 年 3 月的概率最大，同时为了尽量保持数据携带信息的完整性，结合原始数据的特征，本章处理突变点的中心思想为：①单个拐点处结合原始数据特征选择剔除拐点前或者拐点后的突变点；②对相邻两个拐点，根据发生的规律剔除引起序列发生突变的主要点而不是全部。例如，在 2008 年 6 月和 2008 年 7 月这两个拐点处，结合天然气数据和后验均值发现其变点的发生主要是 2008 年 7 月天然气消费骤降的结果，我们发现天然气消费在 2008 年 8 月又快速回升并一度超过上一个拐点（2008 年6 月）前的 2008 年 5 月的天然气消费量，因此在这两个相邻的拐点处，本章剔除2008 年 7 月的天然气消费。同理，2012 年 3 月变点的发生是由于 2012 年 4 月天然气消费的骤降且随后又快速回升的结果，因此在该变点附近本章选择剔除2012 年 4 月的突变点。类似地，依次剔除 2016 年 1 月和 2017 年 3 月的突变点。

5.4.2　中国天然气消费的 MS-AR 模型构建

在中国天然气市场从"以供定需"逐步转向"以需定供"的格局过程中，对天然气消费波动的研究成为解决气荒和荒气现象的关键。从图 5.1 的天然气消费序列中发现天然气消费具有上升趋势，但其幅度变动差异较大，在与经济环境紧密相连的天然气市场中，其存在的缓慢上升和快速上升的特征有可能是内在机制的差异所导致的，因此用一个完整统一的模型来刻画天然气消费市场的特征已经不能满足研究的需要。而马尔可夫机制转换模型能够将天然气消费结构性变化特征视为一种机制向另外一种机制的转换，并在模型的估计过程中将其内生化成为待估参数，从而为本章分状态的天然气消费精细预测提供一定的研究前提。因此，本章在对天然气消费的阶段性特征进行分析时，选择马尔可夫机制转换模型。

　　本章采用赤池信息量准则（Akaike information criterion，AIC）作为模型选择的标准，首先在确定马尔可夫机制转换模型的 AR 部分时，发现 AR（5）的 AIC 值最小，AR（4）的 AIC 值次之，因此本章将选择滞后（1）～（5）的 AR 部分与不同区制下的 MS 进行进一步检验，其结果如表 5.2 所示。可以看出 MS（2）—AR（4）的 AIC 值最小，且此时有相对较小的 SC 值（Schwarz criterion）和最大的对数似然值，故本章选择 MS（2）—AR（4）对中国天然气消费转换机制进行建模。

表 5.2　不同 MS 和 AR 组合状态下模型的 AIC 比较

指标	MS（2）	MS（2）—AR（1）	MS（2）—AR（2）	MS（2）—AR（3）	MS（2）—AR（4）
AIC	−0.1734	−1.5328	−1.5882	−1.5690	−1.6332
SC	−0.0369	−1.4585	−1.4949	−1.4563	−1.3080
对数似然值	16.7509	102.2641	106.8823	106.9220	111.9915

　　1）参数估计及分析

　　本章采用二状态四阶自回归的马尔可夫机制转换模型对中国天然气消费的阶段性特征进行研究，估计结果如表 5.3 和表 5.4 所示。表 5.3 中的 u_1 和 u_2 表示天然气消费在不同阶段的均值，σ_1 和 σ_2 表示均值所对应的扰动方差，ϕ_{11} ～ ϕ_{14} 和 ϕ_{21} ～ ϕ_{24} 表示不同状态下的自回归系数。根据马尔可夫机制转换原理，我们可以将天然气消费的变化用两种机制来描述：其一，天然气消费月均上涨 5.3727%，可视为天然气消费快速增长，此时伴随着其消费水平的较大波动；其二，天然气消费月均缓慢增长 5.2957%，相比较状态 1，可视为天然气消费的缓慢增长，此时的方差也较小，说明天然气消费缓慢增长过程面临的不确定性也比较小。由此可见，中国天然气市场的需求消费侧在总体上呈现出不断增长的态势。

表 5.3　MS（2）—AR（4）的主要参数估计结果

项目	变量	系数	Z 值	P 值
状态 1	u_1	5.3727***	8.7795	0.0000
	ϕ_{11}	0.8687***	5.3229	0.0000
	ϕ_{12}	0.0914	0.5038	0.6144
	ϕ_{13}	−0.1663	−1.3418	0.1797
	ϕ_{14}	0.1879**	2.0623	0.0392
	σ_1	−2.5649***	−31.5176	0.0000
状态 2	u_2	5.2957***	8.4266	0.0000
	ϕ_{21}	−0.1637	−0.5942	0.5523
	ϕ_{22}	0.1325	0.4605	0.6451
	ϕ_{23}	0.4205	1.2813	0.2001
	ϕ_{24}	0.4710	0.9120	0.3618
	σ_2	−1.9022***	−7.4191	0.0000
转移矩阵	P11-C	2.6794***	3.7834	0.0002
	P21-C	−0.8985	−0.9213	0.3569

***、**分别表示在 1%、5%的显著水平上显著

表 5.4　概率转移矩阵及状态持续时间

状态	状态 1	状态 2	持续时间/月
状态 1	0.9358	0.0642	15.5764
状态 2	0.2893	0.7107	3.4560

2）概率转移与持续期

各机制出现的概率转移和状态持续时间如表 5.4 所示。概率转移表示天然气消费处于某种状态或者从该状态转移到另一个状态的概率。从表 5.4 可以看出，天然气消费在快速增长机制下（状态 1），下期仍处于该状态的概率为 0.9358，而下期转移到缓慢增长机制（状态 2）的概率为 0.0642。同样，对于处于状态 2 的天然气消费，下期仍处于该状态的概率为 0.7107，由该状态转移到快速增长机制（状态 1）的概率为 0.2893。根据状态的持续期看，天然气消费快速增长的持续期（约 16 个月）远大于缓慢增长的持续期（约 3 个月），说明快速增长是我国天然气消费市场的主要波动状态。

3）天然气消费概率及变动周期分析

不同区制下天然气消费的拟合概率和平滑概率如图 5.2 所示。通过观察平滑

概率可更加清晰地了解每个机制的持续性及每个时刻最可能出现的机制状态，其基本判断法则是：如果 $s_t=1$ 的平滑概率大于 0.5，则表示出现天然气消费的快速增长状态；如果 $s_t=2$ 的平滑概率大于 0.5，则表示出现天然气消费的缓慢增长状态。如图 5.2（a）和图 5.2（b）所示，第一种机制形成的波峰比第二种机制的波峰宽，再次说明第一种机制持续的时间较长。从 MS（2）—AR（4）模型的概率转换图中可以看出，天然气消费处于状态 1 的时段大致在 2008 年 9 月至 2009 年 9 月、2010 年 3 月至 2010 年 7 月、2011 年 1 月至 2012 年 3 月和 2012 年 6 月至 2018 年 10 月；状态 2 发生的时段基本上集中在 2008 年 5 月至 2008 年 8 月、2009 年 10 月至 2010 年 2 月和 2010 年 8 月至 2010 年 12 月。

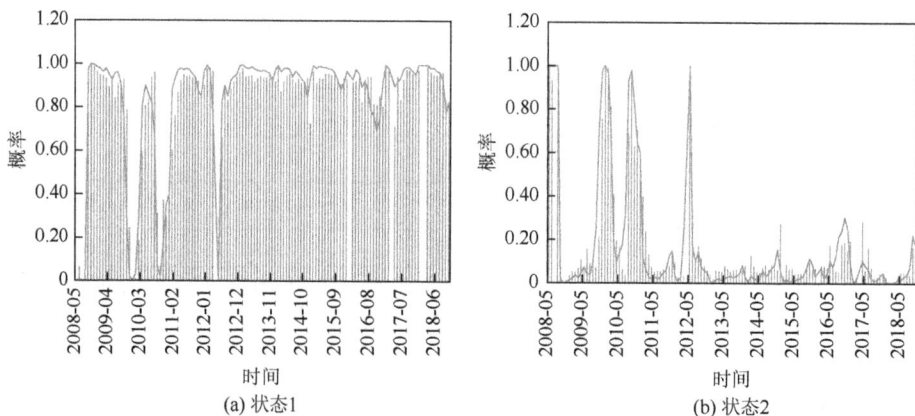

图 5.2　天然气消费的拟合概率和平滑概率图

5.4.3　天然气消费预测分析

1. 中国天然气消费影响因素筛选

为了探讨不同区制和不同时间段下的天然气消费的影响因素存在的不同，本章对不同状态下的天然气消费分阶段挑选影响因素，对于区制 1，分为两个时段即 2011 年 1 月至 2012 年 3 月和 2012 年 6 月至 2018 年 10 月；对于区制 2，取 2009 年 11 月至 2010 年 12 月的连续时段进行研究。因此本章将基于分时段、分区制对天然气消费及影响因素进行精细化分析和预测。

首先对不同区制、不同时段的天然气消费影响因素进行筛选。在进行因素筛选时，本章选择 BMA 方法，相较于其他因素即模型的筛选方法，如岭回归、lasso 回归、适应性 lasso 回归、PLS 回归，BMA 方法的主要优势体现在其可以最大限度地运用经济统计信息。事前对所有可能的模型进行平均，避免人为筛选解释变量造成的信息损失，且由 BMA 方法计算出的解释变量的后验概率表示解释变量在真正模型中的重要程度（陈伟和牛霖琳，2013）。

BMA 方法以后验概率为权重对可能的单项模型进行加权平均，以后验概率大小为标准客观选择解释变量，并通过设置不同的先验概率分布将主观信息与模型和数据信息相融合，进而反映信息更新的动态过程，是解决经济计量建模过程中模型不确定问题的有效方法，同时可克服中小样本下模型估计的诸多问题。对不同状态、不同时段下天然气消费影响因素的分析结果如表 5.5 所示。

表 5.5　BMA 方法下的变量选择

变量	区制 1				区制 2		全样本	
	2011 年 1 月至 2012 年 3 月		2012 年 6 月至 2018 年 10 月		2009 年 11 月至 2010 年 12 月			
x_1	18.0		24.7		33.2		41.1	*
x_2	94.1		98.3	*	32.1		33.6	
x_3	100.0	*	100.0	*	25.5		100.0	*
x_4	5.5		9.2		21.3		100.0	*
x_5	45.5		14.3		48.8	*	100.0	*
x_6	14.3		10.5		34.8		71.5	*
x_7	10.8	*	9.9		24.3		12.9	
x_8	30.0		8.4		18.7		33.8	
x_9	100.0		100.0	*	100.0	*	100.0	*

*表示不同状态下模型所包含的变量

表 5.5 的 BMA 结果表明，不同状态和区段下天然气消费的影响因素存在不同。区制 1 下 2011 年 1 月至 2012 年 3 月时间段的主要影响因素包括：天然气产量（x_3）、亨利中心天然气现货价（x_5）及秦皇岛煤炭价格（x_7）。2012 年 6 月至 2018 年 10 月的主要影响因素有 PPI（x_2）、天然气产量（x_3）及化石能源消费结构（x_9）。区制 2 下的主要影响因素包括：亨利中心天然气现货价（x_5）和化石能源消费结构（x_9）。对比全样本下天然气消费的主要影响因素克强指数（x_1）、天然气产量（x_3）、中国天然气价格（x_4）、亨利中心天然气现货价（x_5）、大庆原油现货价（x_6）和化石能源消费结构（x_9），我们发现不同状态下的天然气消费影响因素有所不同。因此在对天然气消费进行分析和预测时，不应忽视这一现象。

为了更精准地预测天然气消费，我们需要对天然气消费的市场状态进行判断，从而建立预判状态下的天然气消费预测系统。本章根据马尔可夫机制转换中一步概率转移的遍历性和稳定性，若已知的末期市场状态，记为 $S(0)$，即 2018 年 11 月天然气消费的状态为"1"，且此时状态 1 和状态 2 的平滑概率分别为 0.8259 和 0.1741，因此 2018 年 10 月的 $S(0) = S(1,0)$ 为预测未来月份的初始状态向量，则 k 步转移后的状态向量为 $S(k) = S(0) \times P^k$，依次计算出未来 14 个月可能出现的各种状态的概率如表 5.6 所示。从未来的市场状态概率预测来看，直到 2019 年 12 月天然气消费市场仍处于高速增长状态（状态 1）的概率较大，因此本章将使用处于状态 1 下的天然气消费序列（2012 年 6 月至 2018 年 10 月）样本建立天然气消费的预测模型。

表 5.6　依据 MS（2）—AR（4）的未来市场状态概率预测

状态名称	增长情景	2018 年 11 月	2018 年 12 月	2019 年 1 月	2019 年 2 月	2019 年 3 月	2019 年 4 月	2019 年 5 月
状态 1	高速增长	0.8259	0.8232	0.8215	0.8204	0.8197	0.8192	0.8189
状态 2	低速增长	0.1741	0.1768	0.1785	0.1796	0.1803	0.1808	0.1811

状态名称	增长情景	2019 年 6 月	2019 年 7 月	2019 年 8 月	2019 年 9 月	2019 年 10 月	2019 年 11 月	2019 年 12 月
状态 1	高速增长	0.8187	0.8186	0.8185	0.8185	0.8184	0.8184	0.8184
状态 2	低速增长	0.1813	0.1814	0.1815	0.1815	0.1816	0.1816	0.1816

从表 5.7 中的组合 A 可以看出，高速增长区制下的天然气消费主要受到 PPI（$\ln x_2$）、天然气产量（$\ln x_3$）及化石能源消费结构（$\ln x_9$）的影响，且这三个变量产生的都是积极影响。具体地，当 PPI 每增长 1%时，天然气消费会增长 0.7690%，这表示社会上企业购买物品和劳务的总费用提高会促进对天然气的消费。天然气产量每增加 1%，天然气消费将会上升 0.7706%，这意味着中国要实现天然气消费的快速增长，需要保证产量的供应。化石能源消费结构对天然气消费的促进作用（0.3315%）意味着国家关于能源消费结构的政策对天然气发展发挥重要作用。

表 5.7　BMA 模型的估计结果

组合	项目	$P = 0$	EV	SD	模型 1	模型 2	模型 3	模型 4	模型 5
组合 A：基于 PPM—[MS(2)—AR（4）]—BMA 体系的高速增长区制	截距	100.0	−2.5218	1.6189	−2.4618	−3.1515	−2.9912	−4.3464	−2.9027
	$\ln x_1$	24.7	−0.0087	0.0199				−0.0313	
	$\ln x_2$	98.3	0.8462	0.3679	0.7690	0.7710	0.9036	1.2003	0.7666
	$\ln x_3$	100.0	0.7333	0.1093	0.7706	0.8000	0.7527	0.7635	0.7844
	$\ln x_4$	9.2	−0.0024	0.0120					
	$\ln x_5$	14.3	−0.0061	0.0195		−0.1173	−0.0468		−0.1002

续表

组合	项目	$P=0$	EV	SD	模型 1	模型 2	模型 3	模型 4	模型 5
组合 A：基于 PPM—[MS（2）—AR（4）]—BMA 体系的高速增长区制	$\ln x_6$	10.5	−0.0027	0.0112					
	$\ln x_7$	9.9	−0.0024	0.0239					
	$\ln x_8$	8.4	−0.0020	0.0110		0.0807			
	$\ln x_9$	100.0	0.2846	0.0812	0.3315	0.3563	0.3189	03235	0.3630
	模型后验概率				0.274	0.133	0.090	0.069	0.066
组合 B：基于 [MS（2）—AR（4）]—BMA 体系的高速增长区制	截距	100.0	−0.5075	1.4608	−1.3523	0.5030	0.8817	−2.9480	0.8929
	$\ln x_1$	10.2	−0.0004	0.0106				−0.0271	0.0227
	$\ln x_2$	53.9	0.2945	0.3424	0.5193			0.8871	
	$\ln x_3$	100.0	0.7754	0.1099	0.7634	0.7678	0.7849	0.7545	0.7797
	$\ln x_4$	9.9	−0.0120	0.0544					
	$\ln x_5$	10.6	−0.0052	0.0216					
	$\ln x_6$	7.3	0.0015	0.0086					
	$\ln x_7$	19.3	0.0116	0.0316		0.0709			
	$\ln x_8$	14.0	0.0059	0.0209					
	$\ln x_9$	100.0	0.4153	0.0766	0.3918				0.4140
	模型后验概率				0.277	0.113	0.100	0.054	0.048

注：在 BMA 模型的估计中，给出了五个具有较大先验概率的模型

2. 预测精度分析

为了说明在天然气消费预测中"MS—AR 模型划分状态—不同状态下筛选影响因素—使用 BMA 模型预测"这一精细化分析过程的良好特性，本章与其他模型进行对比：①考虑了变点和重要的影响因素，但是不考虑区制；②考虑了重要的影响因素，但是不考虑区制和变点；③考虑了变点、区制，但是没有考虑重要影响因素；④考虑了区制和 BMA，但是没有剔除变点；⑤单变量 128；⑥单变量 124；⑦单变量区制模型。由于本章的样本量较少，因此采用样本内预测检验，Inoue 和 Kilian（2005）证明了样本内预测拥有更可信的结果，检验区间是 2017 年 11 月至 2018 年 10 月。本章使用 MAPE、MSPE 和 RMSE 来评价上述模型的预测能力[①]，结果如表 5.8 所示。

---

① $\mathrm{MAPE}=\dfrac{1}{T-N}\sum_{t=N+1}^{T}\left|\dfrac{y_t-\hat{y}_t}{y_t}\right|$，$\mathrm{MSPE}=\sqrt{\dfrac{1}{T-N}\sum_{t=N+1}^{T}\left(\dfrac{y_t-\hat{y}_t}{y_t}\right)^2}$，$\mathrm{RMSE}=\sqrt{\dfrac{1}{T-N}\sum_{t=N+1}^{T}(y_t-\hat{y}_t)^2}$，其中，$y_t$ 和 $\hat{y}_t$ 分别为真实值和预测值；T 和 N 分别为全样本和样本内观测值。

表 5.8　模型的预测评估

项目	模型 1	模型 2	模型 3	模型 4	模型 5	模型 6	模型 7	模型 8
模型方法	PPM—MS (2)—AR (4)—BMA	PPM—BMA	BMA	PPM—MS (2)—AR (4)—MLR	MS (2)—AR (4)—BMA	AR (5)	PPM—AR (5)	PPM—MS (2)—AR (4)—AR (1)
突变	✓	✓	×	✓	×	×	✓	✓
机制转换	✓	×	×	✓	✓	×	×	✓
核心因素筛选	✓	✓	✓	×	✓	×	×	×
多变量	✓	✓	✓	✓	✓	×	×	×
MSPE	0.0124	0.0155	0.0163	0.0125	0.0117	0.0165	0.0362	0.0284
RMSE	0.0673	0.0844	0.0886	0.0681	0.0635	0.0886	0.1961	0.1528
MAPE	0.0125	0.0112	0.0126	0.0125	0.0117	0.0150	0.0370	0.0287

表 5.8 对各种模型的预测能力进行了评估。首先，总体上，考虑了核心影响因素的 BMA 的预测效果要优于多变量回归（模型 1 的 MSPE 和 RMSE 均小于模型 4）及单变量的 AR 模型（模型 1~模型 5 的 MSPE、RMSE 及 MAPE 均小于模型 6~模型 8），意味着考虑合适的影响因素可以提高模型的预测精度。其次，在单变量预测模型中，不考虑变点和区制转换的模型的预测精度更高。最后，在考虑核心影响因素的多变量模型中，虽然考虑了区制转换的模型的预测精度更高（模型 1 和模型 5 的 MSPE、RMSE 均小于模型 2），但是我们发现不考虑突变点下的区制 BMA 模型（模型 5）的预测能力要优于考虑突变的区制 BMA 模型（模型 1）。这有可能是因为被剔除的突变点是伪变点，事实上是天然气消费发展的正常规律，可以被包含在高速增长的区制内。这种情况下剔除该点会忽略该点携带的信息，从而导致较低的预测精度。因此本章将基于模型 5 进行样本内的预测，表 5.7 的组合 B 提供了模型 5 的估计结果。

5.4.4　中国天然气消费情景预测

1. 情景设定及静态情景分析

在经过状态划分及状态预测后，未来的预测期内天然气消费市场仍处于高速增长状态（机制 1）的概率较大，并且对比分析了该机制下各种模型的预测精度，得到分区制但不考虑突变点的 BMA 模型预测效果最佳，因此，本章将基于机制 1 下 2012 年 6 月至 2018 年 10 月的 BMA 模型的估计结果（表 5.7 的组合 B）对中国天然气消费进行预测。

本章将设定基准情景、在基准情景上下浮动的情景 1 和情景 3 三种情景。

表 5.7 的组合 B 显示天然气消费的核心影响因素分别是 PPI、天然气产量和化石能源消费结构。相比于年度数据，月度数据存在的季节性和趋势性等问题使得在各种情景设定上存在一定的困难。考虑各变量的季节性和趋势性，本章在对各解释变量进行基准情景设置时遵循其自身发展的惯性特征。对于 PPI，本章使用 Excel 中的自动趋势拟合近五年相同月份的观测值得到预测月份的基准情景，并假定情景 1 和情景 3 中的 PPI 分别下降和上升 0.1 个百分点（表 5.9）。对于天然气产量，本章参考 Lin 和 Wang（2012）预测的中国天然气产量的峰值在 2032 年达到 4000 亿立方米，结合 2018 年 1610 亿立方米的实际天然气产量，我们计算天然气的年均增长率是 6.7164%，以 2018 年月度天然气产量计算得到 2019 年月度天然气产量的基准情景，并假定情景 1 和情景 3 分别下浮和上浮 0.2 个百分点（表 5.9）。同样地，对于化石能源消费结构，本章参考 Chai 等（2018）的研究中给出的 6.276% 的增长率及 2018 年的月度能源结构数据计算得到 2019 年的能源消费结构的基准情景。考虑到能源清洁化的必然趋势及国家相应政策（如煤改气、油改气）的不断推进，该变量在未来呈上升趋势的可能性较大，为了使情景设定更符合未来的大趋势，对该变量进行其他两个情景设定时，假定情景 1 在基准情景基础上下浮 0.15 个百分点，而情景 3 则上浮 0.25 个百分点（表 5.9）。根据以上对解释变量设定的情景及表 5.7 的组合 B 的变量估计系数得到不同情景下的天然气消费量（表 5.9 和图 5.3）。

表 5.9　解释变量的情景设定和天然气消费预测

时间	PPI			天然气产量			化石能源消费结构			天然气消费		
	情景 1	基准情景	情景 3	情景 1	基准情景	情景 3	情景 1	基准情景	情景 3	情景 1	基准情景	情景 3
2018 年 11 月	4.5318	4.6318	4.7318	4.7607	4.9607	5.1607	1.4965	1.6465	1.8965	185.26	241.08	326.26
2018 年 12 月	4.5141	4.6141	4.7141	4.8272	5.0272	5.2272	1.5662	1.7162	1.9662	198.46	258.26	349.50
2019 年 1 月	4.5190	4.6190	4.7190	4.7903	4.9903	5.1903	1.6175	1.7675	2.0175	197.37	256.84	302.93
2019 年 2 月	4.5747	4.6747	4.7747	4.7466	4.9466	5.1466	1.4141	1.5641	1.8141	181.45	236.12	319.54
2019 年 3 月	4.5109	4.6109	4.7109	4.7740	4.9740	5.1740	1.3606	1.5106	1.7606	175.51	228.40	264.08
2019 年 4 月	4.5119	4.6119	4.7119	4.7262	4.9262	5.1262	1.4025	1.5525	1.8025	172.13	224.00	303.14
2019 年 5 月	4.5690	4.6690	4.7690	4.7051	4.9051	5.1051	1.4458	1.5958	1.8458	177.45	230.92	312.51
2019 年 6 月	4.5728	4.6728	4.7728	4.6696	4.8696	5.0696	1.4087	1.5587	1.8087	170.55	221.95	300.36
2019 年 7 月	4.5735	4.6735	4.7735	4.7317	4.9317	5.1317	1.4401	1.5901	1.8401	181.11	235.68	318.96
2019 年 8 月	4.5055	4.6055	4.7055	4.7270	4.9270	5.1270	1.5058	1.6558	1.9058	178.75	232.61	314.80

续表

时间	PPI			天然气产量			化石能源消费结构			天然气消费		
	情景1	基准情景	情景3	情景1	基准情景	情景3	情景1	基准情景	情景3	情景1	基准情景	情景3
2019年9月	4.5804	4.6804	4.7804	4.6696	4.8696	5.0696	1.4345	1.5845	1.8345	172.97	225.09	304.62
2019年10月	4.5820	4.6820	4.7820	4.7665	4.9665	5.1665	1.4138	1.5638	1.8138	184.91	240.62	325.64
2019年11月	4.5782	4.6782	4.7782	4.8279	5.0279	5.2279	1.5593	1.7093	1.9593	204.73	266.42	360.56
2019年12月	4.5665	4.6665	4.7665	4.8944	5.0944	5.2944	1.6289	1.7789	2.0289	220.01	286.30	387.46

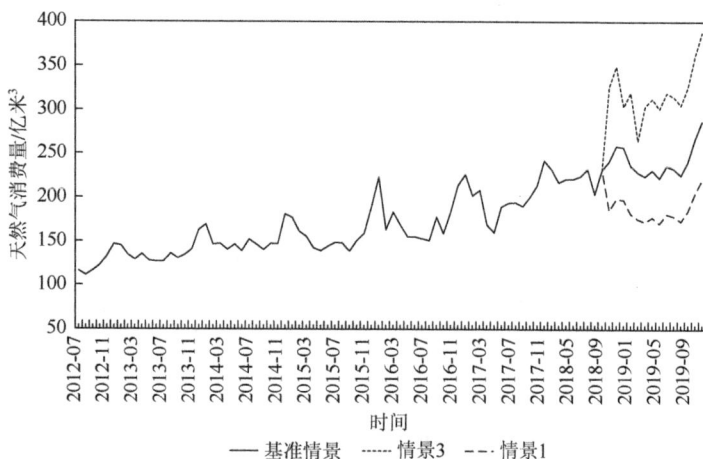

图 5.3　在情景 1、基准情景和情景 3 三种情景下中国天然气消费预测值

预测结果显示，2019 年天然气消费仍整体呈上升趋势，且有明显的季节效应，即在秋冬季消费量增多、夏春季消费量减少。由于 PPI 对市场比较敏感，国内供给侧结构性改革的持续推进及世界经济持续复苏带来的市场扩需共同推动我国 PPI 上涨。虽然有很多学者认为由于原油产量面临着峰值的困扰，随着人们越来越多地使用天然气，因而中国的天然气产量将很快达到峰值（Bentley，2002；Reynolds and Kolodziej，2009；王婷等，2012），但随着非常规气的发展、美国 LNG 出口的增加、四大能源战略通道的建成、天然气在供给侧上整体宽松，因此可降低国内天然气产量减少对天然气消费的影响。能源消费结构优化、能源清洁化的必然趋势及国家相应清洁政策（如煤改气、油改气）的不断推进使得在一定程度上代表清洁性的指标在未来的上升趋势也会更加明显。这些关键因素在进一步促进天然气消费的同时，整个天然气发展过程将更趋近于快速增长状态（机制 1）。因此本章研究思路也适用于解释未来较长时间的天然气消费情况。

2. 天然气消费变动的动态情景分析

从上述静态情景分析中我们发现不同情景下的未来预测值之间差别较大，考虑到静态情景分析中只能主观地设置集中情景，不能覆盖能源—经济体系发展中所有的复杂情况。

为突破情景分析中的静态局限及情景设定中的主观性，本章利用蒙特卡罗模拟方法动态预测未来天然气消费的变动，即基于历史变化趋势设定未来的演变趋势区间，通过蒙特卡罗模拟方法，按照一定的概率对基准变量进行随机取值和随机组合后再对目标变量进行预测。相比于静态的情景分析，其主要优势体现在：①能够根据相关因素的经验演变情况在考虑不确定的条件下对未来变化趋势提供科学合理的预判，给出相关变量不同演化路径的概率分布，从而识别出最可能的演化路径（邵帅等，2017）。②得到的动态预测结果是揭示未来天然气消费的概率分布情况，而非具体的消费量预测。③可以覆盖到各个影响因素存在的极端但却可能会发生的情景，以更全面地了解未来天然气的消费情况。

根据 BMA 模型对变量的筛选结果，本章以 PPI、天然气产量和化石能源消费结构为模拟变量利用蒙特卡罗模拟方法动态预测天然气消费在 2018 年的增长率。在进行蒙特卡罗模拟之前，需要确定模型变量的概率分布。为全面涵盖变量可能出现的各种可能，模型变量的假设分布统一采用正态分布，均值取情景分析中在基准情景下计算得到的增长率，具体为 PPI（0.206）、天然气产量（1.393）和化石能源消费结构（1.988）。应用 Crystal Ball 软件，代入各个变量的增长率和概率分布及 BMA 的估计结果，进行 50 000 次蒙特卡罗模拟，得到 2018 年天然气消费月均增长率的分布直方图。

结果表明，天然气消费增长率最可能在 1.03%～1.04%。预测说明在经济、供给及清洁性政策都呈中速增长的前提下，为满足我国政府加快天然气利用的现实需求，2019 年中国天然气消费月均增长率在 1.03%～1.04%的概率较大，但是出现增长率过快或者过慢的其他情形的概率依然存在。虽然概率较低，但我们不能完全排除小概率事件的发生。例如，突发的 PPI 等经济指标下滑或者经济危机导致的巨大的经济下行压力，天然气国内产量难以保证其需求甚至进口管道途径受阻严重以致出现气荒现象，其他新型清洁能源的突破性发展对天然气本身所具有的优越性的替代，能源结构优化、发展清洁能源的政策实施不力等都会导致天然气的发展受到一定的限制。

不同的天然气发展要求所对应的经济形势、产量及政策力度都有所不同。PPI过大会导致企业成本压力过重，对 PPI 进行调整时存在影响因素难以把控和代价过大的问题，因此从保产、保供和政策导向来实现促进天然气消费的可能较大。同时，月均增长率高于 1.22%的概率虽然很小（说明未来天然气消费极速增长的可能性很小），但风险仍然存在，因此在促进天然气发展的同时，政策与目标的协同一致性对天然气的保供提出了更高的要求，以避免出现供需失衡从而引起能源安全问题。

5.5 主要结论与启示

鉴于天然气在能源结构中发挥的重要作用，对天然气消费的短期精准预测对下一步天然气的开发、调峰应急策略都至关重要，因此本章试图以一种精细化的研究思路对其进行研究和预测，并得出以下结论。

第一，天然气消费序列中存在突变点且存在高速增长和低速增长两个区制。本章考虑到天然气影响因素的复杂性会使得天然气消费表现出突变性及阶段性特征，因此使用了 PPM 方法剔除天然气消费序列中的异常点，然后建立关于天然气消费的 MS（2）—AR（4）模型识别出天然气消费存在高速增长和低速增长两个区制。这意味着在以后的天然气消费分析中，不应忽视天然气消费序列存在的这两种规律。

第二，不同机制、不同区段下天然气消费的影响因素存在很大的不同。本章利用 BMA 对分机制、分区段下的天然气消费的影响因素进行筛选，结果显示不同机制、不同区段下天然气消费的核心影响因素存在很大的差异，这会影响对未来的天然气消费情况的预测。

第三，不考虑突变点的区制 BMA 模型的样本内预测效果最好。在判断未来天然气消费的状态，并对各种模型的预测效果进行检验之后，本章发现在考虑区制转换和核心影响因素但不考虑突变点的情况下，模型的预测精度最高。意味着本章剔除的突变点可以通过马尔可夫机制转换模型进行识别，并给预测提供更多的过去信息。

第四，未来中国天然气消费的增长态势仍然比较明显。在使用静态和动态的情景分析预测中国天然气消费时，本章发现处于快速增长状态下的天然气消费的季节效应明显，且可能未来较长期都将处于该状态；为了适应中国政府减排下的能源清洁发展诉求，满足大力发展天然气的现实需求，保供和刺激性的能源替代政策是本章研究出来的比较合理的途径，同时螺旋式增长下存在天然气消费超高速增长的可能性，这同时也对天然气的供应提出更高要求。

本章存在的局限性也为未来的研究提供了可能，首先，未来可以使用多种方法识别突变点，进而剔除突变点进一步验证基于统计学上识别的关于天然气消费的突变点是否会影响天然气消费的研究和预测。其次，在使用 BMA 对不同机制和不同时段下的天然气消费影响因素进行筛选并建立起它们之间的影响关系时，这一线性模型可能与阶段性识别时使用的马尔可夫机制转换模型的非线性没有达到很好的契合度，即本章是将非线性问题转化为分区制、分阶段的线性问题，事实上转化后的区制和阶段是否仍是一个非线性问题值得我们继续研究，需要我们在变量和模型筛选的过程中引入相关的非线性模型，以便更好地刻画和分析天然气发展中的规律。最后，可以基于 BMA 挑选核心因素，然后进一步使用其他模型进行预测，如分布滞后模型、向量自回归（vector auto-regression，VAR）模型及结构时间序列模型等。

第6章 基于工业化发展中新兴经济体的 天然气消费分析

6.1 世界及新兴经济体天然气消费状况

21 世纪以后，世界能源市场结构显现明显的趋势性转变，主要体现在能源消费结构的变化和能源消费重心的转移上。在石油和煤炭一度居于世界能源消费的主导地位后，石油危机、油价高涨及环境污染问题相继出现，在能源消费多元化、清洁化的明显趋势下，石油、煤炭等在一次能源消费中占比相对下降，加之核能发展在一定时间内仍受到一定程度的抑制，因此天然气和可再生能源在未来的能源市场占据重要地位，非常规天然气的突破性发展使得具有能耗低、燃料高的天然气消费呈持续增长态势，天然气在未来有可能逐渐替代石油、煤炭等能源而成为主要能源产品，2015 年全球天然气消费增加了近 50%，是化石燃料中增速最快的。近年来，发展中国家尤其是新兴市场国家，能源产业和需求都迅速扩张，预计到 2040 年，印度和中国将成为能源需求大国，两国的能源需求增长占全球增长的 50%，巴西、墨西哥等 10 个发展中国家占 30%。随着新兴经济体政府的扶持力度日益加大及发达经济体能源消费和经济增长的乏力，新兴经济体在未来世界能源消费中的影响逐渐增强，处于工业化和城市化阶段的新兴经济体，经济增速较快，能源需求刚性增加，同样也会面临资源和环境约束，因此，天然气作为较清洁的化石能源，非常适合逐步低碳化的能源体系，并且天然气在未来的消费有可能向新兴经济体转移，新兴经济体成为天然气消费主体，据 IEA 机构的预测，到 21 世纪 30 年代，中国和中东的天然气市场将超过欧盟。

6.2 国内外研究状况

天然气作为一种清洁能源，学术界对它的研究很多，一般的分析和预测往往从关注变量的影响因素开始。最常见的是对天然气消费和经济增长之间因果关系的研究，如 Kum 等（2012）使用格兰杰因果检验研究 G7（Group of Seven，七国集团）天然气消费和经济增长之间的关系，Apergis 和 Payne（2009）运用面板向量误差修正模型得出天然气消费和经济增长之间在长期及短期均存在双向因果关系。同时，我们发现对天然气消费和经济增长之间关系的研究结果存在很大差异，两个变量之间长期存在正向关系时，保护天然气政策确实会阻碍经济增长（Shahbaz et al.，2013），但是在 Işik（2010）的研究中用分布滞后模型却得出两个变量存在长期负向关系。城镇化进程会导致能源消费有一个上升的趋势，虽然大多数的研究证明了城镇化和能源消费之间的正向因果关系，即高的城镇化率可能会导致更高的能源使用，但是仍有研究得出它们之间存在强烈的负向关系。我们大胆预测，城镇化对能源消费的这些影响同样存在于天然气消费，工业化往往也会作为影响天然气消费的因素被大量研究，Zamani（2007）应用模型得出天然气消费和工业增加值之间均存在长期双向因果关系，Jiang 和 Lin（2012）在将中国与美国、日本这两个发达国家进行对比研究工业化和城镇化进程与能源消费的关系时，发现工业化转换阶段越短能源需求的增长速度越快。根据文献研究发现经济增长、城镇化及工业化作为能源和天然气消费的影响因素被广泛研究，事实上，中国及其他新兴经济体的天然气消费确实在经济增长、城市化、工业化的刺激和驱动下快速增长（Wang and Lin，2014），因此本章选取人均 GDP、工业化水平和城镇化率进一步研究它们与天然气消费之间的关系。

　　以上对天然气消费的研究都是以线性模型为基础，但是随着经济现象中很多变量之间遵循非对称性和非线性，用线性模型研究经济关系得到的结果已不可靠（Kani et al.，2014），如天然气消费就有可能表现为某种非线性模型。正如 Aslan 和 Kum（2011）的研究所示，在对美国的 50 个州的天然气消费进行非线性单位根检验时发现大约有 60%以上的州的天然气消费表现出非线性。而且，在对能源消费的非线性研究中，机制转换模型具有一定的代表性和广泛性，常见的非线性机制转换模型一般有马尔可夫机制转换模型、阈值回归（threshold regressive，TR）模型和 STR 模型。Fallahi（2011）在研究中使用了 MS-VAR 模型，研究发现不同区制内 GDP 和能源消费之间表现的因果关系也存在不同。但是 Moral-Carcedo 和 Vicens-Otero（2005）在用 STR 模型和 TR 模型研究西班牙的电力消费时总结出 STR 模型相对于另外两个模型具有一定的优越性，赵进文和范继涛（2007）也使用非线性 STR 技术得出我国经济增长对能源消费的影响具有非线性、非对称及阶段性特征。Kani 等（2014）以天然气实际价格为转换变量，用 STR 模型得出伊朗的天然气需求与 GDP、天然气价格、温度之间的非线性关系。继适用于时间序列的 STR 模型之后，适用于面板数据的面板平滑转移回归（panel smooth transition regression，PSTR）模型也被广泛用于能源领域，贺小莉和潘浩然（2013）基于 PSTR 模型以人均 GDP、能源强度、资本形成总额为转换变量研究中国能源消费和经济增长非线性关系。Lee 和 Chiu（2011）使用 PSTR 模型研究 24 个 OECD 国家的电力消费和实际收入、电价、温度之间的非线性关系，Bessec 和 Fouquau（2008）使用相同方法研究欧洲电力消费。

通过对已有的大量文献进行梳理后可见：在研究方法上，变量间的关系分析多采用协整检验和因果检验，即研究变量之间的线性关系。即使有文献分析了度量之间的非线性关系，但较少建立实用性的模型。而且在研究对象上，运用非线性区制转换模型对电力和总能源消费的相关研究居多，对天然气消费的研究较少。另外，在数据选取上，已有研究所使用的数据大部分是时间序列，以此为基础建立的模型无法分析地区差异。同时，近年来新兴经济体的快速发展已经引起了学者对新兴市场能源消费的较多关注，例如，Sadorsky（2009，2010）先后研究了新兴经济体能源消费和收入、能源消费和金融发展之间的关系，Asif 和 Muneer（2007）也对发达经济体和新兴经济体的能源供给、能源消费及能源安全进行对比研究，但是这些研究大多以线性模型为主而且以总能源消费为研究对象。随着能源消费中心转移和消费结构的不断转变，研究新兴经济体的天然气消费对把握世界能源发展趋势显得尤为重要。因此，本章以经济增长较快、潜力较大、工业化、城镇化都处在不断推进过程且在未来存在较大发展空间的新兴经济体为面板，并以与之相关的人均 GDP、工业化水平、城镇化率这三个变量为解释变量，使用非线性 PSTR 模型研究这些经济变量和天然气消费之间的非线性关系，以期了解新兴经济体的天然气消费趋势，进而把握能源消费结构优化的潜力。同时，为这些国家在经济发展过程中制定关于产业结构优化、人口结构优化的政策时所应兼顾的节约能源、优化能源消费结构等可持续发展战略提供一定的依据。

6.3　数据说明与研究方法

6.3.1　变量和数据说明

根据现有的研究，选择人均 GDP、工业化水平和城镇化率作为转换变量。

人均 GDP：经济的快速发展往往会伴随着强劲的能源需求，在天然气及能源消费的相关研究中，以人均 GDP 衡量的经济增长和收入往往被认为是影响天然气消费的决定性作用，天然气消费和经济增长之间存在相互联系。Apergis 和 Payne（2009）在研究中就指出天然气消费和经济增长之间存在稳定的因果关系，而且 Kani 等（2014）以伊朗的数据进行研究，就已经得出了天然气需求和 GDP 之间存在非线性关系。因此，人均 GDP 作为影响天然气消费的重要因素纳入本章的研究范围。

工业化水平：Zamani（2007）指出工业增加值与天然气消费之间存在因果关系，Jiang 和 Lin（2012）认为工业转换阶段越短能源需求的增长速度越快。工业的发展以消耗能源为代价的同时又会促进各种技术的进步，技术的进步不仅反过来会增加产出，而且从节约成本的角度来看势必会刺激厂商提高原有等值消耗能源的利用率，从而使得能源消费有下降趋势，因此工业水平对能源消费的这种不确定关系，需要本章基于一定的具体数据加以分析。为表示方便，工业化水平用字母 ind 表示。

城镇化率：经济的快速发展伴随着城镇化和工业化的加快，城镇化的加快推动了基础设施，如交通、住房等的需求，从而带动大量钢铁、水泥和其他能源密集型产品的需求增大，对包括天然气在内的各种能源的需求随之上升，Wang和 Lin（2014）在研究中也指出城镇化是促进工业和商业天然气消费的重要因素。为表示方便，城镇化率用字母 urb 表示。

新兴经济体的界定自 1979 年提出以来，随着经济全球化和发展中国家市场化改革的完善而不断丰富，英国《经济学家》提出"金砖四国"和"新钻 11 国"，将新兴经济体分为两个梯度；国际货币基金组织（International Monetary Fund，IMF）在 2009 年《世界经济展望》中列出了 26 个新兴经济体；2010 年博鳌亚洲论坛提出将 G20 中的 11 个发展中国家作为"E11"新兴经济体，本章结合以上机构对新兴经济体的界定，以 2014 年天然气消费量占全球天然气消费总量大于 1%为依据，选取新兴经济体中的 16 个天然气消费大国作为研究对象，以1995～2014 年为考察范围，所用数据来源于世界银行数据库、《BP 世界能源统计年鉴》。模型中使用的变量有：被解释变量天然气消费量（亿米^3）；解释变量人均 GDP（美元）、工业化水平（工业增加值占 GDP 比重）、城镇化率（城镇人口占总人口比重）。

6.3.2　研究方法

本章根据 González 等（2005）和 Fouquau 等（2008）提出的面板平滑转换模型来研究新兴经济体人均 GDP、工业化水平、城镇化率和天然气消费之间的非线性关系，PSTR 模型是在 STR 模型基础上发展起来适用于面板数据的模型，同时也能克服面板门限回归模型所存在的变量在转换变量两侧发生突变的缺陷，该模型具有允许回归参数逐步、缓慢发生变化的显著优势，Fouquau 等（2008）首次提出在 PSTR 模型中用工具变量（instrumental variable，IV）法解决变量内生性问题时，发现 PSTR 模型本身能限制这种潜在的内生性偏差问题，这使得 PSTR 模型更受研究者的青睐。两区制的 PSTR 模型为

$$\text{Lgas}_{it} = a_i + b_1\text{LGDP}_{it} + c_1\text{Lind}_{it} + d_1\text{Lurb}_{it}$$
$$+ (b_2\text{LGDP}_{it} + c_2\text{Lind}_{it} + d_2\text{Lurb}_{it})g(q_{it-1};\gamma,c) + \varepsilon_{it} \tag{6.1}$$

$$q_{it-1} = (\text{LGDP}_{it-1},\text{Lind}_{it-1},\text{Lurb}_{it-1}) \tag{6.2}$$

式中，Lgas、LGDP、Lind、Lurb 分别为自然对数后的天然气消费量、人均 GDP、工业化水平和城镇化率；ε_{it} 为随机误差项；$t=1,2,\cdots,T$，$i=1,2,\cdots,N$，T 和 N 分别为面板的时间维度和截面数；系数 a_i 为截面固定效应数值。转换变量一般选取外生变量的滞后变量（Dijk et al.，2002），因此本章将在面板中分别以 $LGDP_{it-1}$、$Lind_{it-1}$、$Lurb_{it-1}$ 为转换变量进行分析，并从中选取最优的转换变量。

转换函数 $g(q_{it};\gamma,c)$ 是关于转换变量 q_{it} 的连续函数，且取值被标准化在[0, 1]上。一般来说，q_{it} 的值决定了转换函数的值，因此个体 i 在 t 时刻的有效回归系数为 $b_1+b_2 g(q_{it-1};\gamma,c)$、$c_1+c_2 g(q_{it-1};\gamma,c)$、$d_1+d_2 g(q_{it-1};\gamma,c)$，转换函数形式表现为 Terasvirta（1994）所提出的逻辑函数形式：

$$g(q_{it-1};\gamma,c)=\left[1+\exp\left(-\gamma\prod_{j=1}^{m}(q_{it-1}-c_j)\right)\right]^{-1}，\gamma>0，c_1\leqslant\cdots\leqslant c_m \quad (6.3)$$

式中，$c=(c_1,c_2,\cdots,c_m)$ 为位置参数的 m 维列向量，平滑参数 γ 决定了转换速度。PSTR 模型在实证中一般只考虑 $m=1$ 或 $m=2$ 两种情况下的区制转换情况。当 $m=1$ 时，为两区制的 Logistic—PSTR 模型随着 q_{it} 从低值向高值增加，有效系数围绕着 c_1 单调变化，如从 b_1 变化至 b_1+b_2。在这里，当 $\gamma\to\infty$ 时，转换函数 $g(q_{it-1};\gamma,c)$ 变为一个指示函数，即当 $q_{it}>c_1$ 时 $g(q_{it-1};\gamma,c)=1$，当 $q_{it}\leqslant c_1$ 时 $g(q_{it-1};\gamma,c)=1$，此时 PSTR 模型是 Hansen 提出的两区制面板门限模型；当 $m=2$ 时，转换函数在 $(c_1+c_2)/2$ 处达到最小值，在转换变量 q_{it} 的低值和高值处转换函数值接近于 1。当 $\gamma\to\infty$ 时，模型是三区制的门限模型，低区制和高区制是相同的，两个区制都与中区制不同，通常情况下，在同时满足 $m>1$ 和 $\gamma\to\infty$ 时，模型比较明显的区制仍然是两个，转换函数的值在 0 到 1 之间变化；当 $\gamma\to0$ 时，不管 m 取值如何，转换函数 $g(q_{it-1};\gamma,c)$ 变为常数，此时模型为同质的线性固定效应模型。

为了改善潜在的内生性偏差，我们按照 Fouquau 等（2008）与 Lee 和 Chiu（2011）的思想，采用了工具变量法。参数估计分两步进行。首先，通过去除个体的具体手段来消除个体效应 a_i。个体均值具体如下：

$$\overline{Lgas_i}=a_i+b_1\overline{LGDP_i}+c_1\overline{Lind_i}+d_1\overline{Lurb_i}+b_2\overline{w_i}(\gamma,\theta)+c_2\overline{h_i}(\gamma,\theta)+d_2\overline{k_i}(\gamma,\theta)+\overline{\varepsilon_i} \quad (6.4)$$

这里 $\overline{Lgas_i}$、$\overline{LGDP_i}$、$\overline{Lind_i}$、$\overline{Lurb_i}$、$\overline{w_i}(\gamma,\theta)$、$\overline{h_i}(\gamma,\theta)$、$\overline{k_i}(\gamma,\theta)$ 和 $\overline{\varepsilon_i}$ 均为个体均值。用式（6.1）减去式（6.4）：

$$\widetilde{Lgas_{it}}=Lgas_{it}-\overline{Lgas_i} \quad (6.5)$$

$$\widetilde{Lgas_{it}}=b'\widetilde{LGDP_{it}}(\gamma,\theta)+c'\widetilde{Lind_{it}}(\gamma,\theta)+d'\widetilde{Lurb_{it}}(\gamma,\theta)+\widetilde{\varepsilon_{it}} \quad (6.6)$$

$$\widetilde{LGDP_{it}}(\gamma,\theta)=[LGDP_{it}-\overline{LGDP_i},LGDP_{it}g(q_{it-1};\gamma,\theta)-\overline{w_i}(\gamma,\theta)] \quad (6.7)$$

$$\widetilde{Lind_{it}}(\gamma,\theta)=[Lind_{it}-\overline{Lind_i},Lind_{it}g(q_{it-1};\gamma,\theta)-\overline{h_i}(\gamma,\theta)] \quad (6.8)$$

$$\widetilde{\text{Lurb}}_{it}(\gamma,\theta) = [\text{Lurb}_{it} - \overline{\text{Lurb}_i}, \text{Lurb}_{it}g(q_{it-1};\gamma,\theta) - \overline{k}_i(\gamma,\theta)] \qquad (6.9)$$

式中，若令 $\beta = (b',c',d')'$，其中，$b=(b_1,b_2)'$，$c=(c_1,c_2)'$，$d=(d_1,d_2)'$，$\widetilde{\varepsilon}_{it} = \varepsilon_{it} - \overline{\varepsilon}_i$，$\widetilde{x}_{it}(\gamma,\theta) = (\widetilde{\text{LGDP}}_{it}(\gamma,\theta), \widetilde{\text{Lind}}_{it}(\gamma,\theta), \widetilde{\text{Lurb}}_{it}(\gamma,\theta))$，式（6.6）可以被写成

$$\widetilde{\text{Lgas}}_{it} = \beta'\widetilde{x}_{it}(\gamma,\theta) + \widetilde{\varepsilon}_{it} \qquad (6.10)$$

工具变量矩阵是 $Z_{it} = (\text{LGDP}_{it-1},\cdots,\text{LGDP}_{it-j}, \text{Lind}_{it-1},\cdots,\text{Lind}_{it-j}, \text{Lurb}_{it-1},\cdots,\text{Lurb}_{it-j})$。

令 $\widetilde{Z}_{it}(\gamma,\theta) = [Z_{it} - \overline{Z}_i, Z_{it}g(q_{it-1};\gamma,\theta) - \overline{\zeta}_i(\gamma,\theta)]$，这里 $\overline{Z}_i = T^{-1}\sum_{t=1}^{T} Z_{it}$，$\overline{\zeta}_i(\gamma,\theta) = T^{-1}\sum_{t=1}^{T} Z_{it}g(q_{it-1};\gamma,\theta)$。

转换后的解释变量矩阵 $\widetilde{x}_{it}(\gamma,\theta)$ 和工具变量矩阵 $\widetilde{Z}_{it}(\gamma,\theta)$ 依赖于转换函数的参数。因此，我们需要在每次迭代时重新计算，并且给定一对 (γ,θ)，可以通过使用如下工具变量得出估计值：

$$\hat{\beta}(\gamma,\theta) = \left\{ \sum_{i=1}^{N}\sum_{t=1}^{T} \widetilde{x}_{it}'(\gamma,\theta)\widetilde{Z}_{it}(\gamma,\theta)[\widetilde{Z}_{it}'(\gamma,\theta)\widetilde{Z}_{it}(\gamma,\theta)]^{-1}\widetilde{Z}_{it}'(\gamma,\theta)\widetilde{x}_{it}(\gamma,\theta) \right\}^{-1}$$
$$\times \left\{ \sum_{i=1}^{N}\sum_{t=1}^{T} \widetilde{x}_{it}'(\gamma,\theta)\widetilde{Z}_{it}(\gamma,\theta)[\widetilde{Z}_{it}'(\gamma,\theta)\widetilde{Z}_{it}(\gamma,\theta)]^{-1}\widetilde{Z}_{it}'(\gamma,\theta)\widetilde{\text{Lgas}}_{it} \right\} \qquad (6.11)$$

6.4　实证结果分析与讨论

6.4.1　变量和模型检验

为避免在非线性回归中出现伪回归现象，在进行建模之前需要对变量序列的平稳性进行检验，本章采用 LLC 检验、ADF 检验和 PP 检验对面板数据进行单位根检验，检验结果如表 6.1 所示。

表 6.1　变量的单位根检验

变量	天然气消费	人均 GDP	工业化水平	城镇化率
LLC 检验	−6.6680*** （0.0000）	−3.3615*** （0.0009）	−1.7266** （0.0421）	−3.1050*** （0.0010）
ADF 检验	45.8772* （0.0533）	36.5499 （0.2655）	27.3674 （0.7003）	29.4602 （0.5957）
PP 检验	94.4073*** （0.0000）	24.4845 （0.8264）	74.1107*** （0.0000）	581.9030*** （0.0000）

注：LLC 检验中原假设为面板数据中的各截面序列均具有一个相同单位根，ADF 检验和 PP 检验在各个截面的检验基础上对整个面板是否含有单位根做出判断，三个检验的备择假设都为 H_1（H_1 为变量是平稳序列），各截面序列均没有单位根

***、**和*分别代表 1%、5%和 10%的显著性水平

单位根检验的结果表明，所有时间序列都通过了 LLC 检验，但人均 GDP、工业化水平和城镇化率的时间序列不能通过 ADF 检验，人均 GDP 在 PP 检验中是非平稳的，即人均 GDP、工业化水平和城镇化率不能通过异质面板的平稳性检验。高铁梅（2009）认为，当变量非平稳时，需要进行面板协整检验，具有协整关系的变量虽然可能是非平稳变量，但仍然可以建立模型并进行进一步分析。因此，我们在表 6.2 中进行了面板协整检验。结果表明，Pedroni 检验在 1% 的显著性水平上拒绝了原假设；Kao 检验在 10% 的显著性水平上拒绝了原假设。因此，检验结果表明，该面板数据中各变量之间存在协整关系，即天然气消费量与人均 GDP、工业化水平和城市化率之间存在着长期的关系，这为进一步研究提供了条件。

表 6.2　面板协整检验

检验方法	统计值和 P 值
Pedroni 检验	$-6.119\,810^{***}$ （$0.000\,0$）
Kao 检验	$-1.479\,403^{*}$ （$0.069\,5$）

注：括号内为 P
***和*分别表示 1%和 10%的显著性水平

在建立 PSTR 非线性模型之前，我们需要对面板数据进行检验，此检验有三个目的：其一是检验变量之间是否具有所要研究的非线性关系；其二是在满足非线性关系的假设下检验 PSTR 模型中非线性部分的转换函数个数，即检验是否存在剩余的非线性；其三是根据非线性关系检验找出最优模型。在检验过程中一般依据 LM、LM_F、LR 三个检验统计量进行以上假设的检验，Dijk 等（2002）在研究中指出服从 F 分布的 LM_F 统计量在小样本中比服从对称 χ^2 分布的 LM 和 LR 统计量具有更好的属性，因此本章仅使用 LM_F 统计量及其伴随概率进行相关的统计检验。表 6.3 为模型的非线性检验。

表 6.3　模型的非线性检验

项目	模型 1		模型 2		模型 3	
转换变量	$LGDP_{t-1}$		$Lind_{t-1}$		$Lurb_{t-1}$	
位置参数个数	$m=1$	$m=2$	$m=1$	$m=2$	$m=1$	$m=2$
H_0: $r=0$ vs H_1: $r=1$	56.112*** （0.000）	34.346*** （0.000）	74.022*** （0.000）	39.049*** （0.000）	45.060*** （0.000）	25.964*** （0.000）

续表

项目	模型 1		模型 2		模型 3	
转换变量	$LGDP_{t-1}$		$Lind_{t-1}$		$Lurb_{t-1}$	
位置参数个数	$m=1$	$m=2$	$m=1$	$m=2$	$m=1$	$m=2$
$H_0: r=1$ vs $H_1: r=2$	1.544 (0.203)	2.154 (0.047)	2.172*** (0.091)	0.421 (0.865)	1.495 (0.216)	7.858*** (0.000)
$H_0: r=2$ vs $H_1: r=3$	—	—	—	—	—	2.085 (0.055)
RSS	15.897	15.801	14.192	13.459	17.368	14.111
AIC	−2.924	−2.920	−3.037	−3.081	−2.835	−2.976
BIC	−2.829	−2.814	−2.943	−2.975	−2.741	−2.800

注：和的平方根（root-sum square, RSS），在原假设 H_0 成立的情况下，LM_F 渐进服从 $F[mK, TN-N-m(K+1)]$ 分布。其中 r 为转换函数的个数，括号内是 LM_F 统计量对应的 P 值。这里的 m 是位置参数的个数，K 解释变量的个数，在本章模型中 $K=3$。$H_0: r=0$ 指不含有异质性的线性模型，即模型表现为线性。$H_1: r=1$ 为至少有一个位置参数的非线性 PSTR 模型

***代表 1%的显著性水平

非线性检验结果表明，以 $LGDP_{t-1}$、$Lind_{t-1}$ 和 $Lurb_{t-1}$ 为转换变量时，在转换函数个数 $m=1$ 和 $m=2$ 时均拒绝线性关系（$r=0$）的假设，即表明人均 GDP、工业化水平、城镇化率和天然气消费之间存在明显的非线性关系。进一步，根据剩余非线性检验（$r=1$、$r=2$）结果显示，模型 1 和模型 2 均有一个转换函数（两机制模型），模型 3 的转换函数个数还需要位置参数 m 的个数来进一步判断（当 $m=1$ 时，$r=1$；当 $m=2$ 时，$r=2$）。而且，模型 2 以最强的检验拒绝线性假设，González 等（2005）指出最优的转换变量导致线性假设以最强概率被拒绝，因此，本章的 PSTR 的最优模型是模型 2，即以工业化水平为转换变量的两机制模型。

上文确定了转换函数个数，在对模型进行参数估计之前还需要确定转换函数 $g(q_{it-1}; \gamma, c)$ 中位置参数 c_j 的个数，即 m 的值。González 等（2005）在文中指出由于在对每一个滞后的解释变量进行非线性检验时是在给定一个 m 值的前提下得到 LM_F 统计量的值，并在每个检验过程中得到一个残差平方和、两个标准信息准则（AIC 准则和 BIC 准则），因此可以结合这三个统计量来确定 m 值。从表 6.3 可以得到，模型 1 的 $m=1$，即转换函数个数和位置参数个数的组合为 $(r,m)^* = (1,1)$［其中的*表示最优模型所对应的 (r,m) 组合］；模型 2 的 $m=2$，即 $(r,m) = (1,2)$；模型 3 的 $m=2$，此时该模型有两个转换函数，即 $(r,m) = (2,2)$，由于在使用格点搜索法确定位置参数和平滑参数初始值时，位置参数不能超过该变量观测值的边界，而当 $m=2$ 时所达到的 AIC 和 BIC，位置参数超过了 $Lurb_{t-1}$ 序列观测值边界，因此结合实际情况，本章在对模型 3 估计时仍使用 $m=1$。

6.4.2　PLSR 模型估计结果

用非线性 LS 对以上三个 PSTR 模型进行估计，结果如表 6.4 所示。

表 6.4　模型的估计结果

模型			模型 1	模型 2	模型 3
	(r, m)		(1, 1)	(1, 2)	(1, 1)
线性部分	$LGDP_1$	b_1	0.8703[**] (5.4462)	−0.9192[**] (−7.3274)	0.3865[**] (3.6978)
	$Lind_1$	c_1	3.8595[**] (11.4863)	5.3156[**] (9.0002)	5.5526[**] (12.7454)
	$Lurb_1$	d_1	2.6672[**] (10.6247)	1.8781[**] (3.7367)	7.7977[**] (10.4595)
非线性部分	$LGDP_2$	b_2	0.4111[**] (3.3983)	1.8727[**] (9.3229)	−0.3137[*] (−2.6414)
	$Lind_2$	c_2	−4.7901[**] (−11.8526)	−5.8142[**] (−8.2181)	−5.8740[**] (−12.9351)
	$Lurb_2$	d_2	2.3982[**] (5.0060)	1.0901 (1.2916)	4.7845[**] (9.0758)
	位置参数		8.2999	3.7662	3.8083
	平滑参数		1.0424	6.2180	6.2180

注：括号内是估计系数所对应的 t 统计量值

**和*分别代表 5% 和 10% 的显著性水平

1. 非线性特征分析

从表 6.4 的估计结果来看，模型 1 中的平滑参数较小，说明两种经济状态之间存在一个连续统一体，即从一种状态到另一种状态的过渡是平稳的，并且模型 2 和模型 3 中的平滑参数都比较大，也就是说转型相对较快。

由表 6.4 模型 1 可知，天然气消费量与人均 GDP 之间存在非线性关系，人均 GDP 的这种变化会对天然气消费量与工业化水平、城镇化率之间的关系产生影响，这是因为一个 GDP 水平较低的国家为了保证国际竞争力，缩小与世界平均 GDP 水平的差距，必然要消耗大量的天然气。而且，就经济增长与能源消费呈倒"U"形关系的规律而言，经济增长到一定程度后，伴随着空气污染、能源供应不足等问题的出现，能源消费增长将低于经济增长。新兴经济体的 GDP 总体水平相对较低，天然气消费量增长幅度较小但经济增长率较高的国家，天然气消费水平较高，因此天然气消费量与人均 GDP 的关系还没有达到倒"U"形曲线的最高转折点，只是处于其左侧的上升阶段，如图 6.1（a）所示。经济系统之间复杂的相互作用规律也会改变其他因素对天然气消费的影响机制，具体影响如下：
天然气消费量与人均 GDP 之间存在显著的正相关关系，两种机制下的 LGDP 估
计系数均显著为正（分别为 0.8703 和 0.4111），即随着人均 GDP 的增长，天然
气消费在经济发展初期略有增长，在人均 GDP 超过 4023.8 美元后又迅速增长
（$e^{8.2999} = 4023.5$，8.2999 为区位参数）。这意味着，以牺牲巨大能源消耗为代价的
经济增长也体现在天然气消费上。同时，从结果可以看出，随着工业化程度的提
高，人均 GDP 较低的天然气消费量会增加，而对于人均 GDP 较高的新兴经济体，
工业化程度越高，天然气消费量就会萎缩。因此，产业转型升级不仅是促进经济
发展的一个重要方面，也是节能降耗的重要环节。城市化对天然气消费的积极影
响无论国家处于哪个经济发展阶段都存在。

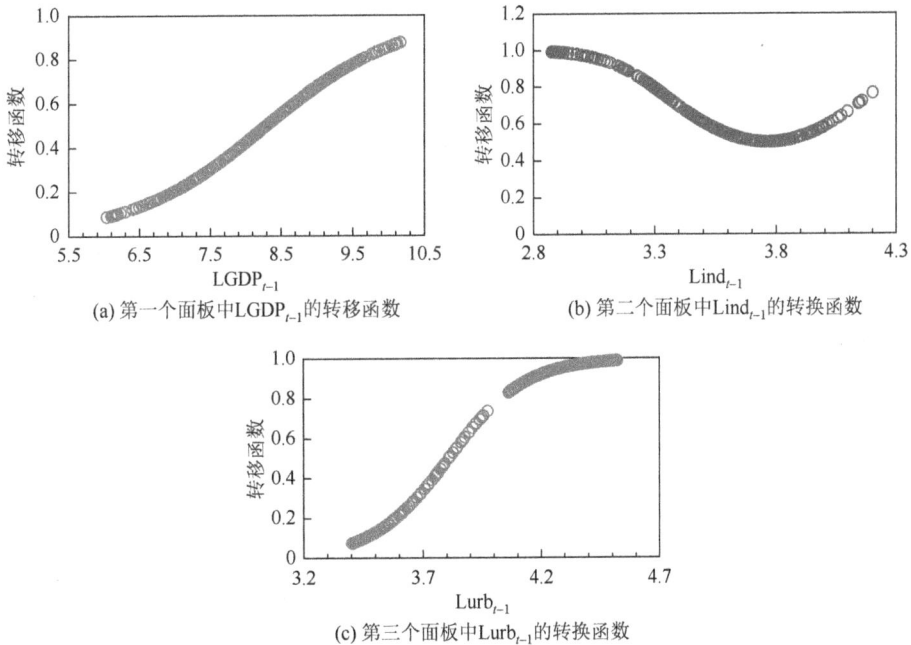

(a) 第一个面板中LGDP$_{t-1}$的转移函数　　　　　(b) 第二个面板中Lind$_{t-1}$的转换函数

(c) 第三个面板中Lurb$_{t-1}$的转换函数

图 6.1　阈值变量的转移函数

　　模型 2 有两个相同的位置参数，为二次 Logistic—PSTR 模型，转换函数如
图 6.1（b）所示，工业化水平在 43.2%处发生转折（$e^{3.7662} = 43.2$），当 ind＜43.2%
时，非线性效应由强变弱，当超过 43.2%时又逐渐变强，在最低点处，即当
Lind$_{t-1} = \theta = 3.7662$ 时，$g(\text{Lind}_{t-1}) = 0.5$，因此工业化水平在低于和高于 43.2%的
两个阶段均表现出很明显不完全对称的非线性特征。从模型 2 的估计结果可以看
出，人均 GDP 线性部分的系数显著为负，非线性部分系数显著为正，因此在工业
化水平的初期阶段，转换函数 $g(\text{Lind}_{t-1})$ 的值随工业化水平的加快而减小，人均

GDP 的有效弹性系数 $b_1 + b_2 g(\text{Lind}_{t-1})$ 随之由 0.9535（$= -0.9192 + 1.8727$）下降到 0.01715（$= -0.9192 + 1.8727 \times 0.5$），在工业化水平超过 43.2% 后又反弹回升，但并没有回升到 0.9535。工业化水平对天然气消费的影响在工业发展初期时由负向抑制效应（-0.4986）转变为显著正向促进效应（2.4085），超过阈值进入工业高速发展时期后正向效应开始减弱，但仍保持促进作用。城镇化率对天然气消费的影响仅仅在线性部分显著，其弹性水平值为 2.6672，表明城镇化率的提高会进一步促进天然气的消费，但它对天然气消费的影响并没有随着工业化进程的加快而发生明显变化。

从图 6.1（c）可以看出，当以城市化率为阈值变量时，非线性转换函数呈 "S" 形且相对陡峭，这是城市化本质发展的 "S" 形和城市化对天然气消费刚性的结果，这种非线性特征表明在城市化的两个阶段，经济因素对天然气消费的影响是不同的。在模型 3 中，Lurb 的估计结果在两种情况下都显著为正，这可能是因为城市居民的总能耗大于农村居民，城市化率的提高使得天然气消费增加。城市油气管道等基础设施的完善，使城市居民有更多的条件选择天然气消费，天然气消费将有可能替代煤炭等其他化石燃料，进而使天然气消费量进一步增加。在城市发展阶段，人均 GDP 对天然气消费量具有显著的促进作用（$b_1 > 0$，$b_1 + b_2 > 0$），但随着城市化进程的推进，促进作用逐渐减弱（$b_2 < 0$），工业化水平对天然气消费的影响弹性随转换变量的增加而减小，在城镇化率较低阶段表现为促进作用，在较高阶段则表现明显的抑制作用。

2. 时变弹性分析

对于新兴经济体来说，需要加快工业化进程，以实现快速经济增长，而这一进程往往以牺牲能源消耗为代价。工业过程不同阶段所造成的能源消费总体趋势是，工业化阶段能源需求增速高于工业化阶段经济增长速度，经济增长对能源消费的依赖性在发展后期下降。同时得出结论认为，工业化可能影响经济增长与能源消费之间的倒 "U" 形态，其实这一规律也是经济结构变化的结果，在新兴经济体发展的早期阶段，经济结构的变化将增加能源消费。而且，对于一个能源消费过于集中于工业部门的国家，产业的微小变化将使经济结构对能源消费的影响大大增加。对于大多数新兴经济体，工业部门天然气消费比其他行业高，例如，2014 年我国工业部门的天然气能源消费占天然气消费总量的66.2%，在终端天然气消费中，墨西哥、印度尼西亚等国的天然气消费占比较高，沙特阿拉伯、委内瑞拉等国工业用气占天然气消费比重均在 70% 以上。新兴经济体天然气消费主要集中在工业部门，工业化的变化将改变天然气消费与人均GDP、城市化率等经济结构的关系。因此，本节接下来采用最优模型 2 分析人均 GDP 弹性、工业化水平和城市化率弹性的时间动态，并以工业化滞后的 Lind_{t-1} 为过渡变量。

通过计算面板数据的算术平均值，获得了不考虑区域差异的弹性（图 6.2）。图 6.2 结果表明，天然气消费对人均 GDP 的弹性为正、非弹性，说明天然气正常、必要性好，工业化低于 43.2% 时，这种时变弹性趋于下降，超过门槛后逐渐增加，但一般情况下，天然气人均 GDP 每增长 1%，消费增长 0.26% 至 0.38%。

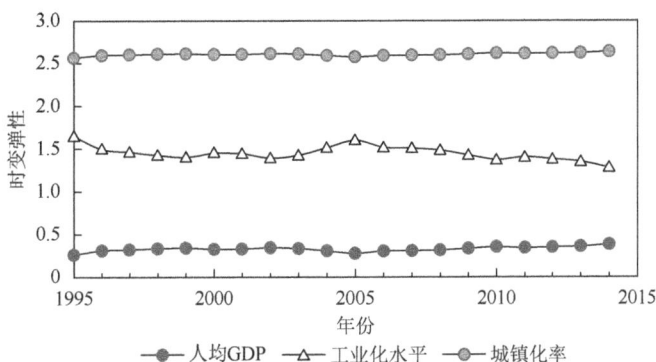

图 6.2　天然气消费关于各变量的时变弹性

天然气消费产业化弹性为正弹性，虽然按照非线性特征，在一定时期这种弹性为负，但这是由于面板中个体之间存在异质性，无论区域差异如何，将面板视为整体，工业化对天然气消费的影响是积极的，工业化低于 43.2% 时，这种正弹性逐渐增加，工业化水平超过 43.2% 后，随着时间推移，弹性趋于减小并略有波动。

模型 2 中天然气消费的城市化弹性较大，但由于 Lurb 的非线性系数不显著，其变化趋势不明显，因此这种弹性在不同工业化制度下没有呈现出任何周期性变化。这意味着，随着新兴经济体城市化的长期推动，天然气消费将长期增长，在人口结构政策与天然气消费减少政策平衡过程中，工业化可能被忽视。

3. 地区差异分析

随着世界格局的转变，发达国家的工业尤其是制造业向新兴经济体转移。新兴经济体承接了西方发达国家的产业转移，但新兴经济体资源优势的差异造成了国家间的内部不平衡现象，也造成了地区间的巨大差异，因此，在研究区域分异时，以工业化作为实证结果的过渡变量来区分整个影响系统是比较合理的。最优模型 2 的估计结果表明，工业化的制度变迁发生在 43.2% 的点上，人均 GDP 和工业化水平对天然气消费量的影响在两个阶段都表现出非线性特征。本章根据转移函数的区位参数将 16 个新兴经济体分为两部分进行研究。

如表 6.5 所示，在 16 个新兴天然气消费经济体中，有 10 个国家处于临界值左侧（在 43.2% 以下的工业化制度下），这一阶段这些国家的人均 GDP、天然气消费正弹性将下降,天然气消费增速越来越低于人均 GDP,经济增长不需要消耗太多的天然气。从图 6.2 可以看出,工业化水平仅次于城镇化率,对天然气消费量的影响较大,在工业化过程中,这种影响逐渐由负向正转变。左派政权国家认为工业化对天然气消费负弹性,并且随着工业化水平的提高,各国的天然气消费量有所下降,如韩国、印度和巴基斯坦。这是因为这三个国家经济发展的主导产业是服务业,对巴基斯坦来说,其最大的工业部门是棉纺业,因此工业化对天然气消费的负面影响可能源于这些产业的挤出效应。对于超过左负区进入右正区的国家,天然气消费的正产业化弹性逐渐增大,说明在工业化过程中能源消费结构优化的同时,工业发展也可能耗费大量天然气。对于处于这一阶段的国家,政策制定者可以通过优化产业结构或加速工业化进入第二阶段来降低天然气消费。

表 6.5　经济发展对天然气消费影响效应的地区差异

门槛水平	$C<3.7662$	$C>3.7662$
国家	墨西哥、阿根廷、巴西、俄罗斯、土耳其、韩国、埃及、印度、巴基斯坦、乌克兰	伊朗、沙特阿拉伯、中国、印度尼西亚、泰国、委内瑞拉

有 6 个国家处于正向区间,人均 GDP 对天然气消费的正向影响逐渐增强,中国正处于这一制度的第二阶段和初始位置,人均 GDP 对天然气消费的影响已接近爬升阶段。工业化对天然气消费的影响开始减弱,可能是由于工业发展到一定水平后,更加重视产业结构的升级,产业转向低能耗、高产值的第三产业。同时,由于工业化的兴起伴随着技术的进步,能源效率有提高的趋势,这也是弹性下降的原因(图 6.3)。

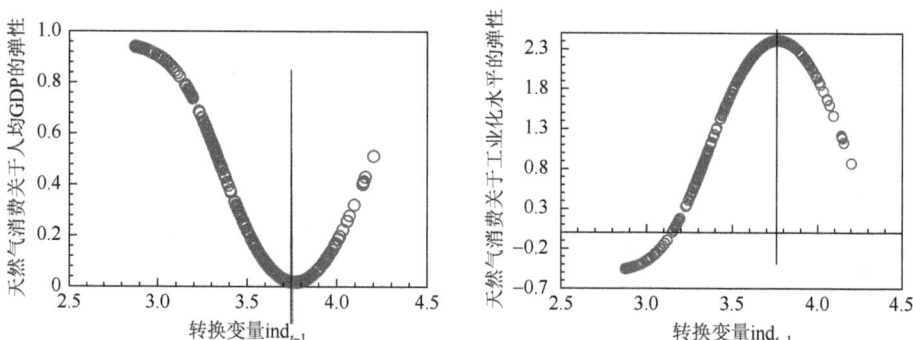

(a) 天然气消费量占人均GDP的比例包含在第一个面板中　(b) 与工业化有关的天然气消费量包含在第二个面板中

图 6.3　不同区制下天然气消费弹性

天然气消费对不同制度下变量的弹性作为过渡变量

6.5 主要结论与启示

随着经济增长的加快和工业化、城市化进程的推进，能源需求也迅速增长。与发达经济体相比，新兴经济体的能源消费增长最快。在低碳发展战略和能源消费结构优化的双重刺激下，天然气作为一种清洁能源，在减轻温室效应和能源产品多样化方面发挥着重要作用。因此，准确考察天然气消费的影响因素和特点，对于了解供需预期，制定相应的发展政策具有重要意义。本章在回顾了国内外有关能源消费非线性研究的文献基础上，尝试利用 PSTR 模型和 16 个新兴经济体的数据对天然气消费进行研究，并得出以下结论。

第一，实证结果表明，天然气消费量、人均 GDP、工业化水平和城镇化率之间存在非线性关系，这种非线性的结果可能是现有天然气消费量与经济增长和产业发展研究呈现多元化结果的原因。并从三个非线性模型得出最优模型以工业化为过渡变量的结论，说明工业化对当前新兴经济体天然气消费的影响是不可忽视的。

第二，将人均 GDP、工业化水平和城镇化率作为转型变量，制度转型的门槛水平分别为4023.8 美元、43.2%和45.1%。在转折点前后，人均 GDP 效应对天然气消费的影响比较复杂，当转型变量为自身时，对天然气消费的影响在两种机制下起促进作用，当工业化水平为转型变量时，影响效应由抑制变为促进，且效果相对较好，与其他影响因素相比一般较小。当转型变量为城市化率时，影响效应由促进变为抑制。在三种 PSTR 模型中，工业化对天然气消费的影响由促进变为抑制，说明产业转型升级可以节约能源，从估算系数来看，工业化水平也是影响天然气消费的主要因素。城市化率对天然气消费的影响效应一直为促进，这说明城市化率的提高将带来巨大的天然气消费，其增长是刚性的。

第三，时间动态弹性的估计表明，天然气消费具有非弹性人均 GDP、弹性工业化水平和弹性城市化率。人均 GDP 的弹性随着时间的推移而波动并普遍上升，这可能是由于新兴经济体仍处于经济转型升级阶段，经济发展促进的不是天然气消费而是能源消费总量，这意味着经济发展要以能源消费为代价，但本章认为，经济发展是以能源消费为代价的，并得出天然气消费对人均 GDP 的变化不敏感。工业化水平弹性呈波动性下降趋势，这是因为工业发展到一定水平后，产业转型升级、节能减排和技术进步的双重压力都抑制了包括天然气在内的能源消费。天然气消费主要是民用，家庭能源消费通常是刚性的，在城市化的拉动下，其对天然气消费的贡献较大，因此城市化率弹性随时间呈现较高水平的线性和稳定性特征。

第四，通过对 16 个新兴经济体的区域差异分析，结果表明，在经济发展过程中，对天然气消费的影响存在显著的地区差异，这些国家大多处于工业化水平的第一阶段，而在这一阶段，人均 GDP 对天然气消费的影响逐渐减弱，工业化对天然气消费的影响由负转为正，并随着工业化进程的推进而增强。

　　研究结果表明，天然气消费量变化的任何因素都会引起天然气消费量、人均 GDP、工业化水平和城镇化率之间关系的结构性变化。通过以上研究，可以为新兴经济体的可持续发展提供以下有益启示。首先，在全球经济低迷和能源短缺问题并存的环境下，新兴经济体的产业升级转型战略是经济发展的引擎，对节能也有重要作用。其次，无论哪个国家处于哪个阶段，城市化的发展都可能使未来天然气消费面临加速增长的压力，而天然气消费量的增加是能源消费结构优化的体现，各国应在城市化发展中做好天然气供应的准备。再次，各国应关注不同转型变量下天然气消费量与人均 GDP 之间的复杂关系，并根据本国的发展政策和发展阶段制定相应的战略。最后，最重要的是，各国在分析和预测新兴经济体天然气消费量时，不应忽视工业化与天然气消费量之间的门槛效应，应充分考虑工业化转型变量引起的结构性变化。此外，决策者在衡量经济发展和可持续发展之前，不应忽视天然气消费的非线性关系。

第7章 中国天然气价格合理性及影响因素分析

7.1 中国天然气价格机制

面对日益严峻的大气污染，中国以煤炭为主的能源消费结构面临巨大碳减排压力。研究表明，同等标准煤下每燃烧 1 吨煤炭产生的 CO_2 气体比石油和天然气分别多 30%和 70%，天然气作为化石燃料中最清洁的能源，在中国的减排目标行动中应该能够发挥很重要的作用。加之，中国在实现节能减排目标过程中，天然气比风能、可再生能源等新型清洁能源更具成本优势，而且天然气利用技术发展成熟，受自然条件限制小（如地域、时间等），因此，在清洁能源中，天然气替代煤炭、石油的潜力更大。然而，相对于美国，天然气在中国是一种发展比较滞后的能源，2016 年，中国天然气在一次能源消费中所占比重不到 8%，既低于世界24%的平均水平，也低于亚洲 10%的平均水平，而美国天然气供应充足、价格低廉、清洁高效，已超过煤炭消费成为最主要的发电来源。中国的"十三五"规划也明确提出大幅提高天然气消费比重，天然气成为继煤炭、石油之后的第三大主题能源。天然气在中国能源市场存在的份额小、发展缓慢的状况，在很大程度上是扭曲的价格机制造成的。

我国天然气价格形成机制的历史演变过程可分为高度集中的政府定价时期、价格双轨制时期和政府指导价时期三个阶段（毛家义，2015），在不同的阶段下，中国的天然气价格并不具有可比性，而且也并不能反映供需之间的关系，因此本章将从国内和国际两个角度对中国天然气的价格扭曲度进行计算。

政府对天然气价格的管制，会使得天然气相对于国内外的替代能源产生价格上的扭曲，一方面会在能源市场上产生能源逆替代现象，一般情况下，能源的发展应该遵从"低密度能源"到"高密度能源"、"黑色能源"到"绿色能源"的基本规律，能源的逆替代使得能源市场上的能源消费结构不合理。例如，在一次能源中煤炭的碳排放系数最高，但是由于煤炭价格相对便宜，是自 20 世纪 70 年代末以来世界上消费量增长最快、占比最大的化石燃料，而我国的煤炭消费占全部能源的 60%以上，仍然是最主要的能源，这将产生严重的环境问题。

另一方面，我国天然气价格实行的是以净回值法为基础的政府指导价政策，如果价格定得过低，供应者会缺乏生产或进口的积极性而减少投资，导致天然气市场供给不足；如果价格定得过高，消费者会难以承受而选择替代能源，导致天然气市场需求不足。当供给严重不足或者国内的价格相对于进口价格过高时，过度的依赖进口将会产生较大的对外依存度。天然气特殊的管道运输方式及合约式的贸易方式使得天然气进口国在价格和地缘政治上常处于被动地位，对进口国的能源安全存在潜在威胁。同时，经济的发展是以巨大的能源消耗为支撑的（Apergis and Payne，2009；Shahbaz et al.，2013；Lee，2005），当能源的有效需求不足时，经济发展也会存在滞缓的可能（图 7.1）。

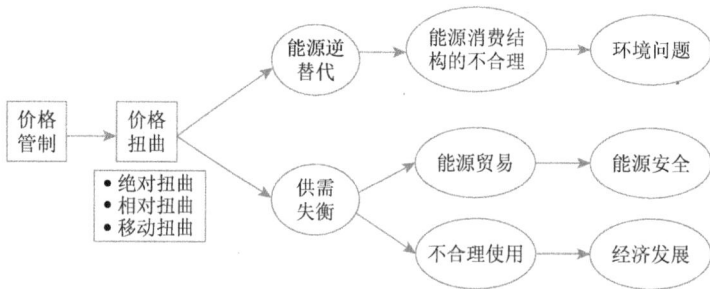

图 7.1　天然气价格管制和扭曲的传导图

7.2　国内外研究状况

在中国，天然气价格受到严格管制，出厂价和管输价格受中央政府管制，区域省份的零售价格受到地方政府的管制（武盈盈，2008）。政府确定的价格因不能反映市场价值性和供需平衡会导致价格扭曲，扭曲的价格将直接导致稀缺资源的分配不当和浪费（Xu，1993）。近几年，许多国内外的学者对能源价格补贴和扭曲进行了一系列的研究，例如，Lin 和 Du（2013）的研究结果表明，市场扭曲可以解释全部能源损失的 24.9%～33.1%。He 等（2014）也指出在中国存在能源价格机制与其他能源价格的联动不足的状况，这种不合理的价格系统导致能源的替代弹性不能充分地发挥，从而对实现节能减排产生不利的影响。Shi 和 Sun（2017）使用两部门的增长模型发现强监管导致的价格扭曲行为对中国经济产生了负面影响。Nwachukwu 和 Chike（2011）对尼日利亚的燃料补贴进行研究，得出燃料补贴会刺激燃料需求过度增长，Kalkuhl 等（2013）认为能源管制政策可能会阻碍能源结构优化导致碳排放的增长。Liu 和 Li（2011）通过建立可计算一般均衡（computable general equilibrium，CGE）模型得出取消煤炭或者石油的补贴可以优化能源消费结构。

中国的天然气定价在 2013 年 7 月新的定价机制引入之前受到政府的严格管制,是以成本加成为特征的定价机制。这种定价机制现如今多为发展中国家采用,欧洲等发达经济体一般都采用市场净回值定价法。那么,中国天然气在管制下使用成本定价法的价格是否合理,是否出现扭曲,扭曲度如何,这都需要对价格的现状进行一定的评价并对其影响因素进行研究,才能明确中国天然气面临的改革压力和未来的改革方向。然而国内外对中国的天然气价格水平做出测度并进行实证分析和评价的文献相对较少,并且在已有的文献中得出两种不同的结论:一种结论认为中国天然气价格偏高,张抗(2003)以美国气价和上海气价进行对比,得出中国的天然气价格处于中等偏高水平,相对于国内替代能源的煤炭价格,天然气价格明显过高。另一种为王红晨(2007)采用等热值比较方法得出的我国天然气价格过低的结论。燕群(2016)认为天然气的管道运价高、城市燃气公司加价幅度太大使得中国终端消费价格过高,应适当降低并扩大消费规模。

以上的研究表明政府管制下的能源价格扭曲不但会制约能源结构的优化发展,而且在节能减排和经济效益上都会产生一定的影响,中国的天然气价格正是处在一定程度的管制政策下,而天然气作为最具有应对资源约束和环境约束双重压力潜力的能源,众多学者也将目光聚焦在天然气改革上,因此对当前机制下的天然气价格进行研究是很重要的,然而现有的对中国天然气价格的研究主要基于一定的定性分析和对比分析,本章将从扭曲度测度和影响因素两个角度对中国天然气价格进行研究分析。

7.3　数据说明和研究方法

7.3.1　数据说明

中国天然气(元/米^3)、液化石油气(元/吨)、燃料油(元/吨)、煤炭(元/吨)价格数据均来源于 CEIC 数据库,中国原油价格选用大庆原油现货价格(美元/桶),德国天然气价格(美元/百万英热单位)、美国 WTI 价格(美元/桶)及美国煤炭价格(美元/吨)均来源于《BP 世界能源统计年鉴》,其中汇率使用美元对人民币的年度期末汇率,该数据来源于 Wind 数据库。中国天然气、液化石油气、燃料油和煤炭的净热值分别为 9310 千卡/米^3、12 000 千卡/千克、10 000 千卡/千克、5500 千卡/千克,原油净热值为 10 000 千卡/千克。天然气产量、探明储量及城市天然气管网长度、天然气消费量、城市用气人口、人均 GDP、城镇化率、城镇居民人均可支配收入数据均来自 Wind 数据库。

7.3.2　研究方法

1. 能源价格扭曲度测算

为了探讨上述分析的天然气价格的扭曲度，本章参考 Chai 等（2009）对能源绝对扭曲度及能源价格结构扭曲度的定义，并引入国内替代能源之间的价格扭曲，分别从国内和国际两个角度对中国天然气的扭曲度进行定义及测算。假定天然气（以 E1 表示）在中国（以 A 国表示）的价格为 p_{1a}，在 B 国的价格为 p_{1b}，其替代产品 E2 在 A 国的价格为 p_{2a}，在 B 国的价格为 p_{2b}。

中国的天然气 E1 的价格相对于本国的替代产品 E2 的价格扭曲度表示为

$$\mathrm{AD}_a = (p_{2a} - p_{1a}) / p_{2a} \tag{7.1}$$

天然气的价格相对于本国替代能源的价格相对扭曲度从本国能源市场角度反映了同一个国家不同能源之间的扭曲度，可以衡量一个国家国内替代能源的价格机制是否合理及其扭曲程度。

中国的天然气 E1 的价格相对于 B 国的天然气 E1 的价格扭曲度可表示为

$$\mathrm{AD}_{ab} = (p_{1b} - p_{1a}) / p_{1b} \tag{7.2}$$

中国天然气 E1 的价格相对于 B 国天然气 E1 的价格扭曲度从国际角度反映了本国天然气的定价机制的合理性，以及中国天然气价格改革所面临的压力。

中国的天然气 E1 的价格相对于 B 国的替代产品 E2 的价格相对结构扭曲度可表示为

$$\mathrm{RD}_{ab} = \left(\frac{p_{2b}}{p_{1b}} - \frac{p_{2a}}{p_{1a}} \right) \Big/ \left(\frac{p_{2b}}{p_{1b}} \right) \tag{7.3}$$

中国的天然气 E1 的价格相对于 B 国的替代产品 E2 的价格相对结构扭曲度也是从国际角度反映不同国家之间跨能源品种的扭曲度。

为了研究能源在不同国家之间扭曲度随时间变化的变动情况，本章参考 Ju 等（2017）对能源价格的移动扭曲度的定义，即假定天然气 E1 在 A 国 t 时期的价格为 $p_{t,a}$，下一个时间点 $t+1$ 的价格为 $p_{t+1,a}$，E1 在 B 国的 t 时期和 $t+1$ 时期的价格分别为 $p_{t,b}$ 和 $p_{t+1,b}$。天然气 E1 在 A 国和 B 国的 t、$t+1$ 时期的移动率分别为 $\dfrac{p_{t+1,a} - p_{t,a}}{p_{t,a}}$ 和 $\dfrac{p_{t+1,b} - p_{t,b}}{p_{t,b}}$，因此，在 t、$t+1$ 时期，A 国的天然气 E1 的价格相对于 B 国的天然气 E1 的价格移动扭曲度为

$$\text{MD}_{ab} = \frac{\dfrac{p_{t+1,a} - p_{t,a}}{p_{t,a}} - \dfrac{p_{t+1,b} - p_{t,b}}{p_{t,b}}}{\dfrac{p_{t+1,b} - p_{t,b}}{p_{t,b}}} \tag{7.4}$$

中国的天然气 E1 的价格相对于 B 国的天然气 E1 的价格移动扭曲度代表了价格变动方向的一致性，是衡量能源价格稳健性的重要特征。

相比于 Chai 等（2009）和 Ju 等（2017）对能源价格扭曲度的测度，本章引入国内替代能源之间的扭曲度，以此来衡量国家范围内不同替代能源之间的内在价格关系，从国内和国际两个角度考察中国天然气价格的合理性。

2. 贝叶斯结构方程模型

1）模型介绍

结构方程模型（structural equation model，SEM）又称协方差结构分析、因果模型或线性结构方程，是一种将因子分析和路径分析相结合的多元统计技术。因此，它适合于对相互作用关系进行多变量的定量研究。在社会科学领域，结构方程模型用于多元分析，弥补了传统统计方法的不足，它可以解决间接观测变量的问题，可以同时处理多个因变量，并允许自变量和因变量都包含测量误差。

天然气价格受需求因素、供给因素、替代能源和经济活动等复杂因素的影响。例如，由于我国天然气分行业定价不同，存在多个因变量。因此，结构方程模型适用于该系统的研究。此外，在考察影响因素时，通常选择一个有代表性的变量，如消费代表需求、生产代表供给。然而，由于需要考虑可支配收入、消费者偏好和替代品价格等因素，实际需求的量化非常复杂。因为需求代表一定价格的使用，而消费是实际使用，所以需求是原因，消费是结果。因此，在本章中，基本面分析不是只使用一个变量（消费）来表示抽象需求，而是使用其他观察变量来反映需求因素。

基本结构方程由两个部分组成——测量方程和结构方程。其中，测量方程表示潜在变量与观测指标之间的关系，结构方程表示潜在内生变量与潜在外生变量之间的关系。基本结构方程模型表示如下：

$$y_i = \Lambda w_i + \varepsilon_i, \quad i = 1, 2, \cdots, n \tag{7.5}$$

$$\eta_i = \Pi \eta_i + \Gamma \xi_i + \delta_i, \quad i = 1, 2, \cdots, n \tag{7.6}$$

式（7.5）是模型中的测量方程，可视为一个考虑了测量误差的潜变量和显变量之间的回归模型，其中 y_i 是 $p \times 1$ 的可观测变量向量；Λ 是 $p \times q$ 的因子负荷矩阵；$w_i = (\eta_i^{\mathrm{T}}, \xi_i^{\mathrm{T}})$ 是潜变量，η_i^{T} 是潜在因变量，ξ_i^{T} 是潜在自变量；ε_i 是误差项，它服从于 $N[0, \Psi_\varepsilon]$，$\Psi_\varepsilon = \mathrm{diag}(\psi_{11}, \psi_{22}, \cdots, \psi_{pp})$，$w_i$ 和 ε_i 是相互独立的。

式（7.6）是模型中的结构方程，实际上是其中一个潜在内生变量和其他内生潜变量、潜在外生变量之间的线性回归模型，其中，Π 和 Γ 分别为 $p_1 \times p_2$ 和 $q_1 \times q_2$ 的系数矩阵向量，ξ_i 和 δ_i 是独立同分布于 $N[0,\Phi]$ 和 $N[0,\Psi_\delta]$ 的误差向量，且 $\Psi_\delta = \mathrm{diag}(\psi_{\delta 1}, \psi_{\delta 2}, \cdots, \psi_{\delta q})$。

然而，在分析结构方程模型的统计结果时，如果使用最大似然和广义统计平方分析模型，则分析结果往往依赖于样本协方差矩阵的渐近分布。因此，从理论上讲，需要大样本数据来进行有效的统计推断。然而，BMA 方法的应用克服了这一局限性，因为它侧重于原始观测值，而不是样本协方差矩阵，而且对渐近理论的依赖性较小；因此，即使是小样本，也有可能获得可靠的结果（Lee and Song, 2004；Ansari et al., 2000）。用贝叶斯结构方程模型（Bayesian structural equation model，BSEM）检验天然气价格的影响因素至少有两个优点。首先，通过为有用信息的参数分配信息先验，可以获得更准确的参数估计。其次，正如许多关于 BMA 分析的重要文章（Ansari et al., 2002；Ansari et al., 2000；Scheines et al., 1999）所声称的那样，基于抽样的 BMA 方法不依赖于渐近理论，因此适用于只有小样本的情况。

设 Y 是观测数据矩阵，$\Omega = (w_1, w_2, \cdots, w_n)$ 是潜在变量矩阵，未知参数向量 θ 的标准贝叶斯估计定义为后验分布的平均值 $p(\theta|Y)$。然而，对于大多数 BSEM，由于后验分布 $p(\theta|Y)$ 的复杂性，很难推导出这种分布并用它来进行模拟观测。因此，该问题的策略是将任何潜在变量视为假设缺失数据，然后用这些数据对观测数据进行扩充，使得基于完整数据集的后验分布相对更容易处理。更具体地说，观测数据矩阵 Y 用潜在变量矩阵 Ω 进行扩充，这样就可以在给定完整数据集 (Y, Ω) 的情况下导出条件分布 $p(\theta|Y, \Omega)$，然后对未知参数向量 θ 进行 BMA 分析，分析联合后验分布 $p(\theta, \Omega|Y)$。马尔可夫链蒙特卡罗方法中的吉布斯采样器（Geman S and Geman D，1987）可以用 $p(\theta, \Omega|Y)$ 来生成 $\{[\theta^{(m)}, \Omega^{(m)}]; \ m = 1, 2, \cdots, M\}$，由此得到 θ 的贝叶斯估计并将其作为边际样本的样本均值 $\{\theta^{(m)}; m = 1, 2, \cdots, M\}$。

根据 Lee（1981）与 Shi 和 Lee（1998）的建议，使用以下共轭先验分布，考虑参数 Λ、Π 和 Γ 先验分布涉及的测量方程和结构方程。我们令 Λ_k 为 Λ 的第 k 行，且

$$\Phi^{-1} \overset{D}{=} W[R_0, \rho_0]$$

$$\psi_{\varepsilon k}^{-1} \overset{D}{=} \mathrm{Gamma}[\partial_{0\varepsilon k}, \beta_{0\varepsilon k}]$$

$$\psi_{\delta k}^{-1} \overset{D}{=} \mathrm{Gamma}[\partial_{0\delta k}, \beta_{0\delta k}]$$

$$\Lambda_{wk} | \psi_{\delta k} \overset{D}{=} N[\Lambda_{0wk}, \psi_{\delta k} H_{0wk}]$$

式中，$W[\cdots]$ 是具有超参数 ρ_0 和正定矩阵的威希特分布，R_0、$\partial_{0\varepsilon k}$、$\beta_{0\varepsilon k}$、$\partial_{0\delta k}$、$\beta_{0\delta k}$、$\Lambda_{0wk}$、$\psi_{\delta k}$ 和 H_{0wk} 也是超参数，假定其值已给定。

在 $p[\theta\,|\,Y,\Omega^{(j)}]$ 生成 $\theta^{(j+1)}$ 和 $p[\Omega\,|\,Y,\theta^{(j)}]$ 生成 $\Omega^{(j+1)}$ 后，由于收敛后采集的样本 $\{\theta^{(m)};m=1,2,\cdots,M\}$ 可视为来自后验分布 $p(\theta,\Omega\,|\,Y)$，因此 θ 的后验平均值和贝叶斯估计可以得到：

$$\widehat{\theta}_B = M^{-1}\sum_{m=1}^{M}\theta^{(m)} \tag{7.7}$$

相应的后验协方差矩阵可以估计为

$$(\widehat{\theta}_B\,|\,Y) = (M-1)-1\sum_{m=1}^{M}[\theta^{(m)}-\widehat{\theta}_B][\theta^{(m)}-\widehat{\theta}_B] \tag{7.8}$$

2）构建概念模型

天然气的价格改革，需协调好以下关系：供给和需求的关系，价格与成本的关系，价格与消费者承受力的关系，价格与行业交叉补贴的关系，天然气与油、煤价的比价。在这些关系的协调中，主要涉及以下几个因素。

首先，在供给因素方面，除了天然气年产量可以作为直观衡量天然气供应力的重要变量之外。资源禀赋也是保障天然气供给的重要因素，各国天然气供给与其自身的资源禀赋程度息息相关。随着勘探技术的不断进步，世界范围内的天然气探明储量并没有随着产量的增长而减少，反而呈现逐年上升的趋势。因此本章以天然气探明储量作为供给因素的观测变量之一。基础设施的大量建设也为天然气供给提供了稳定的支持，中国大型气田分布的区域化使得城市管道等基础设施的覆盖和完善直接关系到天然气的供应能力。

其次，在需求因素方面，实际的天然气消费量可以直接反映天然气市场真实消费力，而且很多文献也是将其作为需求的代表变量进行直接研究。同时，本章将城市用气人口也作为能反映需求因素的观测变量。

再次，在替代燃料价格方面。由于煤炭、石油等天然气的替代燃料与天然气具有相似的使用特性，因此，与天然气相关的一些替代燃料的价格也在一定程度上影响了天然气产品的价格。而且，由于当前能源市场的活跃，国际上的能源价格对国内天然气市场影响显著，因此本章从上文分析的国际市场上的替代能源价格和国内市场的替代能源价格两个角度来衡量替代燃料价格对天然气价格的影响。

最后，在经济活动方面。经济发展也会影响天然气价格，在经济发展较好时期，社会收入水平提高，固定资产投资不断加大，消费多样化的需求增加，工业企业积极扩张生产，能源需求大幅攀升，天然气的需求也随之大幅增加，从而对天然气价格起到正面支撑作用。因此，本章选择代表经济发展水平的人均 GDP、城镇化、工业化及城镇居民人均可支配收入。表 7.1 显示了观测指数的潜在变量。

表 7.1　潜在变量对应的观测变量

潜在变量	观测指标（显变量）	单位	观测变量简写
天然气价格（η）	工业用天然气价格	元/米^3	y_1
	民用天然气价格	元/米^3	y_2
	商业用天然气价格	元/米^3	y_3
替代燃料价格（ξ_1）	中国煤炭价格	元/公斤	y_4
	中国石油价格	元/公斤	y_5
	美国原油价格	元/公斤	y_6
	德国天然气价格	元/公斤	y_7
供给因素（ξ_2）	天然气产量	亿米^3	y_8
	天然气探明储量	亿米^3	y_9
	城市天然气管网长度	公里	y_{10}
需求因素（ξ_3）	天然气消费量	亿米^3	y_{11}
	城市用气人口	万人	y_{12}
经济活动（ξ_4）	人均 GDP	元	y_{13}
	城镇化率		y_{14}
	城镇居民人均可支配收入	元	y_{15}

　　在对贝叶斯结构方程模型进行估计之前先建立概念模型，因为结构方程模型的初始形状是在前人研究和经济学理论的基础上建立的。

　　替代燃料价格（ξ_1）$\Rightarrow$ 天然气价格（η），天然气作为一种主要的燃料，也是生产和生活的原材料，如果煤炭、石油、液化石油气等替代品价格较高，天然气用户愿意支付的价格也会更高；因此，本章假设这些价格正相关（Brown and Yücel，2008）。

　　供给因素（ξ_2）$\Rightarrow$ 天然气价格（η），在产品市场，供给与价格之间一般表现为双向因果关系，天然气市场这一关系仍然存在，Brown 和 Yücel（2008）在研究美国天然气价格驱动因素时，得出天然气产量的中断将会对天然气价格产生很大的影响。由于我国天然气定价方法是成本加成法，其成本包括管道运输成本、初始安装费、转运费、管理费和配送费，因此，在管材等因素一致的情况下，管网长度和规模是影响管道输送成本的决定性因素，进而影响天然气价格。基于 Mu（2007）的研究，他假设供给因素与天然气价格之间存在负相关，并发现天然气探明储量对天然气价格的影响系数为负且显著。

需求因素（ξ_3）⇒天然气价格（η），需求因素是影响能源价格的最重要、最根本的因素（Kilian，2009），一般情况下，需求越大，能源价格越高。Mu（2007）用天气冲击作为需求冲击的替代物，证明了当预期需求高（低）时，天然气价格会上升（下降）。

经济活动（ξ_4）⇒天然气价格（η），繁荣的经济活动导致天然气价格上涨。例如，那些获得更大经济利益的国家可以承受更高的天然气价格。城镇居民的可支配收入越高，天然气价格也就越高，因此，居民可支配收入越高，天然气消费量就会越大。

经济能源系统使得影响机制更加复杂，因为每个潜在变量不仅直接影响天然气价格，而且还通过其他潜在变量间接影响天然气价格。潜在变量之间的概念关系如下。

替代燃料价格（ξ_1）⇒供给因素（ξ_2），对于消费品来说，价格、供给和需求是一个紧密相连的系统。在天然气市场的供应方面，替代燃料价格的任何变化都会影响规划者的生产和供应决策。Nguyen 和 Okimoto（2019）发现，在经济衰退期间，油价上涨会对天然气产量产生负面影响，而在经济扩张期间，油价上涨会产生积极影响。

替代燃料价格（ξ_1）⇒需求因素（ξ_3），随着替代燃料价格上涨，居民或企业可能会选择天然气来降低基本成本，从而增加对天然气的需求。Wang 和 Lin（2014）还发现，煤炭和液化石油气价格分别对工业及居民天然气消费产生积极影响。

替代燃料价格（ξ_1）⇒经济活动（ξ_4），经济发展需要能源，因此，能源价格的任何变化都会影响工业生产和日常生活的成本，进而影响经济（He and Li，2009）。Tang 等（2010）发现油价上涨对产出和投资产生了负面影响。

供给因素（ξ_2）⇒需求因素（ξ_3），供给对需求有影响，即与基础设施相关的供给因素直接影响天然气消费。例如，一个地区的管网规模或天然气覆盖范围的可获得性直接决定最终消费者是否能够获得天然气，这就影响了该地区对天然气的需求。随着非常规天然气的发展，美国等国家 LNG 出口量的增加，以及四大能源战略通道的建立，天然气资源总体供应趋于宽松，供气企业进入了以销量决定产量的阶段，因此，天然气需求量不断增加也会影响天然气供应。

供给因素（ξ_2）⇒经济活动（ξ_4），由于我国天然气还处于初级发展阶段，与区域化、城市化相关的供给特征十分明显。然而，如果天然气供应减少或中断，能源消费将受到限制，并对发展中的经济体和扩张中的经济体产生负面影响。

需求因素（ξ_3）⇒经济活动（ξ_4），随着管道服务地区购买力的增加，对天然气的需求呈指数级增长。Apergis 和 Payne（2009）还发现，无论是短期还是长期，天然气消费与经济增长之间都存在双向因果关系。

7.4 实证结果分析与讨论

7.4.1 天然气价格扭曲度

本章将从国内和国际两个角度计算中国天然气价格的扭曲度来比较说明中国当前天然气价格是否合理的问题。不同用途的天然气，其价格存在很大的差异。在工业部门的天然气使用上，主要的替代能源包括煤气、液化石油气、燃料油和煤炭，在城市居民生活用气上其主要替代能源是液化石油气和煤气，在商业用气上，替代能源也是煤气和液化石油气。由于煤气价格在中国也受到政府的管制和补贴，若以煤气价格作为替代价格计算出的价格扭曲度不足以说明管制下的天然气价格的扭曲性问题。因此，在对天然气价格的国内扭曲度进行分析时，本章选取以下替代能源，以液化石油气、燃料油、煤炭（秦皇岛大同优混煤 5500）作为工业部门用气上的替代能源，以液化石油气作为居民部门用气和商业部门用气的替代能源（表 7.2）。

表 7.2 中国天然气的价格扭曲度

年份	国内					国际				
	工业			居民	商业	绝对扭曲	结构扭曲—美国煤炭	结构扭曲—美国原油	移动扭曲—德国	移动扭曲—美国
	液化石油气	燃料油	煤炭	液化石油气	液化石油气					
2007	−0.371	0.129	2.629	0.451	0.466	−0.042	−0.517	0.169	—	—
2008	−0.419	−0.259	1.480	0.493	0.468	−0.235	−0.382	0.073	−0.763	−0.549
2009	−0.263	−0.022	2.133	0.348	0.312	0.103	0.016	1.618	−1.223	−1.106
2010	−0.345	−0.185	1.655	0.439	0.391	0.257	−0.195	1.431	−1.462	−0.492
2011	−0.366	−0.217	1.613	0.497	0.405	0.072	0.040	1.525	−0.754	−1.449
2012	−0.374	−0.215	2.105	0.524	0.421	0.041	0.454	2.570	−0.780	−1.027
2013	−0.363	−0.159	2.884	0.524	0.406	0.134	0.330	2.202	−1.784	−0.880
2014	−0.335	−0.025	3.737	0.535	0.366	0.413	0.322	2.044	−1.429	−0.645
2015	−0.228	−0.388	5.171	0.479	0.245	0.914	1.237	4.307	−1.182	−1.115

　　在进行国际上的比较时，选取德国的天然气价格作为参考价格来衡量中国天然气价格在国际上的扭曲度。这是因为在国际上天然气价格市场化程度比较高的国家中，由于日本的天然气贸易几乎全依赖于 LNG 进口，因此其高成本的特性使得该价格高于管道气价格，而中国的管道进口天然气一直占据着主要地位，在2015 年管道进口天然气占总进口天然气的 56.2%，因此日本并不适合作为衡量中国天然气扭曲和中国天然气改革需要的参考价格。英国天然气的对外依存度在2015 年达到了 41%，因此其价格易受到本国资源禀赋的影响。美国的自足率也达到了 90%以上，加拿大已成为天然气净出口国，由于页岩气的发展，美国和加拿大的天然气价格相对比较疲软，因此并不适合作为参考价格。德国的天然气价格主要依赖于进口，俄罗斯是其最大的进口国，中国的天然气进口主要来自土库曼斯坦、卡塔尔、澳大利亚、印度尼西亚，俄罗斯也是中国一个非常重要的天然气供应国，因此本章参考 Wang 和 Lin（2014）的研究，以德国天然气价格作为参考价格。在计算中国天然气总的平均价格时，本章将采用各部门的消费量比例作为平均价格的权重。

　　从国内替代能源对天然气扭曲度的角度来看（表 7.2），在三个部门中，相比于液化石油气这一参考价格，天然气价格的扭曲度相对较低且比较平稳，在工业部门中扭曲度稳定在-0.419～-0.228，在居民部门中其扭曲度在 0.348～0.535，在商业部门，扭曲度也未超过 0.5，这说明在同热值价格中，市场度较高的液化石油气和天然气价格之间存在较高的关联度，并且之间存在的关系比较稳定，这说明2011 年 12 月国家发展和改革委员会在广东和广西开展天然气价格机制改革试点时，将成本加成法改成市场净回值法并将液化石油气价格赋予 40%的权重来确定门站价是合理的，也意味着若以这一热值价格作为参考价格来计算天然气的门站价，可能并不会对成本加成法下的价格具有很大的调整性，也就是这种定价方法并不会改变中国目前天然气价格的扭曲。

　　从图 7.2 可以看出，在工业部门，工业用的天然气相对于煤炭的价格扭曲度显著为正，也就是说，工业用的天然气价格要比等热值的煤炭价格高很多，也意味着从成本角度来说工业上的煤炭在价格上对天然气具有很强的替代性，这也是我国的煤炭在能源消费中一直占据主导地位的原因，同时也意味着在中国的能源市场上存在能源逆替代现象。工业用的天然气相对于燃料油的价格扭曲度较小，并且其扭曲度在 2007～2014 年都为负，2015 年出现天然气价格高于燃料油价格，这意味着我国在改变以煤炭为主体的能源消费模式过程中存在一定的阻碍。

　　通过以上分析发现，工业、居民和商业中的液化石油气对各部门天然气没有明显的替代性，液化石油气与天然气在环境污染上也并不存在明显的威胁。此外，价格相对较高的液化石油气并不适宜作为中国低碳发展的调节能源。

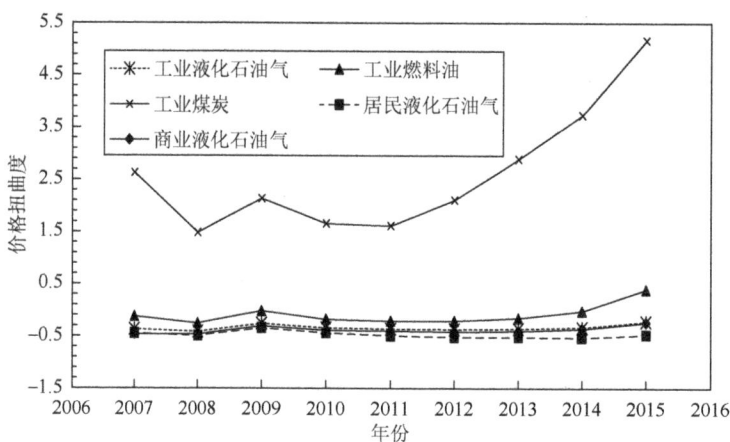

图 7.2　中国天然气相对于国内替代能源的价格扭曲度

　　加之，在总的能源消费中，工业的消费占比最大，因此煤炭在工业中对天然气巨大的替代作用将是中国优化能源结构和进行低碳化发展的阻力。

　　从国际替代能源来看，中国天然气相对于国际替代能源的价格扭曲度如图 7.3 所示，本章以德国的天然气价格为基准价格来探讨中国天然气价格的绝对扭曲程度，又分别以美国的煤炭价格和原油价格为参考价格计算中国天然气结构性的相对价格扭曲度。从图 7.3 可以看出，2007~2009 年，相对于德国天然气价格，中国天然气价格较低，2009 年以后，绝对价格扭曲度逐渐为正，且扭曲程度在 2012 年以后逐渐增强，说明中国天然气价格在 2012~2015 年处于较高的水平。

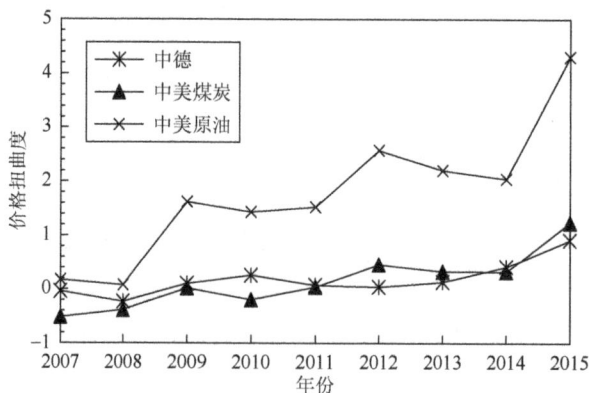

图 7.3　中国天然气相对于国际替代能源的价格扭曲度

以美国煤炭价格为参考价格时,其相对扭曲度从 2007 年的–0.517 波动上升到 2015 年的 1.237,中国的天然气价格在 2011 年以后高于等热值的美国煤炭价格。以美国的原油价格为参考价格,其相对扭曲度明显为正,且在 2009 年以后扭曲度超过 1,经此计算的国际油价和中国天然气的等热值比价低于 0.5,而在世界上主要石油和天然气消费国中,国际油价与天然气的等热值比价基本上为 0.8 到 1,表明相较于其他主要能源消费国,中国的天然气价格明显高于国际油价水平。若以国际油价为参考,也意味着中国的天然气价格相对于这些国家的价格其扭曲度的形式是明显高于其他国家的天然气价格。我国的天然气价格存在居民用气价格较低、工业用气价格较高的特点,2016 年工业用气比居民用气价格高出了 1.15 元/米^3,2008 年以后商业用气价格也普遍比居民用气价格高,因此使得算数平均下的天然气价格仍然较高,同时政府管制下的交叉补贴使得用气量大且在市场谈判中更具优势的工业用气价格高于居民用气价格,与市场规律相背离。

从图 7.4 的天然气国际移动扭曲度来看,移动扭曲度全部为负表明中国天然气价格的增速要比德国和美国的慢,这正是因为中国的天然气价格是以管制下的成本加成为主,政府对上游出厂价格、中下游利益分配以及交叉补贴严格把控,使得中国天然气终端价格始终维持在较高水平,并没有像市场化程度较高的美国和德国一样呈现价格波动剧烈的现象。这说明中国的天然气价格相对于美国和德国来说具有很强的稳定性,但同时也说明了中国的天然气价格受到国内市场、国际市场的影响很小,对市场是缺乏反应的。

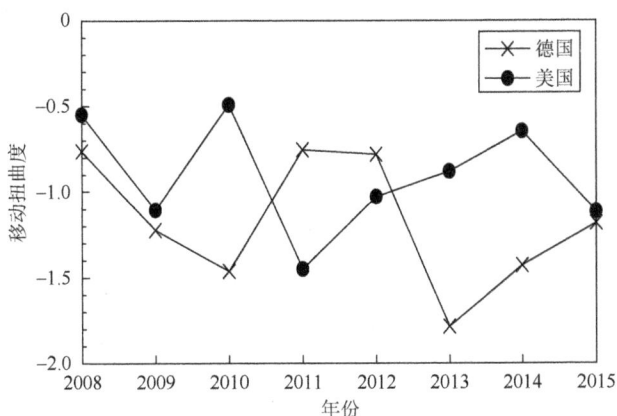

图 7.4　天然气国际移动扭曲度

本章用国际能源作为参考价格计算中国天然气价格的扭曲度来说明中国天然气价格改革的压力,以替代能源作为参考价格计算扭曲度可以解释不同部门天然气的真实市场价格。从以上分析结果可以看出，液化石油气对天然气价格产生的替代性不大，而燃料油在工业领域对天然气在价格上显现的替代性逐渐增强，煤炭的替代性最强，在工业领域的能源消费结构中，煤炭的消费比例占了 90%左右，而在天然气消费中，工业也是占比最大的行业，工业消费占比在 65%～80%，这意味着要改变天然气消费在一次消费中的占比，工业部门可以发挥较大的作用，然而，占工业能源消费最大比例的煤炭却对天然气的消费存在很大的价格替代，这一方面对我国天然气要完成 15%的占比带来一定的挑战，另一方面对我国实行低碳发展的经济—能源体系存在一定的阻碍。因此，从这一目标来看，中国的天然气面临很大的改革压力。

7.4.2　天然气价格影响因素分析

根据概念模型和指标数据，测量方程可表示为

$$y_i = \Lambda w_i + \varepsilon_i \tag{7.9}$$

式中，$w_i = (\eta_i, \xi_{i1}, \xi_{i2}, \xi_{i3})^{\mathrm{T}}$；$\varepsilon_i$ 服从 $N[0, \Psi_\varepsilon]$ 分布。

结构方程为 $\eta_i = \gamma_1 \xi_1 + \gamma_2 \xi_2 + \gamma_3 \xi_3 + \delta$，其中 $(\xi_1, \xi_2, \xi_3)^{\mathrm{T}}$ 和 δ 分别独立服从于 $N[0, \Phi]$ 和 $N[0, \varphi_\delta]$。先验分布在小样本或中等样本的 BMA 方法中起着重要作用。共轭先验分布是 BMA 方法中一种流行的信息先验分布，其中后验分布遵循与先验分布相同的参数形式，这意味着可以从类似的分析中获得良好的先验信息（Lee and Song，2004）。因此，基于上述概念模型，采用 Lee 等（2005）提出的共轭先验分布进行 BMA 分析。

将标准化处理后的数据代入上述结构方程模型进行贝叶斯估计，本章在进行估计时，舍弃前 1000 次的迭代，并且利用收敛后的 $T^* = 9000$ 的样本得到贝叶斯估计结果。在进行贝叶斯估计时，为了避免参数序列链陷入目标分布的某个局部区域，本章设定三个不同的初始值进行抽样估计生成马尔可夫链，三个不同初始值设定下，算法在 10 000 次迭代以内生成的三条马尔可夫链混合在一起，而且样本路径图稳定地波动，未呈现发散的情况，因此算法收敛。

本章利用潜在变量间协方差的乘积确定间接影响，并基于贝叶斯结构方程模型估计直接影响系数，从中得出中国天然气价格结构方程的参数和标准差估计结果，以反映影响机制（图 7.5）。

从直接影响来看，经济活动对天然气价格的直接影响最大，为 0.67，表明以人均 GDP 表示的经济发展是影响天然气价格上涨的主要因素。这一结果还表明，代表经济活动增长的观察变量的任何变化都会刺激天然气价格的上涨。需求因素对天然气价格也有直接影响，为 0.61，这表明天然气或天然气消费人口的任何增

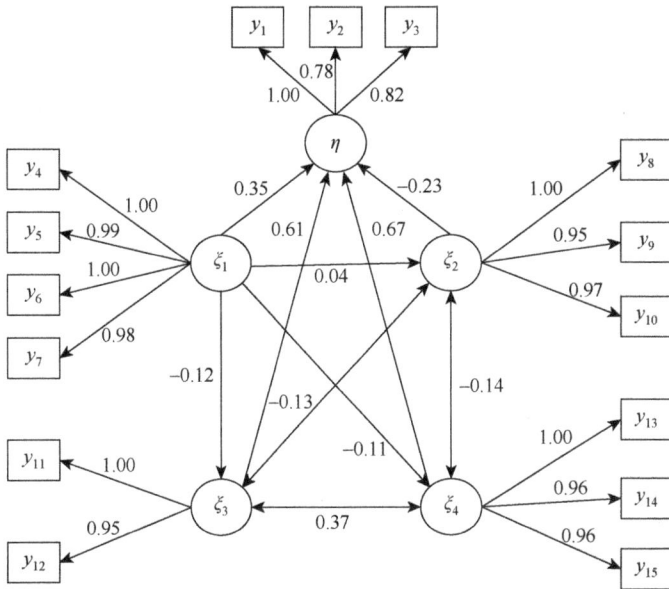

图 7.5　中国天然气价格结构方程模型的路径图及参数的贝叶斯估计

加都会对天然气价格产生积极影响。替代燃料价格的上涨也对天然气价格产生了积极影响。供给因素对天然气价格的影响最小，并且系数为负（–0.23），表明随着供应增加和天然气管网的改善，天然气价格会下降。

从间接影响来看，替代燃料价格通过经济活动、供需因素的变化间接影响天然气价格。替代燃料价格对天然气价格的间接影响为–0.19（= 0.04–0.12–0.11），其中供给因素的间接影响为 0.04，需求因素的间接影响为–0.12，经济活动的间接影响为–0.11。供给因素通过需求因素和经济活动对天然气价格的间接影响分别为–0.13 和–0.14。需求因素通过供给因素和经济活动间接影响天然气价格，分别为–0.13 和 0.37。经济活动还通过供给因素（–0.14）和需求因素（0.37）的变化间接影响天然气价格。

分析表明，经济活动对我国天然气价格的综合影响最大，基准观测值（人均 GDP）是经济活动潜在变量的最强代表，这也是大多数研究选择人均 GDP 作为替代指标的原因，城市居民人均可支配收入是影响城镇居民人均可支配收入的重要因素。需求因素对天然气价格也有显著的综合影响，影响系数为 0.85，表明当需求增长 1% 时，天然气价格上涨 0.85%。供给因素的综合效应为–0.50，表明当供应量增加 1% 时，天然气价格下降 0.50%。替代燃料价格对天然气价格的影响最小，系数为 0.16，表明当替代燃料价格上涨 1% 时，天然气价格上涨 0.16%。除基准观察值（中国煤炭价格）外，美国原油价格系数为 1，表明天然气价格受国内煤炭价格和国际油价等替代燃料价格波动的显著影响。

综上所述，经济活动和需求因素对天然气价格的直接和综合影响最大，其中经济活动的影响更为显著。因此，中国经济发展的稳步增长可能会进一步刺激天然气价格。与其他国家天然气的比重相比，我国目前在天然气消费中的比重相对较低。此外，天然气消费潜力和天然气人口数量均呈上升趋势，且一系列促进天然气发展的措施不断刺激下游消费者的需求，从而推动天然气价格上涨。因此，这两个因素的显著正面影响及它们在未来的可预见发展将对天然气价格上涨产生一定的积极影响。

无论是直接效应还是综合效应，需求因素的影响都大于供给因素。在相同的政策强度下，供给因素对天然气价格增长的抑制作用明显弱于需求因素的正向刺激作用，从供需市场角度来看，天然气价格上涨趋势明显。但随着非常规天然气的逐步开发和利用，供给侧对天然气价格的调控作用或将增强。

替代燃料价格对天然气价格的正向影响较小，其系数小于 1，即替代燃料价格的变化比天然气价格的变化快。煤炭价格是中国替代燃料价格最具代表性的价格，因此，从国内来看，提高煤炭价格的措施可能会改变能源价格结构，并使之合理化。

7.5　主要结论与启示

本章从国内外两个角度分析了我国天然气价格的扭曲现象。在理论分析的基础上，运用贝叶斯结构方程模型研究了替代燃料价格、供给因素、需求因素和经济活动因素对天然气价格的影响。

第一，研究结果表明，由于政府的严格监管，中国天然气市场存在价格扭曲现象。例如，发现天然气等热值价格高于煤炭价格，中国天然气价格对美国煤炭价格的扭曲程度小于对国际原油价格的扭曲程度，这表明美国煤炭价格高于基于热值的国际原油价格，这就是为什么美国一次能源消费中石油占比较大的重要原因。研究还发现，中国对德国天然气价格的绝对扭曲程度是正的，但并不高出很多，说明中国天然气价格的扭曲程度并不严重，而对煤炭等国内替代能源的高度扭曲，可能是因为煤炭的价值被严重低估。价格改革是一个动态系统，任何替代能源的价格扭曲都可能导致能源消费结构的扭曲和能源发展的逆向替代。

第二，天然气价格高于国际原油或煤炭价格。如果天然气价格与相当低的世界油价挂钩，中国有很大的潜力降低其终端天然气价格。这就要求天然气价格市场化，逐步将价格与世界替代能源价格挂钩，这可能会使能源价格对市场刺激更加敏感，对优化能源结构、节能减排有一定作用。

第三，中国天然气价格受经济活动、需求因素和供给因素的显著影响。因此，在设计合理的天然气定价方法时，需要充分考虑这些因素，因为任何一个因素的变化都会对天然气价格产生一定的影响，进而影响上下游的产量和输送量。因此，充分考虑这些因素可以避免气荒或荒气。

　　了解影响我国天然气价格扭曲的因素，有助于厘清当前不合理的天然气定价机制，减轻价格改革压力。通过对天然气定价影响因素的分析，可以为天然气价格改革提供思路。在上述分析和讨论的基础上，提出以下相关政策建议。

　　第一，天然气价格扭曲意味着煤炭和其他能源具有显著的价格优势。因此，为了鼓励从使用煤炭或石油转向使用天然气，天然气在发电和供热方面需要变得更有竞争力。解决这一问题的方法之一是将燃煤造成的高污染排放成本纳入煤价，这将为消费者以更清洁的天然气替代煤炭提供动力。

　　第二，根据国内天然气价格市场基本面分析，天然气价格上涨的趋势和可能性较大，这反过来又加剧了天然气价格的扭曲程度。中国的天然气价格对国际市场力量不敏感，因此，中国需要改善与国际市场的联系，以便对其活动做出重大反应，特别是，这对我国目前的天然气进口格局具有十分重要的意义，随着天然气需求的不断增长，未来甚至可能会有更多的天然气进口。例如，中国可以实行以市场价值为基础的合理定价方法，逐步将自然价格与高度市场化的世界替代能源价格挂钩。

　　第三，天然气价格调控要充分考虑已确定的影响因素，使天然气价格保持在合理范围内，遵循正常的能源发展规律，从而促进节能减排和低碳经济的发展。

第8章 基于 Meta 分析的中国天然气需求价格弹性分析

8.1 天然气价格需求弹性研究诉求

天然气是一种低碳能源，对我们过上清洁生活、实现清洁生产至关重要。因此，随着世界各国环保意识的提高，越来越多的国家开始利用天然气替代煤炭、石油等能源。美国能源信息署预测，2040 年全球天然气消费量将达到 177.0 万亿立方英尺，从 2015 年到 2040 年将增长 43%。非经合组织国家天然气消费占世界天然气消费的比重将从 2015 年的 53%提高到 2040 年的 59%，其中中国将占很大比重。据报道，天然气增长受到许多因素的支持：工业化水平和电力需求不断提高（特别是在新兴的亚洲和非洲）；以及持续的煤制天然气转换（特别是在中国）。

自改革开放以来，煤炭和石油推动了中国经济的成功，使中国在几十年内实现了两位数的经济增长率，但同时也给中国带来了许多日益恶化的环境问题。如今，中国的能源结构已经发生了显著的变化，天然气和其他清洁能源在中国得到推广。在中国的"十三五"规划中，中国政府制定了一系列目标，即到 2020 年，天然气在一次能源结构中的比重从 2015 年的 5.9%提高到 10%，到 2030 年提高到 15%。因此，准确衡量天然气及相关能源价格变化对天然气消费的影响，是研究天然气如何取代传统能源的关键。在这种情况下，天然气需求的价格弹性是一个重要工具。

本章的意义和贡献首先在于，可以根据研究结果从理论上分析我国能源价格与天然气消费的相关性，为调整能源价格政策实现清洁生产提供理论依据。其次，本章将价格弹性分为八类，通过报告这些弹性的平均值，研究相关能源价格变动对天然气需求的长期和短期影响。最后，为那些想做类似或进一步研究的人提供了一个完整的元回归分析框架和一种弹性分类方法。

8.2 研 究 状 况

8.2.1 天然气需求价格弹性文献综述

天然气需求的价格弹性对于进行价格改革、确定正确的价格、制定基于环境和政治原因的能源战略至关重要。因此，近几年来，学术界对这一课题进行了大量的研究。李兰兰等（2012）对世界范围内研究天然气需求价格弹性的现有文献进行了全面回顾。在其研究中，报告了 25 项研究，这些研究涉及不同地区、不同消费者、不同方法的价格弹性估计，导致实证结果差异很大。传统的文献综述方法不能给出一个准确的弹性平均值估计，也不能确定结果分散的因素。受其研究启发，我们进行了一种定量研究综合技术，称为元回归分析，以估计价格弹性的真正潜在价值，并解释从原始文献中收集的估计值的变化。

荟萃分析最早应用于医学科学，以总结临床试验的结果。最早进行荟萃分析研究的是 Simpson 和 Pearson（1904），在经济学领域，Stanley 和 Jarrell（2005）进行了第一次元回归分析。此后，这一方法开始吸引学者的目光，在前人研究成果的基础上进行定量总结和再研究。当涉及能源问题时，大多数使用这种方法的现有研究都集中在汽油需求的弹性上（Espey，1996，1998；Brons et al.，2008；Havranek and Irsova，2012；Haveranek and Kokes，2015）。Espey J 和 Espey M（2004）使用荟萃方法研究了电力需求。关于天然气价格弹性，Labandeira 等（2017）利用能源需求主题的元分析对现有文章进行了详细总结，并采用了 Heckman 元回归，这可以在 Stanley 和 Doucouliagos（2007）的研究中看到，获得天然气的平均价格弹性，并确定解释文献中报告的价格弹性异质性的变量。

在本章中，我们遵循了 Labandeira 等（2017）的观点，对中国天然气需求的价格弹性进行了元回归分析，分为短期自有价格弹性、长期自有价格弹性、短期交叉价格弹性、长期交叉价格弹性、短期交叉价格弹性电力到天然气、长期交叉价格弹性电力到天然气、短期交叉价格弹性石油到天然气和长期交叉价格弹性石油到天然气，以获得更准确的估计（表 8.1）。为此，本章报道了八种弹性系数的一系列均值。作为第二个结果，我们确定了解释先前文献中报道的价格弹性异质性的变量。

表 8.1　本章中的弹性类型、缩写和符号

弹性类型	缩写	正向含义	负向含义
短期自有价格弹性	SO	短期内，天然气需求的变化方向与价格变化相同	天然气需求在短期内与价格变化方向相反
长期自有价格弹性	LO	从长远来看，天然气需求的变化方向与价格变化相同	从长远来看，天然气需求与价格的变化方向相反
短期交叉价格弹性	SC-Coal	天然气和煤炭在短期内具有替代关系	天然气和煤炭在短期内具有互补关系
长期交叉价格弹性	LC-Coal	从长远来看，天然气和煤具有替代关系	从长远来看，天然气和煤炭具有互补关系
短期交叉价格弹性电力到天然气	SC-Elec	天然气和电力在短期内具有替代关系	天然气和电力在短期内具有互补关系

续表

弹性类型	缩写	正向含义	负向含义
长期交叉价格弹性电力到天然气	LC-Elec	从长远来看,天然气和电力具有替代关系	从长远来看,天然气和电力具有互补关系
短期交叉价格弹性石油到天然气	SC-Oil	天然气和石油在短期内具有替代关系	天然气和石油在短期内具有互补关系
长期交叉价格弹性石油到天然气	LC-Oil	从长远来看,天然气和石油具有替代关系	从长远来看,天然气和石油有着互补的关系

注：SO 为 the short-run own-price elasticity；LO 为 the long-run own-price elasticity；SC-Coal 为 the short-run cross-price elasticity-coal to natural gas；LC-Coal 为 the long-run cross-price elasticity-coal to natural gas；SC-Elec 为 the short-run cross-price elasticity-electricity to natural gas；LC-Elec 为 the long-run cross-price elasticity-electricity to natural gas；SC-Oil 为 the short-run cross-price elasticity-oil to natural gas；LC-Oil 为 the long-run cross-price elasticity-oil to natural gas

在微观经济学理论中,需求价格弹性是指市场商品需求对价格变化的敏感性。需求的自有价格弹性是指当一种商品的自身价格发生波动时,其需求如何变化。一般来说,对于一种商品,价格下跌,需求增加；价格上涨,需求减少。因此,需求价格弹性系数通常为负。需求的交叉价格弹性反映了一种商品的需求变化对另一种商品价格变动的反应程度,如超临界煤、超临界电力、超临界石油。如果需求的交叉价格弹性为正,则两种商品相互替代；如果弹性为负,这两种商品是互补的。本章弹性的正负符号见表8.1。

8.2.2　文献综述

虽然近年来天然气需求已成为学术界的热门话题,但现有的关于我国天然气需求价格弹性的实证文献相对较少。在本章中,我们实际找到了 10 个研究进行元回归分析,涵盖 2009 年至 2018 年,如表 8.2 所示。这些研究得出了不同模型、消费者、地区和数据集的各种弹性结果。总的来说,它们提供了中国天然气需求的 93 个弹性值,为我们下面的元回归模型提供了依据。

表 8.2　元回归分析中的一系列研究

作者	数据集	范围	用户	可用估计
冯良等（2009）	2000～2007 年	上海	全部	1
高千惠等（2012）	2005～2008 年	成都	全部	6
成金华等（2014）	2000～2012 年	华北	全部	6
郑言（2012）	2001～2010 年	上海	居民	4

续表

作者	数据集	范围	用户	可用估计
Zhang 等（2018）	1992～2012 年	中国	工业 居民 商业 电力	26
Wang 和 Lin（2014）	1985～2010 年	中国	工业 居民 商业	6
Yu 等（2014）	2006～2009 年	中国	居民	12
Sun 和 Ouyang（2016）	2013 年	中国	居民	1
Zeng 等（2018）	2014 年	中国	居民	27
Zhang 和 Peng（2011）	2008 年	中国	全部	4
总共	1985～2014 年	—	—	93

具体来说，冯良等（2009）采用线性对数模型研究了上海天然气需求的价格弹性，报告值为-0.584。高千惠等（2012）对成都天然气需求价格弹性进行了研究，得到了 SO 的[0.07, 0.59]和 LO 的[2.29, 2.58]的结果。成金华等（2014）重点研究了华北地区天然气需求的价格弹性，发现考虑价格管制时，价格弹性为-0.811，反之为-0.950。郑言（2012）以上海为例，分别报告了短期和长期天然气需求价格弹性值-0.477 和-0.284。Zhang 等（2018）发现不同行业的弹性值不同。在工业部门，SO 为 0.222，LO 为 0.847；而对于住宅用户，SO 为-0.223，LO 为-0.223。

Wang 和 Lin（2014）得出结论，中国的住宅部门比工业和商业部门对价格更敏感，短期内的值分别为-0.78、0.04 和-0.39。Yu 等（2014）研究了中国城市居民天然气需求的价格弹性，发现价格弹性为-1.431。Sun 和 Ouyang（2016）研究了中国住宅能源需求的价格弹性，并报告了自身的价格弹性-0.779。Zeng 等（2018）使用线性对数模型研究中国家庭的天然气需求，并在短期内提供了-0.898 的总体价格弹性。Zhang 和 Peng（2011）报告了一系列交叉价格弹性值，如 SC-Elec 为 2.232，SC-Coal 为 0.230，SC-Oil 为 0.609。

8.2.3　实证结果

上述 10 项初步研究报告了我国天然气消费价格弹性在我国的八种情况。表 8.3 列出了这些弹性值的统计数据。显然，弹性值之间存在显著差异。因此，为了促进天然气消费，对各种价格弹性的进一步研究，可以更好地反映天然气需求在天然气、煤炭、电力或油价变化时的确切变化。

表 8.3　　天然气需求价格弹性统计

估算值	观察数量	平均值	中位数	标准差	最小值	最大值
SO	32	−0.718	−0.780	1.157	−3.937	3.094
LO	12	0.281	−0.254	2.835	−2.880	5.730
SC-Coal	9	0.456	0.230	1.399	−1.084	3.864
LC-Coal	4	0.008	−0.516	2.558	−2.458	3.521
SC-Elec	15	1.202	0.977	0.828	0.221	2.793
LC-Elec	1	1.884	1.884	—	1.884	1.884
SC-Oil	17	0.683	0.545	0.708	−0.853	2.123
LC-Oil	3	1.275	0.519	1.519	0.282	3.023
总共	93	—	—	—	—	—

　　SO：初看图 8.1（a），我们可能会注意到这 32 个弹性值之间存在很大的差异。3.094、−3.585 和−3.937 的值非常引人注目，因为它们对于微观经济弹性理论和发达国家的水平来说足够大。具体来说，Cheng 等（2014）发现山西和甘肃的 SO 分别为−3.937 和−3.585。两省经济发展水平较低，用户价格承受能力较差，这是

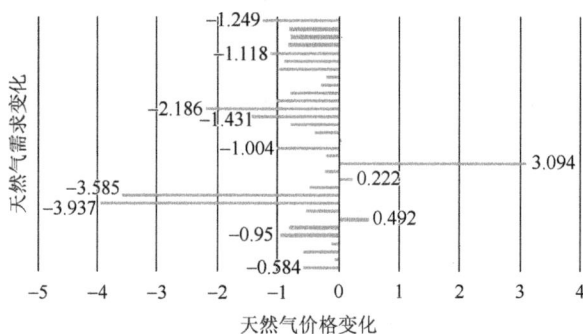

(a) 描述短期自有价格弹性（SO）

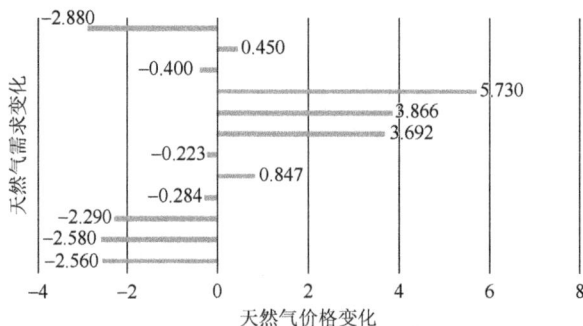

(b) 描述长期自有价格弹性（LO）

图 8.1　短期自有价格弹性和长期自有价格弹性

其弹性高于其他地区的原因。Zhang 等（2018）在对发电和供电行业的分析中报告了 3.094 的值。由于价格处于历史低位，天然气需求迫切，天然气价格上涨并未导致需求减少。

LO：图 8.1（b）中有 12 个 LO 观测值，其中一半约小于 0。这与需求的价格弹性理论不同，后者呈现负值。然而，这一结果与我国的情况是一致的，表明我国天然气市场定价是非市场化的。由于我国天然气市场监管价格偏低，清洁能源消费需求旺盛，长期来看，价格上涨并没有带来我国天然气需求的下降。

SC-Coal 和 LC-Coal：图 8.2 中的正弹性值表明天然气和煤炭是相互替代的。同理，负弹性值表示它们之间存在互补关系，符合中国以煤炭为主的能源结构的现实，这一发现与发达国家相反，发达国家主要呈现替代关系。例如，SC-Coal 的最大值 3.864 表示在短期内天然气和煤炭之间存在很强的替代关系。来自 Zhang 等（2018）的 LC-Coal 的最小值是−2.458，这表明，从长远来看，天然气和煤炭消费在发电和供应部门是互补的。

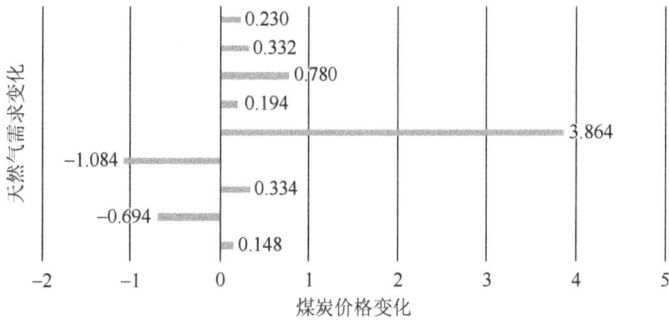

(a) 描述了煤制天然气（SC-Coal）的短期交叉价格弹性

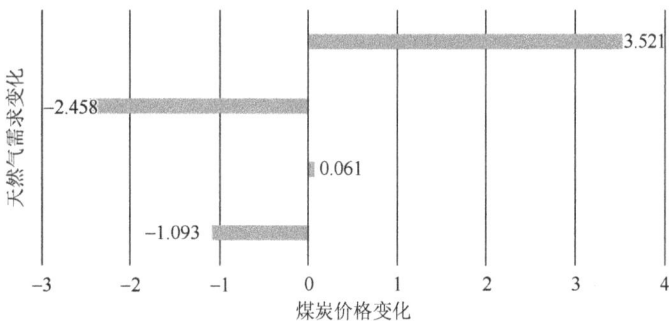

(b) 描述了煤制天然气（LC-Coal）的长期交叉价格弹性

图 8.2　SC-Coal 和 LC-Coal

　　SC-Elec 和 LC-Elec：图 8.3（a）和图 8.3（b）中的正值表示天然气和电力在短期和长期都是相互替代的。SC-Elec 和 LC-Elec 的平均值分别为 1.202 和 1.884，大于 SC-Coal（0.456）、LC-Coal（0.008）、SC-Oil（0.683）和 LC-Oil（1.275）。这表明，总体而言，天然气是电力和石油的较好替代能源，但对煤炭的替代作用较弱。政府可以通过提高替代能源价格来增加天然气消费。

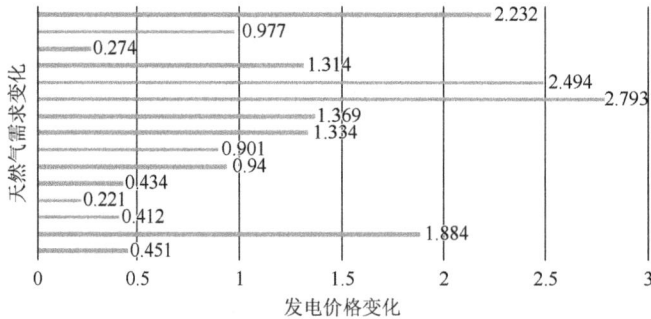

(a) 描述了天然气发电的短期交叉价格弹性（SC-Elec）

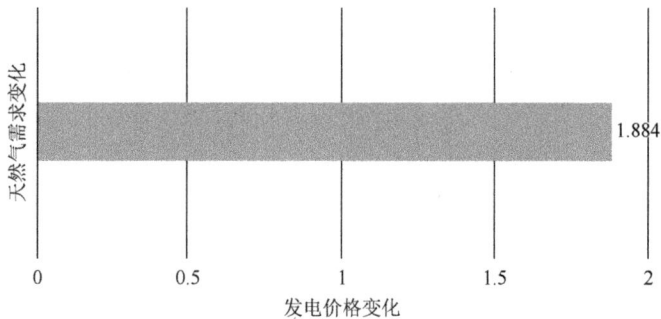

(b) 描述了天然气发电的长期交叉价格弹性（LC-Elec）

图 8.3　SC-Elec 和 LC-Elec

　　SC-Oil 和 LC-Oil：从图 8.4（a）和图 8.4（b）可以看出，与其他类型的弹性相比，弹性值的差异相对较小，分布相对均匀。SC-Oil 的平均值为 0.683，LC-Oil 的平均值为 1.275，Zeng 等（2018）基于家庭层面的研究得出的值是−0.853。事实上，液化石油气（我们将其归类为石油）价格对天然气需求的交叉弹性总体上是正的。估计值−0.853 是偶尔出现的，这没有任何实际意义。值 3.023 表明天然气和石油之间存在很强的替代关系。

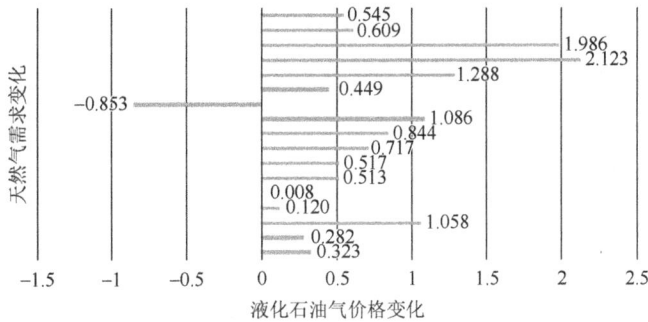

(a) 描述了石油与天然气的短期交叉价格弹性（SC-Oil）

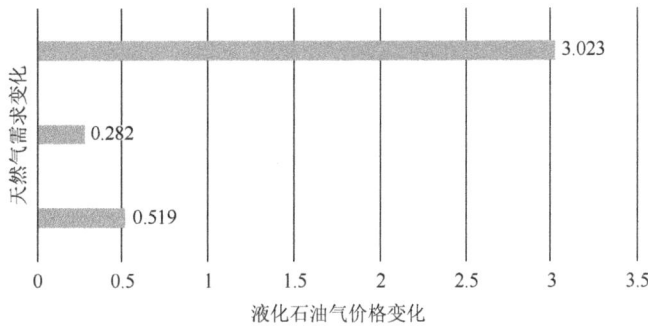

(b) 描述了石油与天然气的长期交叉价格弹性（LC-Oil）

图 8.4　SC-Oil 和 LC-Oil

　　通过比较以往文献的实证结果，我们有一个有趣的发现。也就是说，从区域来看，西北或华北地区的短期自有价格弹性往往高于其他地区。山西的–3.937 和甘肃的–3.585 与 Cheng 等（2014）的研究中华北地区的–0.950 相比，中国北方的–2.186 与中国南方的–1.016 相比（Yu et al.，2014），10 项研究的比较都可以揭示这一发现。鉴于 10 项研究之间存在较大差异，我们对 SO、LO、SC-Coal、SC-Elec 和 SC-Oil 进行了五次元回归分析，以探索导致结果差异的原因并计算平均值。对于 LC-Coal、LC-Elec 和 LC-Oil，我们分别取 0.008、1.884 和 1.275 作为其最终平均值，因为之前的研究缺乏经验结果，本书研究方法详见 8.3 节。

8.3　数据说明与研究方法

8.3.1　数据说明

　　由于 10 个实证研究的异质性对中国天然气需求价格弹性的估计具有不可忽

视的影响，我们引入了几个主要因素（构造为变量0-1）来找出估计差异的来源。考虑到中国作为发展中国家的特殊情况和政府对天然气市场的价格管制，我们考虑了可能导致上述弹性估计差异的七个主要因素（表8.4）。

表 8.4　解释变量的描述和赋值

变量	描述	分配	均值	标准差
Z_{j1}	数据类型	1：时间序列数据；0：其他	0.527	0.502
Z_{j2}	数据类型	1：横截面数据；0：其他	0.344	0.478
Z_{j3}	数据类型	1：面板数据；0：其他	0.129	0.337
Z_{j4}	样本周期	1：2008年以前；0：其他	0.656	0.478
Z_{j5}	样本周期	1：2008～2013年；0：其他	0.634	0.484
Z_{j6}	样本周期	1：2013年之后；0：其他	0.301	0.461
Z_{j7}	模型分析	1：AEC；0：其他	0.108	0.311
Z_{j8}	模型分析	1：LLM；0：其他	0.538	0.501
Z_{j9}	模型分析	1：ARDL；0：其他	0.280	0.451
Z_{j10}	模型分析	1：CECM；0：其他	0.065	0.247
Z_{j11}	模型分析	1：AIDS；0：其他	0.011	0.104
Z_{j12}	估算方法	1：QR；0：其他	0.161	0.370
Z_{j13}	估算方法	1：LS；0：其他	0.323	0.470
Z_{j14}	地理区域	1：中国；0：其他	0.731	0.446
Z_{j15}	地理区域	1：中国城市；0：其他	0.161	0.370
Z_{j16}	地理区域	1：中国北方；0：其他	0.108	0.311
Z_{j17}	地理区域	1：中国南方；0：其他	0.161	0.370
Z_{j18}	用户类型	1：居民；0：其他	0.559	0.499
Z_{j19}	用户类型	1：工业；0：其他	0.108	0.311
Z_{j20}	用户类型	1：商业；0：其他	0.108	0.311
Z_{j21}	用户类型	1：电力；0：其他	0.043	0.204
Z_{j22}	用户类型	1：所有；0：其他	0.183	0.389
Z_{j23}	价格管制	1：考虑；0：不考虑	0.032	0.178

注：弧弹性计算（arc elasticity calculation，AEC）；自回归分布滞后（auto regressive distributed lag，ARDL）

（1）数据类型。天然气需求价格弹性的不同估计可能是由初级研究中使用的不同数据类型造成的。收集的研究涉及三种类型的数据：时间序列数据、横截面数据和面板数据。我们定义三个哑变量 Z_{j1}、Z_{j2} 和 Z_{j3} 代表以上三种类型的数据。

（2）样本周期。收集的研究中涉及的样本周期是影响弹性值的另一个因素。以 2008 年爆发的世界金融危机为例：它导致了能源价格的萧条，并可能使公众由于可支配收入的减少从而转向购买更便宜的能源产品。因此我们引入哑变量 Z_{j4}，当 $Z_{j4}=1$ 时代表一项研究的数据区间是 2008 年以前。另外，2013 年对中国来说是一个特殊的年份。从 2013 年全球环境能源事件来看，2013 年北京雾霾天数超过了过去 50 年的任何一年，此后利用清洁能源改造能源结构、改善环境污染，使得天然气越来越受欢迎。因此我们引入哑变量 Z_{j5}，当 $Z_{j5}=1$ 时代表研究所用数据区间是 2008～2013 年。同理，引入 Z_{j6}，$Z_{j6}=1$ 代表数据区间是 2013 年之后。

（3）模型分析。所收集的实证研究采用了多种计量经济模型，包括线性对数模型（linear logarithmic model，LLM）、ARDL、协整与误差修正模型（co-integration and error correction model，CECM）、几乎理想需求系统（almost ideal demand systems，AIDS）和 AEC，这可能导致弹性估计偏差。我们引入 Z_{j7} 等变量代表模型的不同，见表 8.4。

（4）估算方法。Boys 和 Florax（2007）的元回归结果发现，估计方法对结果有实质性影响。我们引入两个虚拟变量来区分使用 LS 的研究与应用分位数回归法（quantile regression，QR）或其他估计方法的研究。我们引入 $Z_{j12}=1$ 代表 QR，引入 $Z_{j13}=1$ 代表 LS。

（5）地理区域。不同地理区域的消费者对天然气的需求可能不同。在这种情况下，我们考虑了两个可能影响估计弹性的因素：全国水平对城市水平，北方水平对南方水平。为了解释估计的地区差异，我们定义了四个哑变量 Z_{j14}、Z_{j15}、Z_{j16}、Z_{j17} 来代表地区的不同，见表 8.4。

（6）用户类型。不同的用户使用天然气的目的不同，因此对天然气价格的变化有着明显的反应，从而产生不同的弹性。本章考虑了以下类型的用户：居民、工业、商业、电力和所有。我们引入 Z_{j18} 等哑变量来描述用户类型的不同，见表 8.4。

（7）价格管制。由于天然气在国计民生中占有举足轻重的地位，我国天然气价格长期受政府控制，基本保持稳定。波动性和波动频率很小，因此天然气价格难以起到调节供需矛盾的作用。我们令 $Z_{j23}=1$ 代表考虑价格管制，$Z_{j23}=0$ 代表不考虑价格管制的情况。

以上对七个主要因素的详细描述，为我们的元回归模型提供了有用的输入。表 8.4 显示了模型中包含的解释变量的描述和分配。

8.3.2 研究方法

天然气需求价格弹性的元回归分析试图通过引入初步研究的各种因素来解释是什么系统地影响了弹性估计。在这项研究中，我们遵循了由 Stanley 和 Jarrell（2005）首先提出，随后由 Nelson 和 Kennedy（2009）及 Labandeira 等（2017）开发的方程，以解释本章中涉及的这些弹性的变化见式（8.1）。具体而言，以弹性的估计为因变量，以数据类型、样本周期、模型分析、估算方法等因素为自变量。根据 Espey（1996）的研究，由于弹性是无单元的，并且在不同的研究中具有可比性，因此可以将弹性作为一种效应大小。

$$b_j = \beta + \sum_{k=1}^{23} a_k Z_{jk} + e_j, \quad j = 1, 2, \cdots, L \tag{8.1}$$

本章应用式（8.1）解释了天然气消费量中 SO、LO、SC-Coal、SC-Elec、SC-Oil 估算值的变化，并分别给出了五种弹性类型的平均值。

8.4 实证结果分析与讨论

8.4.1 价格弹性值探讨

对式（8.1）进行固定效应模型和 OLS 分析，得到了各种价格弹性的平均价格弹性值和参数估计值，如表 8.5 所示。

表 8.5 各类实证文献中的平均价格弹性

名称	观察数量	固定效应模型	OLS	平均价格弹性值
SO	32	−1.521	−1.312	−0.718
LO	12	0.410	0.502	0.281
SC-Coal	9	−0.762	−0.762	0.456
LC-Coal	4	—	—	0.008
SC-Elec	15	2.122	2.248	1.202
LC-Elec	1	—	—	1.884
SC-Oil	17	2.267	2.279	0.683
LC-Oil	3	—	—	1.275

天然气自有价格弹性在长期内不太敏感，但在短期内绝对值非常敏感。如表 8.5

所示，对于 SO 和 LO，固定效应模型报告的平均值分别为–1.521 和 0.410，OLS 估计分别为–1.312 和 0.502。这意味着天然气消费量在短期内会随着天然气自身价格的下降而增加，从长期来看，天然气消费量将随着天然气自身价格的上升而增加，这为实现清洁生产的政策调整奠定了基础。值得注意的是，LO 的绝对值小于 SO 的绝对值。这与需求价格弹性理论和许多其他研究相反，如 Li 等（2012）和 Labandeira 等（2017）发现天然气自有价格弹性为负，并且 LO 大于 SO。事实上，一方面，我国天然气价格监管和市场的不完善影响了天然气价格的调节功能。另一方面，政府控制的天然气价格相对较低，而天然气作为一种清洁高效的能源被广泛、大量地用于改善环境。因此，天然气价格上涨不会导致消费减少，从长远来看敏感度较低，这也是在设计清洁生产政策工具时需要承认的。

天然气和煤炭在短期内是互补的，长期缺乏交叉价格弹性。表 8.5 中的结果表明，天然气和煤炭在短期内交叉价格弹性为–0.762，从长期来看，价格弹性为 0.008。SC-Coal 和 LC-Coal 都显示出缺乏价格弹性。这一结果与大多数发达国家认为天然气和煤炭互为替代品的结论不一致。我们得出的结论是，短期内煤炭价格上涨会抑制天然气需求，但长期来看不会影响需求增长。这与中国长期以来以煤炭为基础的能源结构有关。我国煤炭资源相对丰富，而天然气资源相对匮乏。除此之外，我国煤炭价格远低于天然气价格。因此，煤炭价格上涨可能不会带来天然气消费的增加，在促进天然气消费以改善环境时，应特别注意这一点。

天然气和电力在短期和长期都有很强的替代关系。如表 8.5 所示，固定效应模型报告的天然气和电力的交叉价格弹性 SC-Elec 平均为 2.122。在这种情况下，OLS 估计值为 SC-Elec 提供略高的弹性值 2.248。LC-Elec 值为 1.884。结果表明，天然气和电力在短期和长期都有很强的替代关系。这个结论与 Li 等（2012）的结论相反。从世界卫生组织得出的结果显示，替代能源和天然气的交叉价格弹性是正的，但相当小，这是通过在全球范围内进行分析得出的。这与我国实际的能源消费情况是一致的。事实上，与电力价格相比，中国的天然气价格相当低。巨大的价格差距使得替代关系很强。对于清洁生产来说，电价的上涨在短期和长期都会促进天然气的消费。

天然气和石油的交叉价格弹性在短期和长期都表现为富有弹性。从表 8.5 可知，SC-Oil 和 LC-Oil 的平均价格弹性分别为 0.683 和 1.275。此外，OLS 估计为 SC-Oil 提供了略高的弹性值 2.279，弹性相当丰富。结果表明，天然气在我国能源结构中无论从短期还是长期来看都优于石油。这主要是因为中国的天然气价格低于石油价格。油价上涨可以促进天然气消费，因此有必要改变天然气作为石油补充的地位，采取相关措施，促进天然气替代石油。

通过以上分析，我们发现我们的大部分结果与 Li 等（2012）集中于世界范围内天然气的价格弹性的研究结果相反。这反映出我国天然气消费与发达国家有很大不同, 发达国家更注重环境和生活水平。我们的结论是: 由于能源之间的可替代性, 竞争性替代能源价格的变化对天然气消费的影响显著; 中国的天然气消费对电力和石油价格的变化更为敏感, 而对煤炭价格变化的敏感度在短期和长期都不那么敏感。这些结论表明, 提高煤炭、电力和石油的价格可以提高天然气的需求, 这是一项环境友好的行动。

8.4.2　SO、LO、SC-Coal、SC-Elec、SC-Oil 的参数讨论

1. 自有价格弹性

表 8.6 的面板 A 为基于式 (8.1) 的短期自有价格弹性 SO 参数估计结果。根据 Espey 和 Espey (2004) 的研究, 时间序列研究的估计通常比其他类型的数据更具弹性。我们的结论是, 在中国, 横截面数据取代时间序列数据对 SO 估计的影响更大。就样本周期而言, "2008～2013 年"系数为 3.499, 表明 2008 年金融危机导致短期价格弹性较高。值 5.761 和 5.451 表示使用 AEC 或 LLM 模型进行估计的研究通常比使用 ADRL 或 CECM 的研究产生更高的值。除此之外, 居民和商业数据通常比工业消费者数据产生更大的影响。此外, 无论是否考虑价格管制, 研究结果之间均存在显著差异, Z_{j23} 系数为 3.394。综上所述, 在估算我国天然气消费的短期自有价格弹性时, 在原始数据集的选择上, 应注意数据类型、样本周期、模型分析、估算方法、地理区域、用户类型、价格管制等因素。

表 8.6　SO、LO 的参数估计结果

描述	变量	描述	面板 A: SO 的参数估计		面板 B: LO 的参数估计	
			固定效应模型	OLS	固定效应模型	OLS
常数项	β	截距项	−1.521	−1.312	0.410	0.502
数据类型	Z_{j1}	时间序列数据	−2.918***	−3.490**	—	—
	Z_{j2}	横截面数据	4.550***	4.474**	—	—
	Z_{j3}	面板数据	—	—	—	—
样本周期	Z_{j4}	2008 年以前	—	—	—	—
	Z_{j5}	2008～2013 年	3.499***	3.634**	0.272	0.280
	Z_{j6}	2013 年之后	—	—	—	—
模型分析	Z_{j7}	AEC	5.761***	5.554**	−2.973***	−3.071
	Z_{j8}	LLM	5.451***	5.230**	2.721***	2.722
	Z_{j9}	ARDL	4.449***	4.677**	3.008***	2.910*
	Z_{j10}	CECM	4.036**	4.540**	—	—
	Z_{j11}	AIDS	—	—	—	—

续表

描述	变量	描述	面板 A：SO 的参数估计		面板 B：LO 的参数估计	
			固定效应模型	OLS	固定效应模型	OLS
估算方法	Z_{j12}	QR	−5.516***	−5.409**	—	—
	Z_{j13}	LS	−5.053***	−5.041**	—	—
地理区域	Z_{j14}	中国	−0.415	−0.415	—	—
	Z_{j15}	中国城市	−1.595***	−1.012	—	—
	Z_{j16}	中国北方	−1.170	−1.170	—	—
	Z_{j17}	中国南方	—	—	—	—
用户类型	Z_{j18}	居民	−3.392***	−3.527***	−3.688***	−3.788
	Z_{j19}	工业	−2.685***	−2.894**	−2.686***	−2.013
	Z_{j20}	商业	−3.442***	−3.579***	1.154**	0.626
	Z_{j21}	电力	—	—	—	—
	Z_{j22}	所有	—	—	—	—
价格管制	Z_{j23}	考虑	3.394***	2.537***	—	—
			QE(df = 15) = 34.407 1 P = 0.003 0 R^2 = 0.850		QE(df = 4) = 19.543 2 P = 0.000 6 R^2 = 0.949	

***、**、*分别表示估计结果在 1%、5% 和 10% 水平下显著

表 8.6 的面板 B 给出了基于式（8.1）的长期自有价格弹性 LO 参数估计结果。Z_{j5} 的系数为 0.272 意味着使用 2008～2013 年的数据集并没有对 LO 估计产生很大影响。AEC、LLM 和 ARDL 模型对弹性估计的影响程度相似。LLM 和 ARDL 方法确实对弹性估计有积极的影响，而 AEC 却有负面影响。Z_{j18}、Z_{j19} 和 Z_{j20} 的系数表明，使用工业数据和居民数据来估计 LO 的研究比使用商业数据或其他方法的研究在绝对值上可以获得更多的弹性值。综上所述，在对中国天然气消费的长期自身价格弹性进行估计时，应充分注意样本周期、模型分析和用户类型。

2. 交叉价格弹性

表 8.7 的面板 A 为基于式（8.1）的石油—煤炭短期交叉价格弹性 SC-Coal 参数估算结果。显然，研究中使用的中国北方层面的数据产生的弹性（绝对值）略高于国家层面的数据。Z_{j1} 和 Z_{j2} 的系数分别为−0.184 和 1.130，这表明在估算 SC-Coal 时，横截面研究报告的绝对弹性估计值高于时间序列研究。这些结果还表明，与居民或工业需求相比，商业天然气需求对煤炭价格的短期敏感性更高。

通过讨论，我们可以得出结论：数据类型、模型分析、地理区域和用户类型是估计中国天然气需求短期交叉价格弹性的重要因素。

表 8.7 SC-Coal、SC-Elec、SC-Oil 的参数估计结果

描述	变量	描述	面板 A：SC-Coal		面板 B：SC-Elec		面板 C：SC-Oil	
			固定效应模型	OLS	固定效应模型	OLS	固定效应模型	OLS
常数项	β	截距项	−0.762	−0.762	2.122	2.248	2.267	2.279
数据类型	Z_{j1}	时间序列数据	−0.184	−0.184	0.017	0.017	0.162	0.162
	Z_{j2}	横截面数据	1.130	1.130	0.365	0.365	−0.333	−0.319
	Z_{j3}	面板数据	—	—	—	—	—	—
样本周期	Z_{j4}	2008 年以前						
	Z_{j5}	2008～2013 年	—	—	−0.233	−0.359	−0.978	−0.990
	Z_{j6}	2013 年以后						
模型分析	Z_{j7}	AEC						
	Z_{j8}	LLM	−0.324	−0.324	−1.455	−1.455	—	—
	Z_{j9}	ARDL						
	Z_{j10}	CECM					—	—
	Z_{j11}	AIDS					—	—
估算方法	Z_{j12}	QR			0.388	0.434	0.395	0.208
	Z_{j13}	LS	—	−0.140	—	—	—	—
地理区域	Z_{j14}	中国	−0.138	−0.138	−0.022	−0.022	−0.393	−0.393
	Z_{j15}	中国城市						
	Z_{j16}	中国北方	0.448	0.448	−0.213	−0.213	−0.505	−0.505
	Z_{j17}	中国南方	—	—	—	—	—	—
用户类型	Z_{j18}	居民	1.418	1.418	—	—	−0.776	−0.776
	Z_{j19}	工业	0.390	0.390	—	—	−0.735	−0.735
	Z_{j20}	商业	4.948***	4.948			—	—
	Z_{j21}	电力	—	—	—	—	—	—
	Z_{j22}	所有	—	—	—	—	—	—
价格管制	Z_{j23}	考虑					—	—
			QE(df = 0) = 0.000 0 $P = 1.000\ 0$ $R^2 = 1.000$		QE(df = 7) = 52.081 3 $P<0.000\ 1$ $R^2 = 0.517$		QE(df = 8) = 33.882 4 $P<0.000\ 1$ $R^2 = 0.224$	

***、**、*分别表示估计结果在 1%、5%和 10%水平下显著

表 8.7 的面板 B 给出了基于式（8.1）的天然气—电力短期交叉价格弹性 SC-Elec 参数估计结果。具体而言，横截面数据对 SC-Elec 的估算影响较大，这与 SO 和 SC-Coal 的情况相似。2008～2013 年虚拟数据的系数–0.233 表示 2008 年金融危机的轻微负面影响。此外，在收集的研究中使用的模型 LLM 确实对 SC-Elec 估计产生了很大的影响。考虑到不同的地区，我们发现，与全国水平相比，北方地区对电力供应的影响更大。总之，在估算我国天然气需求的短期交叉价格弹性时，应考虑数据类型、样本周期、模型分析、估算方法和地理区域等因素对弹性值估计的影响。

表 8.7 的面板 C 为基于式（8.1）的石油—天然气短期交叉价格弹性 SC-Oil 参数估算结果。显然，横截面数据比时间序列数据对石油预测的影响更大。此外，采用 2008～2013 年数据集的研究可以导致绝对值的价格弹性高于中国其他数据时期。对于 SC-Oil，中国水平数据、中国北方地区水平数据、工业和居民数据都会对弹性估计产生负面影响，但应用居民水平数据和工业水平数据的结果没有显著差异。综上所述，在估算我国天然气需求的短期交叉价格弹性时，应注意数据类型、样本周期、估算方法、地理区域和用户类型对弹性值估计的影响。

3. SO、LO、SC-Coal、SC-Elec、SC-Oil 参数的综合分析

我们对个别调节变量的研究结果表明，几乎所有变量都可以用来解释所报告的弹性值的差异。考虑到数据类型这一术语，在估算中国天然气需求的 SO、SC-Coal、SC-Elec 和 SC-Oil 时，横截面数据得出的价格弹性（在绝对值上，如之前的比较中）明显高于时间序列数据的价格弹性。在 2008 年的金融危机中，SC 的各种波动几乎影响了 2008 年的天然气价格。就模型分析而言，LLM 的使用对中国天然气需求的 SO、LO、SC-Coal 和 SC-Elec 的估算产生了广泛的影响，而 AEC 和 ARDL 等其他模型则影响了 SO 和 LO 的估算。至于估算方法一词，使用 QR、LS 或其他方法的估计结果之间没有系统性差异。就地理区域而言，中国北方地区的天然气在 SO、SC-Coal、SC-Elec 和 SC-Oil 的价值上对价格的敏感性要低得多。就用户类型而言，在估计 SO 和 SC-Coal 时，商业需求的价格弹性显著高于工业和住宅需求的价格弹性。然而，在估算石油时，情况恰恰相反。当谈到价格管制时，只有考虑到这个术语，价值才会受到影响。

8.5　主要结论与启示

在本章中，我们利用从原始文献中选择的整套结果进行元回归分析，以提供天然气弹性的基准值，并确定研究特征对这些弹性值的影响。结果表明，天然气

需求的短期和长期平均自有价格弹性分别为-1.521 和 0.410。就平均而言，本章还报告了中国天然气需求的交叉价格弹性，SC-Coal 为0.456，LC-Coal 为 0.008，SC-Elec 为 1.202，LC-Elec 为 1.884，SC-Oil 为 0.683，LC-Oil 为 1.275。还提供了SO、LO、SC-Coal、SC-Elec、SC-Oil 的参数值。

我们之前研究的 SO、LO、SC-Coal、LC-Coal、SC-Elec、LC-Elec、SC-Oil、LC-Oil 的平均值与 Li 等（2012）和 Labandeira 等（2017）的研究结果不同。综上所述，这可能是因为我们的研究重点不是世界范围内的天然气需求，而是集中在中国天然气需求的价格弹性上。另外，我国天然气市场的价格规制和不完善是导致我国大多数结果与其他结果相悖的主要原因。这也反映出我国天然气消费与目前天然气市场较为成熟的发达国家存在较大差异。图 8.1～图 8.4 显示了从原始文献中收集的弹性值的分散性，我们的结果是这些值在元回归模型中的组合效应结果。显然，我们的结果与我们分析中涉及的初步研究结果是一致的。

本章对价格弹性分析的结论如下。首先，天然气价格弹性表明，天然气消费量短期内随自身价格的下降和长期内的增加而增加。其次，从长远看，天然气与煤炭之间存在着轻微的替代关系；而从短期来看，天然气与煤炭是互补的。最后，天然气与电力或石油在短期和长期都存在着较强的替代关系。这些结论使我们可以得出结论，通过提高煤炭或石油价格促进绿色发展和清洁生产，可以促进天然气消费。

本章还分析了是什么原因导致了先前估计的变化，以及它们是如何产生影响的。我们根据回归模型的估计，系统地解释了影响因素（或从以往研究中提取的特征）如何影响 SO、LO、SC-Coal、SC-Elec、SC-Oil 的平均弹性值，并给出了我们对每种弹性的结论。根据我们的结论，我们可以对具体的弹性做出精确的估计。例如，在对超临界原油进行估算时，数据类型、样本周期、估算方法、地理区域及用户类型等因素可能导致初级估计的异质性，因此在选择数据时应充分注意这些因素。此外，在计算 SO 时，本章列出的几乎所有因素都应考虑在内。

第9章 基于 DCC-GARCH-NARDL-ARDL-ECM
框架下中国天然气市场国际视野分析

9.1 中国天然气市场的国际地位

据预计，未来几年中国将会面临大量迅速增长的天然气消费需求（Zeng and Li，2016；Zhang and Yang，2015；邹才能等，2018）。但由于中国受天然气资源及自主开采能力的限制，未来中国将不得不面临大量从国外进口天然气的状况（Lin and Wang，2012；Wang et al.，2013；Wang et al.，2016a）。天然气的对外依存度可能会从 2016 年的 34%升至 2040 年的 43%。尽管近些年中国先后成立了两个天然气交易所，逐渐开放了天然气市场定价体系，但目前为止中国仍未建立起由供需关系相互驱动作用的完整市场机制。因此，在尚不具备成熟天然气定价体系的背景下，从国际市场上大量进口天然气必然会对中国的天然气市场价格产生巨大影响（Lin and Wang，2012），甚至可能会威胁到中国的天然气供应安全。目前，运输渠道的限制使得管道气市场具有一定的区域性特征。与此相反，由于船运、槽车运输及罐箱运输等多种 LNG 运输技术的逐渐成熟，高效并且低成本的输送方式加速了 LNG 的全球化及金融化的发展进程。相较于管道气，LNG 在解决国际天然气市场地区间短期的供需失衡问题上具有更为显著的优势。基于此，本章以具备更强流动性特征的 LNG 市场价格为例，模拟测算了世界各主要天然气市场间风险的动态波动溢出效应，并且针对这种效应对中国天然气市场价格波动可能产生的具体影响进行了估计。本章通过对中国与世界天然气市场间价格关系的研究，以期可以为中国未来逐步接轨世界天然气市场，改革自身定价体系提供重要参考。

9.2 国内外研究状况

已有研究表明，2011 年之前各大洲的天然气市场间贸易的影响较为有限，世界天然气市场的一体化程度还相对较低（Siliverstovs et al.，2005；Geng et al.，2014）。除了因为各地区的天然气市场定价机制不同外，还因为不同地区中存在的价格歧视和套利限制现象。当不同天然气市场间出现不合理的价差时，这些现象限制了全球天然气交易商参与到不同天然气市场中进行套利活动（Ritz，2014）。但是随着近些年一系列重要事件的发生，情况有所改观。如由于页岩气产量的迅速增长，美国逐渐由天然气进口国转变为全球中重要的天然气出口国。在天然气的出口贸易市场中，美国利用自身的成本和价格优势逐渐在欧洲及亚洲的天然气市场上展现出对其他定价较高的天然气出口商的替代潜力（Moryadee et al.，2014；Kumar et al.，2011）；日本不断努力尝试使市场上的 LNG 价格与进口石油价格脱钩，以确立更为合理的亚洲天然气市场参考价格（Vivoda，2014）；俄乌天然气争端事件影响全球 LNG 的供应，使得全球天然气市场供需格局发生重大变化（Egging and Holz，2016）。基于此，部分学者的研究表明，快速一体化的 LNG 市场使得 LNG 贸易出口商之间的竞争已经由区域转向了全球，全世界 LNG 市场将变得更为紧密。因 LNG 自身的高流动性和可随价格信号而转移的特性，不断扩张的全球 LNG 市场将会快速推进世界天然气市场的一体化进程（Chen et al.，2016）。随着世界天然气市场间风险关联程度的逐渐提高，中国需要建立起一套能充分反映市场自身供给需求关系，并与国际天然气市场变化联动的价格机制，以保护天然气进口商、供应商和消费者的利益。因此，正确把握国际天然气市场的变化及其与中国天然气市场之间的关系，从而为中国的天然气市场改革提供科学的参考依据是很具有现实价值的。

关于市场之间的相互作用和中国天然气市场价格改革方面的问题，国内外学者的许多研究为本章提供了很好的借鉴：Shi 和 Variam（2016）利用 Nexant 世界气体模型研究了东亚定价基准的改变和增加天然气合同灵活性的变化对东亚区域及全球气体市场的影响。Zhang 等（2018）利用 ARDL 等研究方法，从多部门视角考察了中国不同行业的天然气需求弹性。其结果表明：除居民部门外，中国其他行业部门的天然气长期需求价格弹性与发达国家相比是相反的。施训鹏（2017）研究总结了欧洲天然气交易枢纽发展的成功经验，讨论了其对中国天然气市场发展的启示。Dong 等（2017）从历史发展的角度深入分析了中国天然气产业进一步改革所面临的主要问题和挑战，并提出了股份制改革才是中国未来天然气市场改革的重点的观点。综上所述，近些年来众多学者的相关研究多集中于比较中国和发达国家的天然气市场之间采用不同定价机制的差别关系，或分析中国天然气市场价格改革具体途径等方面。但是部分文章较偏向于定性研究，缺乏对国际天然气市场代表区域或价格选取的定量依据；并且在刻画市场间的影响关系时多以静态和线性关系为主，未能系统地考量现实中市场间相互影响的复杂场景。基于此，本章从动态、非对称及非线性等多个角度出发对以上问题进行了研究。

本章的主要贡献在于：①考察了近年来世界天然气市场间联动关系的变化，并测算了这种关系变化的时变特征。区别于其他同类研究，本章给出了如何划分世界天然气市场区域分布的定量依据。此外，本章证实了世界天然气市场一体化程度整体偏低的现状。②依据世界天然气市场各区域间风险联动强度的大小对国际天然气市场的代表价格进行了选取，并在中国放开非常规天然气市场定价的情景下，测算了世界天然气市场价格波动对中国天然气市场价格的具体影响，从多角度印证了这种影响中所存在的区域差异和时期差异。据此为中国天然气产业的长期可持续发展提出了一系列政策建议。

总的来说，本章构建了 DCC-GARCH-NARDL-ARDL-ECM 这一分析框架。在此框架下考察了近些年来世界各主要区域天然气市场之间的动态联动关系变化及在这种变化下国际天然气市场价格波动对中国天然气市场价格产生的具体影响，此外还分析了产生这些变化可能的原因及对中国未来天然气市场发展的启示。

9.3　数据说明与研究方法

9.3.1　数据说明

在研究不同区域天然气市场之间的价格联动关系时，本章对世界上主要的天然气消费地区、出口地区及那些已经引入了市场竞争定价机制且具备发达天然气交易中心的地区进行了筛选。具体选取的国家和地区有远东地区、中东地区、美国、欧洲、中国及日本。在天然气价格指标上，美国及中东地区选择了现货丙烷的离岸价作为其各自天然气市场的代表价格。日本、欧洲及远东地区则选取了现货丙烷的到岸价作为其各自天然气市场的代表价格。中国则选取了国内的 LNG 现货基准价格作为自身的代表价格。2014 年作为中国彻底放开非常规天然气市场定价的第一年，对中国天然气市场价格体系的改革及重新审视国内外天然气市场之间的关系具有重要意义。因此，本章数据区间选为 2014 年 4 月 24 日到 2018 年 3 月 5 日，剔除个别日的缺失数据，选取样本中共有 855 组观测数据。初始数据均来源于 Wind 数据库。

在研究国际天然气价格冲击对中国天然气价格的影响时，参照 ARDL 系列模型对于样本数据的频率要求，在此部分的研究中，本章选取了 2014 年 1 月到 2017 年 6 月的中国（CHN）、日本（JPN）、美国（US）及欧洲（EUR）的 LNG 月度价格数据作为研究样本进行建模。初始数据均来源于 Wind 数据库。

在本章的研究中，各市场的收益率序列通过对原始数据取对数后进行差分得到，即

$$r_{i,t} = \ln(p_{i,t}) - \ln(p_{i,t-1}) \tag{9.1}$$

式中，$p_{i,t}$ 为第 i 个市场在第 t 日的天然气市场价格；$p_{i,t-1}$ 为第 i 个市场在第 $t-1$ 日的天然气市场价格。

9.3.2　研究方法

1. DCC-GARCH 模型

在研究国际天然气市场价格波动对中国天然气市场产生的影响之前，本章先测算了国际主要天然气市场之间的风险波动溢出关系，并且分析了近年来国际主要天然气市场间一体化程度的变化，对国际天然气市场的代表价格进行了选取。考虑到中国和国际主要天然气市场间的价格联动关系可能存在着动态时变性的特征，所以本节选用了动态条件相关广义自回归条件异方差（dynamic conditional corelational generalized auto-regressive conditional heteroscedasticity，DCC-GARCH）模型对其进行了具体测算，以期给出其相关关系的动态变化过程。

本章选用由 Engle（2002）提出的 DCC-GARCH 模型形式，模型表示为

$$r_t \mid \varphi_{t-1} \sim N(0, H_t) \tag{9.2}$$

$$H_t = D_t \rho_t D_t \tag{9.3}$$

$$\rho_t = J_t Q_t J_t \tag{9.4}$$

$$Q_t = (1 - \theta_1 - \theta_2)\overline{Q} + \theta_1 Q_{t-1} + \theta_2 \eta_{t-1} \eta'_{t-1} \tag{9.5}$$

式中，r_t 为 k 种不同资产的收益率序列；φ_{t-1} 为 r_t 在 t 时刻所能搜集到的信息集；H_t 为条件协方差矩阵；D_t 为在时间 t 的 k 准波动率矩阵；ρ_t 为在求出标准化残差向量后所得到的动态条件相关系数矩阵；$J_t = \text{diag}\left\{q_{11,t}^{\frac{1}{2}}, q_{22,t}^{\frac{1}{2}}, \cdots, q_{kk,t}^{\frac{1}{2}}\right\}$，其中，$q_{ii,t}$ 为 Q_t 的第 (i, i) 个元素；$Q_t = (q_{ij}, t)$ 为标准化残差序列条件协方差矩阵；$\overline{Q}$ 为标准化残差 η_t 的无条件协方差矩阵；θ_1、θ_2 为满足 $0 < \theta_1 + \theta_2 < 1$ 的非负刻度参数。

2. NARDL 模型

考虑到现实中经济活动的复杂性，经济变量之间的相互影响往往是以非对称的形式存在。因此本着从一般到特殊的原则，本章在假设国际天然气价格波动对中国天然气价格的影响是非对称的前提下，参照由 Shin 等（2014）提出的一种非线性、非对称协整方法，进行了以下的研究。

非线性分布滞后（nonlinear auto-regressive distributed lag，NARDL）模型的一般形式表示如下：

$$\Delta y_t = c + \rho y_{t-1} + \theta^+ x_{t-1}^+ + \theta^- x_{t-1}^- + \sum_{i=1}^{p-1} r_i \Delta y_{t-i} + \sum_{i=0}^{q-1} (\pi_i^+ \Delta x_{t-i}^+ + \pi_i^- \Delta x_{t-i}^-) + \varepsilon_t \tag{9.6}$$

式中，y_t 为中国 LNG 市场价格第 t 期的变化幅度；p 和 q 分别为因变量和自变量分布滞后的最大阶数；ρ、θ、r_i、π_i 为回归系数。其中 $x_t = x_0 + x_t^+ + x_t^-$，$x_t$ 为

可能会影响中国天然气市场价格变动的解释变量，即日本天然气价格、美国天然气价格和欧洲天然气价格。x_0 为解释变量的初始值，x_t^+ 和 x_t^- 分别为 x_t 受到的正向和负向冲击。x_t^+ 和 x_t^- 具体表示为

$$x_t^+ = \sum_{j=1}^{t} \Delta x_j^+ = \sum_{j=1}^{t} \max(\Delta x_j, 0)$$

$$x_t^- = \sum_{j=1}^{t} \Delta x_j^- = \sum_{j=1}^{t} \min(\Delta x_j, 0)$$

(9.7)

式中，$\Delta x_j = x_j - x_{j-1}$。通过建模测算的长期系数 $\beta^+ = \dfrac{-\theta^+}{\rho}$ 和 $\beta^- = \dfrac{-\theta^-}{\rho}$ 分别描述了外部冲击的正向和负向变化对中国天然气价格的长期非对称影响。π_i^+ 和 π_i^- 则分别表示了短期中单位的正向冲击和负向冲击对天然气价格所产生的具体影响。

在建模过程中利用标准的 Wald 检验以检验模型长期的对称性原假设 $\beta^+ = \beta^-$ 和短期的对称性原假设 $\sum_{i=0}^{q-1} \pi_i^+ = \sum_{i=0}^{q-1} \pi_i^-$，根据长期和短期中的对称性假设检验结果选择模型具体形式。若模型同时拒绝了长期和短期中的对称性假设，则模型的具体形式如式（9.6）所示；若模型既不能拒绝长期中的对称性假设，也不能拒绝短期中的对称性假设，则模型简化为如式（9.8）所示的对称的 ARDL(p, q)形式；若模型只单独拒绝了长期对称性的假设，则模型构建成如式（9.9）所示的长期非对称而短期对称的 NARDL 形式；若只单独拒绝了短期对称的假设，则模型构建成如式（9.10）所示的长期对称而短期非对称的 NARDL 形式。

$$\Delta y_t = c + \rho y_{t-1} + \theta x_{t-1} + \sum_{i=1}^{p-1} r_i \Delta y_{t-i} + \sum_{i=0}^{q-1} \pi_i \Delta x_{t-i} + \varepsilon_t \qquad (9.8)$$

$$\Delta y_t = c + \rho y_{t-1} + \theta^+ x_{t-1}^+ + \theta^- x_{t-1}^- + \sum_{i=1}^{p-1} r_i \Delta y_{t-i} + \sum_{i=0}^{q-1} \pi_i \Delta x_{t-i} + \varepsilon_t \qquad (9.9)$$

$$\Delta y_t = c + \rho y_{t-1} + \theta x_{t-1} + \sum_{i=1}^{p-1} r_i \Delta y_{t-i} + \sum_{i=0}^{q-1} (\pi_i^+ \Delta x_{t-i}^+ + \pi_i^- \Delta x_{t-i}^-) + \varepsilon_t \qquad (9.10)$$

在进行 ARDL 模型估计时，本章参照由 Pesaran 等（2011）提出的 ARDL 模型形式将式（9.8）转换为等价的基于 ARDL 模型的误差修正模型形式。模型具体形式如式（9.11）所示。

$$\Delta y_t = c + \rho \xi_{t-1} + \sum_{i=1}^{p-1} r_i \Delta y_{t-i} + \sum_{i=0}^{q-1} \pi_i \Delta x_{t-i} + \varepsilon_t \qquad (9.11)$$

误差修正项 $\xi_{t-1} = y_{t-1} - \beta x_{t-1}$，调整系数 ρ 反映了 y_{t-1} 关于 x_{t-1} 在 $t-1$ 期发生偏离时的调整速度。其中 $\beta = \dfrac{-\theta}{\rho}$ 描述了解释变量的变化与被解释变量之间的长期关系。

9.4 实证结果分析与讨论

9.4.1 DCC-GARCH 模型估计结果分析

1. GARCH 模型估计

样本收益率序列的描述性统计结果如表 9.1 所示,可以看出,全部的收益率序列均通过了 ADF 检验,表明中国、美国、远东、日本、中东和欧洲的天然气市场的收益率序列都为平稳序列,避免了对其直接建模可能会产生的伪回归问题。而且经检验这些序列的峰度都远大于 3,表明了这些变量普遍具有尖峰厚尾的特征。

表 9.1 收益率序列的描述性统计

类别	中国	美国	远东	日本	中东	欧洲
均值	-0.064	-0.045	-0.075	-0.074	-0.064	-0.064
标准差	1.336	3.090	2.615	2.696	2.800	3.111
偏度	-0.918	-0.062	0.318	0.320	-0.261	0.611
峰度	20.914	8.305	6.022	6.345	9.676	13.337
J-B 检验	11 551.970	1 003.248	339.767	413.165	1 597.275	3 859.644
概率	0.000	0.000	0.000	0.000	0.000	0.000
$Q(5)$	162.410*** (0.000)	12.714** (0.026)	16.690*** (0.005)	9.727* (0.083)	18.657*** (0.002)	34.908*** (0.000)
$Q(10)$	180.460*** (0.000)	26.123*** (0.004)	20.357** (0.026)	12.662 (0.243)	24.190*** (0.007)	39.979*** (0.000)
单位根检验	-19.840***	-27.522***	-22.127***	-28.097***	-22.847***	-19.432***
观察值	855	855	855	855	855	855

***、**、*分别表示在 1%、5% 和 10% 的显著性水平下统计显著

在对以上序列进行自相关检验时,从表 9.1 中的 $Q(5)$、$Q(10)$ 统计量的检验结果可以看出,在选取滞后一至五阶及滞后一至十阶两种情景下,在 5% 的显著性水平下除了日本外,各个国家和地区的收益率序列都是显著自相关的。表明各个国家和地区(日本除外)的收益率序列具有明显的波动率集聚现象。也就是说它经常会呈现出较大波动跟着较大波动、较小波动跟着较小波动的特征。而对于日本的天然气市场的收益率序列来说,检验结果表明其收益率序列在 5% 的置信水平下并不存在自相关现象。所以本节同时对日本天然气收益率序列的平方值和绝

对值进行了序列自相关检验，结果如表 9.2 所示。可以看出，日本天然气价格的收益率并不是序列独立的。虽然其原序列不存在自相关现象，但是存在一定的相依性，解释了其序列自身所存在的波动率聚集的现象。综上，本章所选取的各主要国家和地区的 LNG 价格收益序列均具有明显的尖峰厚尾及波动率聚集现象，所以基于此特征本章采用广义自回归条件异方差（generalized auto-regressive conditional heteroskedastictity，GARCH）模型来拟合此类样本数据。

表 9.2　日本收益率序列的平方值和绝对值自相关检验结果

统计量	日本收益率平方值	日本收益率绝对值
$Q(5)$	38.820（0.000）	70.560（0.000）
$Q(10)$	85.726（0.000）	141.98（0.000）

在建立单变量 GARCH 模型的过程中，本章采用施瓦茨准则和 AIC 准则来确定模型的最优滞后阶数。除日本外，其他国家和地区的收益率序列均利用 ARMA 模型来建立单变量 GARCH 均值方程。而日本因为自身的收益率序列不存在自相关性，所以对其直接去均值建立均值方程即可。对比分析多次的估计结果，最终各国得到的最优的均值方程如下。

（1）远东：$R_t = -0.092R_{t-2} + a_t$。

（2）日本：$R_t = -0.074 + a_t$。

（3）美国：$R_t = 0.093R_{t-8} - 0.089a_{t-5} + a_t$。

（4）中国：$R_t = 0.338R_{t-1} + 0.084R_{t-2} + a_t$。

（5）欧洲：$R_t = -0.134R_{t-3} + 0.125a_{t-1} + a_t$。

（6）中东：$R_t = -0.092R_{t-2} + 0.096R_{t-4} + a_t$。

对以上全部均值方程的残差序列进行自相关检验，检验结果显示其 Q 统计量对应的 P 值较大，表明不可拒绝其原假设（即残差序列不存在自相关）。接下来对以上方程中所得到的残差序列进行自回归条件异方差（autogressive conditional heteroske dastictity，ARCH）效应检验。对于除了日本之外的其他国家和地区来说，其方程的残差序列都存在显著的 ARCH 效应，表明可以对建立的 GARCH 模型进行分析。而对于日本来说，因为其收益率序列不存在自相关现象，其未建立 ARMA 模型，所以对其残差序列的平方值进行自相关检验，并检验其残差序列是否具有 ARCH 效应。得到的结果显示日本的去均值残差平方序列存在着显著的自相关现象，即表明了日本的残差平方序列也存在着显著的 ARCH 效应。因此可以对建立的 GARCH 模型进行分析，根据以上确定的自回归均值方程，本章采用了 GARCH(1, 1)模型结合极大似然法对其收益率的具体波动进行了重新估计，结果如表 9.3 所示。

表 9.3　GARCH(1, 1)模型估计结果

地区	W（z 值）	α（z 值）	β（z 值）	$\alpha + \beta$
中国	0.4069（14.68）	0.2198（11.43）	0.5355（20.16）	0.7553
美国	0.2956（4.96）	0.1202（8.00）	0.8609（49.40）	0.9811
日本	0.0717（4.66）	0.0422（5.41）	0.9500（113.88）	0.9922
中东	3.9974（8.32）	0.2248（7.10）	0.2803（3.45）	0.5051
远东	0.0794（4.51）	0.0440（5.17）	0.9464（103.28）	0.9904
欧洲	0.1233（3.58）	0.0699（9.88）	0.9206（111.26）	0.9905

由表 9.3 的估计结果可知，以上针对各个国家和地区所建立的 GARCH 模型，其残差序列经检验已无自相关现象及 ARCH 效应，说明本章所建立的 GARCH 模型对均值和方差的设定是合理的。对于表 9.3 中待估参数来说，其估计量均通过了 z 检验，并且除了中东地区的 $\alpha + \beta$ 值偏小外，其他国家和地区的 $\alpha + \beta$ 估计值都较大。说明大多数的国家和地区的 LNG 价格波动具有显著的持续性特征。值得注意的是，相比之下，日本和远东地区的 β 值较其他国家和地区的估计值来说相对较大。说明日本和远东地区的天然气市场价格波动持续性相对较长，也就是说对于同一个冲击，这两个地区的天然气市场对冲击的吸收和反映周期会更长。

2. 单变量 GARCH 模型估计

基于以上得到的估计结果，本章构建了 15 个不同的 DCC-GARCH 模型，以估算世界不同区域天然气市场之间波动关系的大小及动态变化。具体估计结果如表 9.4 所示。

表 9.4　DCC-GARCH 模型估计结果

市场组合	α	β	最小值	最大值
中国—日本	8.84×10^{-8}	0.9902	0.1031	0.1031
中国—美国	7.24×10^{-10}	0.9816	0.1342	0.1342
中国—远东	1.22×10^{-8}	0.9918	0.1378	0.1378
中国—欧洲	7.81×10^{-10}	0.9871	0.1543	0.1543
中国—中东	5.64×10^{-9}	0.9866	0.1245	0.1245
日本—远东	0.0529	0.8694	0.8593	0.9913
日本—美国	3.76×10^{-8}	0.9839	0.3989	0.3989
日本—欧洲	4.58×10^{-9}	0.9807	0.4464	0.4464
日本—中东	0.1086	0.8054	0.0589	0.9621

续表

市场组合	α	β	最小值	最大值
远东—美国	2.12×10^{-9}	0.9832	0.4212	0.4212
远东—欧洲	3.67×10^{-9}	0.9813	0.4626	0.4626
远东—中东	0.1126	0.8119	0.0996	0.9672
美国—欧洲	0.0062	0.9866	0.2701	0.5056
美国—中东	0.0529	0.6492	-0.0524	0.6831
欧洲—中东	2.65×10^{-8}	0.9774	0.4066	0.4066

注：表中最小值及最大值分别表示的是不同国家或地区之间估计的波动率最小值和最大值

首先，从表 9.4 中的估计结果可以看到，各国及各地区的天然气市场间的 α 系数值普遍较小，说明了不同的天然气市场间滞后一期的标准化残差乘积变化对其动态相关系数的变化具有较小的影响。而系数 β 的估计值普遍较大，说明了不同天然气市场间的动态相关系数变化会在较大程度上受到前期市场变动的影响。也就是说这些国家和地区的天然气市场间的相关系数主要是受到前期变动的影响，地区之间的相关性变动具有较强的持续性特征。

其次，从动态相关系数的变化来看，美国—欧洲、美国—中东、日本—远东、日本—中东和远东—中东等国家和地区天然气市场间的动态相关系数具有明显的时变特征，而其他国家和地区间天然气市场的相关系数变化很小，时变特征几乎不存在。

最后，从动态相关系数的数值来看，不同的天然气市场间普遍存在着正相关系数，即不同的天然气市场间的收益率普遍具有正向相关关系。但是在相关关系的大小比较上，不同的天然气市场间存在着较大的差异。在整个样本区间内，远东和中东的天然气市场间保持着较大的动态条件相关系数，系数区间主要集中在 0.75~0.90。日本作为远东地区的重要成员国，自身也与远东、中东的天然气市场保持着较强的价格联动关系。普遍较高的相关系数说明了这些国家和地区的天然气市场间的收益率具有较强的波动正相关性，即市场间价格走势的趋同程度较高。一个市场的波动可以有效地传导到另一个市场中去，市场间的一体化程度较高。并且从估计结果中可以看出，这些天然气市场间的动态相关系数波动区间较小，普遍集中于 0.75~0.90，说明了这些市场之间的长期关系较为稳定。而对于美国和欧洲的市场之间，以及美国、欧洲分别和日本、远东及中东的市场之间来说，其动态相关系数主要集中在 0.35~0.45，表明这些不同的天然气市场之间具备一定的风险传递现象，但是整体的市场一体化程度却相对较低。而对于中国而言，其与日本、美国、远东、欧洲及中东地区市场间的动态相关系数相对较小，主要集中在 0.1 左右。表明了中国的天然气市场与其他国家或地区的天然气市场间存在着显著的分割性，在价格走势上存在较大偏离，即中国和其他地区的天然气市场之间的一体化程度还很低。

综上，首先，远东和中东地区的天然气市场之间一体化程度最深。这主要是因为远东地区近年来一直从中东地区大量进口天然气，使得两者在天然气的供给和消费上具有紧密的联系，从而导致了两地的天然气市场在价格上出现了较强的趋同效应。其次，美国、欧洲分别和中东、远东地区之间呈现出了相对较强的价格联动关系。对于美国来说，主要是因为近些年美国逐渐增加向中东及远东地区出口 LNG，从而加强了自身和远东及中东天然气市场之间的联系。而对于欧洲来说，则主要是因为近年来欧洲一直大量从中东进口天然气，具有和远东地区相似的天然气供给来源结构，从而使得欧洲自身和远东、中东的天然气市场之间在长期中呈现出一定的波动正相关性。另外，近年来美国和欧洲的天然气市场间的价格联动关系呈现出逐渐减弱的趋势，在 2015 年末到 2016 年上半年期间两者间的价格联动关系出现了大幅降低。一方面，这主要是因为近年来美国逐渐由天然气进口国转变为天然气出口国，从而使得 LNG 在美国和欧洲之间跨区域调节气价的能力有所减弱所致。2015 年到 2016 年正是美国对外出口天然气增幅最大的一年（同比增幅 450%），也是美国天然气对外依存度降幅最大的一年。另一方面，受限于不同的天然气市场定价机制，欧美市场间的风险传递关系被进一步削弱。在样本时段内，美国采取利用天然气的现货和期货交易市场对天然气进行定价，天然气价格在较大程度上反映的是其自身的供求关系。而欧洲在天然气的定价上仍还主要采取与国际原油的价格挂钩的方式，价格上更多地反映的是天然气与其替代能源之间的关系。因此，在不同的定价模式下，两市场间并未呈现出较强的联动关系。最后，对于中国的天然气市场来说，与其他国家和地区间的天然气市场一直保持着相对独立且较为稳定的关系。产生这种现象的原因主要在于中国天然气价格双轨制的存在。并且在天然气的定价上我国目前仍采取与燃料油及液化石油气挂钩的方式（权重分别为 60% 和 40%），还未形成"气与气"间定价竞争的格局。虽然近些年来中国逐渐放开了 LNG 和非常规天然气的市场定价，但是国内的 LNG 零售价格增速依旧缓慢并且持续低于进口价格，LNG 价格倒挂的现象依旧严重。居民用气价格严格受控，造成中国进口的 LNG 气化进入城市天然气管网后的价格在一定程度上受到了居民用气价格的限制。价格调整的范围依旧受限，使得国内的天然气成交价格并不能够及时地反映天然气市场上供求关系的变化。

另外，由于日本自身作为远东地区的重要成员，其天然气价格的变动和远东及中东地区的天然气市场价格的变动之间存在着明显的趋同关系。所以本章认为，日本的天然气价格在一定程度上可以作为中东地区和远东地区天然气价格的代表。在下面的研究中，考虑到数据的可得性并且为了尽量减少模型的冗余程度，本章将选择日本的天然气市场价格作为中东地区和远东地区天然气市场的代表价格进行进一步的研究。

根据以上分析结果，可以看到目前全球尚未形成高度一体化的天然气市场。远东地区和中东地区的天然气市场之间一体化程度最高，相关系数具备明显的时变特征并且长期稳定。美国、欧洲和其他地区的天然气市场之间一体化程度较低，目前仍不能视为统一整体。中国则与其他地区的天然气市场之间保持着恒定的分割关系。综合考虑不同天然气市场之间价格联动关系及进一步的建模要求，本章选择将日本、欧洲和美国三个国家及地区的天然气市场价格作为国际天然气市场价格代表进行接下来的研究。

9.4.2　国际天然气价格冲击对中国天然气价格影响分析

在进一步分析国际天然气市场的价格波动对中国天然气市场价格产生的影响之前，本章首先对中国、日本、美国和欧洲的天然气市场收益率序列进行了格兰杰因果检验，结果如表 9.5 所示。可以看出，中国和日本、美国及欧洲的天然气市场收益率序列之间具有单向的格兰杰因果关系。在 1% 的置信水平下，日本、美国和欧洲的天然气价格收益率序列是中国天然气市场收益率序列的格兰杰原因，引入这些变量可以更好地解释中国天然气市场的价格波动情况。但是反过来，中国天然气市场价格的波动在格兰杰意义下却不能解释其他地区的天然气市场价格的波动情况。所以，虽然中国与日本、美国和欧洲的天然气市场之间具有较弱的风险波动溢出效应，但是日本、美国和欧洲的天然气市场价格变动却是影响中国天然气市场价格变化的重要原因。因此，有必要进一步剖析世界天然气市场的价格变动对中国天然气市场价格变动的具体影响。

表 9.5　格兰杰因果关系检验结果

原假设	F 统计量	P 值
美国不是中国的格兰杰原因	9.0070	0.0028
中国不是美国的格兰杰原因	0.0356	0.8504
日本不是中国的格兰杰原因	7.8225	0.0004
中国不是日本的格兰杰原因	0.2684	0.7646
欧洲不是中国的格兰杰原因	10.4839	0.0013
中国不是欧洲的格兰杰原因	0.2302	0.6315

同时，为了避免建模中产生伪回归问题，本章使用单位根检验法对所选取数据原序列及一阶差分序列进行了平稳性检验，结果如表 9.6 所示。中国、日本、

欧洲和美国的原序列均未通过平稳性检验。但是一阶差分序列均是平稳序列，符合利用 NARDL 或 ARDL 模型建模要求。

表9.6　平稳性检验结果

原序列	t 统计量	P 值	一阶差分序列	t 统计量	P 值
中国	−1.7176	0.4151	ΔCHN	−7.0884[***]	0.0000
日本	−0.7555	0.8209	ΔJPN	−4.8877[***]	0.0003
欧洲	−1.1835	0.6725	ΔEUR	−7.0347[***]	0.0000
美国	−1.6556	0.4457	ΔUS	−7.8489[***]	0.0000

***表明在 1%的显著性水平下统计显著

在进行协整及对称关系检验之前，先要确定 NARDL 模型的最佳滞后阶数。本章参照 AIC 准则，采用最大滞后阶数 $p=q=5$ 对模型的滞后阶数进行了具体选取。最终确定中国和日本的天然气市场价格序列之间的最佳滞后阶数为 $p=2$、$q=3$，即采用 NARDL(2, 3)模型对中国和日本之间的天然气价格变动关系进行测算。同理，确定出中国和美国之间的最佳滞后阶数为 $p=2$、$q=1$，中国和欧洲之间的最佳滞后阶数为 $p=2$、$q=1$。按照从一般到特殊的建模原则，根据式（9.6）在中国与日本、美国、欧洲的天然气市场价格之间分别建立无约束的 NARDL 模型，并进行相应的协整及对称关系检验，结果如表 9.7 所示。

表9.7　协整及对称关系检验结果

面板	统计量	日本	美国	欧洲
面板 A：协整检验	t_{BDM}	−4.8487[***]	−7.4234[***]	−7.3290[***]
	F_{PSS}	13.0354[***]	23.9919[***]	25.7565[***]
面板 B：长期及短期非对称性的 Wald 检验结果	W_{LR}	0.0705 （0.7926）	1.0579 （0.3112）	1.3733 （0.2496）
	W_{SR}	0.0008 （0.9774）	0.0575 （0.8119）	0.2075 （0.6517）

注：圆括号里的数字是对应检验结果的 P 值，W_{LR} 表示长期非对称性的 Wald 检验，W_{SR} 表示短期非对称性的 Wald 检验

***表明在 1%的显著性水平下统计显著

从表 9.7 的面板 A 可以看出，在日本、美国、欧洲价格传递的 NARDL 模型中，t 统计量与 F 统计量均在 1%的显著性水平下拒绝原假设。这表明，中国天然气的市场价格与日本、美国、欧洲的天然气市场价格之间存在着显著的协整关系。从表 9.7 的面板 B 可知，无论是在 5%还是 10%的置信水平下都不能够拒绝长期对

称和短期对称的原假设。说明了日本、欧洲和美国天然气价格的上涨及下跌在对中国天然气价格的影响上不存在短期与长期中的非对称效应。因此应选择以对称形式存在的 ARDL(p, q)模型进行接下来的研究（表 9.8）。

表 9.8 ARDL-ECM 模型估计和检验结果

变量	模型 1	模型 2	模型 3
	日本天然气价格 ARDL(2, 3)模型	美国天然气价格 ARDL(2, 1)模型	欧洲天然气价格 ARDL(2, 1)模型
ρ	−0.2652** (0.0228)	−0.2869*** (0.0027)	−0.7428*** (0.0000)
ΔCHN (−1)	0.1984 (0.2248)	−0.0209 (0.9070)	−0.0492 (0.7179)
ΔJPN	−0.0229 (0.7408)	—	—
ΔUS	—	−0.1025 (0.5163)	—
ΔEUR	—	—	0.2587** (0.0138)
ΔJPN (−1)	0.2170*** (0.0052)	—	—
ΔJPN (−2)	−0.2373*** (0.0040)	—	—
C	−0.1202* (0.0536)	−0.1294* (0.0781)	−0.0785 (0.1438)
R^2	0.4362	0.1912	0.4458
W_{CI}	17.8273***	25.3332***	26.1329***
LM test-S	0.2922 (0.5926)	1.1019 (0.3012)	0.0068 (0.9348)
ARCH LM test-S	0.8437 (0.3646)	2.7184 (0.1079)	0.0115 (0.9152)
LM test-L	0.6436 (0.4278)	1.6379 (0.2090)	0.9740 (0.3304)
ARCH LM test-L	3.4912 (0.0696)	0.5918 (0.4466)	0.0064 (0.9368)
CUSUM	稳定	稳定	稳定
CUSUMSQ	稳定	稳定	稳定
L	0.0926*	0.1627*	0.3361***

注：自回归条件异方差-拉格朗日乘数（auto regressive conditional heteroscedasticity-Lagrange multiplier, ARCH-LM）；累积和（cumulative sum，CUSUM）；累积平方和（cumulative sum of squares，CUSUMSQ）。①圆括号中标注的是估计的 P 值。②W_{CI} 表示利用边界检验方法检验方程是否具备协整关系的检验结果。③LM test-S 与 LM test-L 分别表示短期和长期中 LM 检验结果。④ARCH LM test-S 与 ARCH LM test-L 分别表示短期和长期中的 ARCH LM 检验结果。⑤CUSUM 与 CUSUMSQ 分别用来检验短期和长期中解释变量的系数稳定性。⑥L 是解释变量的长期系数估计值

***、**、*分别表示在 1%、5%和 10%的显著性水平下统计显著

    根据表 9.8 的估计结果可知，从模型 2 中 ΔUS 的系数得出在短期中，美国的变动对中国的变动没有显著影响。从模型 1 中 ΔJPN（-1）、ΔJPN（-2）的系数和模型 3 中 ΔEUR 的系数可以看出欧洲和日本天然气价格的变动会影响中国天然气价格。究其原因，一方面，这是因为近些年来日本和欧洲都大量地从中东等地区进口 LNG，从而与中国保持着类似的天然气进口结构。另一方面，是因为在天然气定价方式上中国、日本和欧洲具有一定的相似性，即三者都在一定程度上采用了天然气价格与原油价格挂钩的方式。这种定价方式使得中国和日本、欧洲的天然气市场之间在短期内有着较为紧密的风险传递关系。而美国由于页岩气的大量开采，逐渐由天然气进口国转变为天然气出口国，2013 年至 2017 年天然气出口量年均增速 16.15%。具体来看，估计结果表明在同期中欧洲、美国和日本的变动对中国变动的影响系数分别为：0.2587、-0.1025 和-0.0229。但在 5%的置信水平下，美国和日本的影响系数均不显著，只有欧洲的影响系数通过了显著性检验。欧洲的影响系数表明，在其他条件不变的情况下，欧洲天然气的市场价格每上涨 1%，将会导致中国同期的天然气市场价格平均上涨 0.2587%。在价格变动的滞后影响中，结果显示，中国、欧洲和美国的天然气价格之间不存在滞后效应，而中国与日本天然气价格则相反。这种滞后效应产生的原因是日本天然气市场价格自身作为远东地区天然气市场定价的重要标杆，在中国短期进口天然气的定价过程中具备一定的参考性。

    在长期中，欧洲、美国和日本的变动均对中国变动具备显著的正向影响，其影响系数分别为 0.3361、0.1627 和 0.0926。比较解释变量自身 1 单位的变动对中国变动的影响程度，欧洲最大，美国次之，日本最小。一方面，这是因为近些年来美国大量 LNG 项目的逐渐落地有效推动了 LNG 在全球市场中的快速发展，推动了世界天然气市场逐渐由区域化向全球化一体化的发展进程，加深了世界各国天然气市场在长期中的联动关系。另一方面，是因为近年来在中国积极地融入世界天然气市场的过程中，具备更为发达的天然气交易中心的地区所确定的天然气价格对于中国在长期天然气合同的定价中具备更重要的参考意义。

    此外，LM 和 ARCH-LM 的检验结果分别表明了所得到的回归方程的残差序列不存在序列相关性及 ARCH 效应。本章还采用了 CUSUM 和 CUSUMSQ 的稳定性检验方法以确认方程中解释变量短期系数及长期系数的稳定性。结果显示所建立的各个方程中的残差都没有显著的偏离 5%置信水平下的临界区间范围，即本章各方程中的估计结果是可靠稳定的。

9.5   主要结论与启示

    近年来，随着中国能源转型进程的逐步推进及天然气市场对外依存度的日渐升高，频繁波动的国际天然气市场价格给中国尚不成熟的天然气定价体系带来了诸多的风险和挑战。在此背景下本章从研究世界主要天然气市场间的风险波动溢出效应着手，根据世界各区域天然气市场间的一体化程度对国际天然气市场的各个区域进行了重新划分。以此为基础，测算了不同时期中国际天然气价格波动对中国天然气价格波动的具体影响。通过本章的分析，以期可以为未来中国天然气市场价格机制的进一步改革提供重要参考。

首先，DCC-GARCH 模型的结果表明，远东和中东地区的天然气市场之间具有较高的一体化程度，市场之间的动态相关关系较强并且长期稳定。欧洲和美国的天然气市场之间，以及欧洲、美国和其他地区的天然气市场之间保持着一定的波动正相关性，但是整体的市场一体化程度相对较低，还不能够视为同一整体。而对于中国的天然气市场来说，其与世界其他的主要天然气市场之间还存在着较为明显的分割性。在价格走势上存在着较大的偏离并且相关系数上不存在明显的时变特征。这在一定程度上从侧面验证了我国现行天然气市场定价机制的不合理之处。总的来说，目前世界天然气市场还未形成一个统一整体，不同地域的天然气市场间具有明显的分割性。

其次，NARDL 建模的结果表明，日本、美国及欧洲的天然气市场价格的上涨和下跌对中国的天然气市场价格变动的影响不存在短期及长期间的非对称性。因此应利用假设影响是以对称形式存在的 ARDL-ECM 模型对不同市场间的价格关系进行测算。测算结果表明，由于具备相似的天然气进口结构和定价方式，在短期中，中国天然气市场的价格变动会受到同期欧洲天然气市场价格变动的影响，而且还会受到日本两期的天然气市场价格变动影响。但是不受美国天然气市场价格波动的影响。在长期中，由于国际气价对于我国天然气合同定价具有重要指导意义，中国的天然气市场的价格变动会受到来自日本、美国及欧洲天然气市场价格变动的显著影响。

科学地分析世界天然气市场格局变化及其对中国的影响，是合理制定中国天然气产业可持续发展战略的前提和基础。从风险溢出角度看，目前中国天然气市场还未与世界天然气市场接轨。国内外天然气市场间的分割性阻碍了气价的及时传导。这种时滞风险为一系列潜在相关的投机活动创造了机会，从而给中国的主要用气行业企业及其下游产业链的长期发展带来了巨大的风险。据此，本章提出了以下几点政策建议。

第一，对不同的进口气源实行差别定价政策。统一的用气价格促使天然气价格倒挂现象进一步加剧。由测算结果可知，从不同气源进口的天然气对我国气价波动的影响是存在显著差异的。根据这种差异，应结合进口量和进口时期的不同细化并实行分气源的差别定价政策。这对于消除天然气价格倒挂现象，保护我国天然气进口商的利益是十分重要的。

　　第二，实行月度或周度的高频率动态调价政策。从月度频率数据来看，世界天然气市场间的价格联动效应具有显著的时变特征，动态的调价机制分散了不同地区天然气市场间的风险。在我国国内天然气消费大量依赖进口的背景下，我国的天然气价格变动未能与世界天然气市场间建立起动态联系。明确国际气价对中国气价的影响规律，引入以月度或周度的高频率动态调价政策对于我国及时调整用气价格，保障天然气的长期稳定供应具有重要意义。

　　第三，引入非对称的调价机制。众多学者的研究表明，能源价格的上涨和下跌对于经济的影响存在显著的非对称现象。从本章测算结果来看，目前我国还未能建立起天然气调价的非对称机制。采用相同的调价机制以应对天然气价格的大幅上涨和大幅下跌等极端情况的发生显然是不够合理的。因此，我国应结合与天然气价格变动紧密相关的天然气替代能源价格变化规律并参照我国自身的天然气进口结构特点建立起天然气行业的非对称调价机制，以更好地应对国际天然气价格的大幅变动的风险。

第10章 天然气市场波动对下游企业资本市场的影响

10.1 中国天然气下游市场状况

天然气供应和需求波动较大,供需平衡多次被打破。在多重因素交互作用下,我国出现了气荒与荒气交替的现象。此外天然气消费结构不断优化。LNG 已经开始被大量地应用于城市燃气和以替代燃油、燃煤为功能的工业燃料。就城市燃气用途划分,天然气包括居民用气和交通用气。天然气作为城市燃气,具有清洁干净、低污染排放、燃烧效率高的优势。保持天然气的有效供给和合理需求,是保障城市居民日常用气,促进下游城市燃气企业的原料供应稳定的有效途径。在天然气供需平衡、保障日常需求等多种诉求下,天然气市场平衡及城市燃气行业的稳定,有力地促进了我国天然气行业发展,不仅满足居民和交通用气的需求,而且有利于解决经济发展、环境保护及能源消费之间的矛盾,促进我国现代化建设。

综上所述,天然气供需结构的改变将会影响城市用气和产业结构(孙德强等,2018)。因此研究天然气市场变化对下游企业资本市场的影响,对经济的发展和居民的基本需求保障都至关重要。与此同时,天然气作为一种战略能源,其变化是多方位的、结构性的。所以,全方位考虑天然气市场波动,研究其对下游企业资本市场的影响具有现实意义。

10.2 国内外研究状况

国内外学者对天然气市场、天然气产业链及与资金市场关系进行了大量研究。结合本章研究问题,本章从天然气市场、能源与资本市场的关系两个方面对相关文献进行归纳整理。

从天然气市场来看:姜子昂等(2011)、史立军和周泓(2012)、陈正惠(2013)提出为了缓解资源趋紧、环境污染等各方面的压力,就要加快天然气的开发和利用;Wang 等(2013)、李润生和瞿辉(2015)、Shi 等(2017)发现,由于国内受天然气生产能力、消费需求及进口依存度上升等因素的影响,天然气市场具有很大的不确定性;刘毅军(2010)、王震和赵林(2016)、董秀成和李佳蔓(2018)提出解决天然气气荒的方式就是优化天然气产业链。综合分析相关文献,优化天然气产业链与解决天然气不确定性、缓解环境污染紧密相连。

　　能源市场的波动不仅受到经济基本面的影响，而且也受到能源市场与金融市场的关系的影响（田利辉和谭德凯，2014；Mensi et al.，2013；Henderson et al.，2015）。Tang 和 Xiong（2012）指出商品价格不再仅仅由其供求关系决定，也取决于金融市场的总体风险偏好资产与多元化投资行为。学者开始把能源市场与资本市场结合研究，总结研究方法如下：Hamilton 和 Wu（2014）采用格兰杰因果检验考察国际油价上涨对企业投资的影响；韩立岩和尹力博（2012）建立因素增强型向量自回归模型体系，就美国与中国实体经济、国际投机因素、商品期货市场供需及库存状态进行研究，[研究结果表明，从长期来看商品价格受到基本面的影响] 在短期金融市场的投资因素会影响商品市场；Ratti 等（2011）使用估计动态投资模型，发现实际油价上涨会导致制造业企业投资下降，所以稳定能源的相对价格可以稳定企业投资；王勇和郑海东（2014）通过 GARCH 模型研究，发现国际油价不确定性对国内微观企业投资具有显著的负向影响；俞剑等（2016）采用结构向量自回归（structure vector auto-regression，SVAR）和时变向量自回归（time varying auto-regression，TVAR）模型从微观和宏观两个方面研究油价与企业投资之间的关系；Zhang 等（2017）通过 GARCH 提取历史波动率的方法，研究天然气、原油市场与股票市场之间的波动溢出关系；Ji 和 Zhang（2019）用向量自回归（vector auto-regression，VAR）模型，将金融市场与能源市场联系起来，结果表明金融因素尤其是股票市场会影响中国的能源市场，金融的发展对中国清洁能源的发展有重要的作用。

　　关于区制转换模型，Almansour（2016）运用马尔可夫机制转换模型分区制研究原油与天然气的期货期限结构；柴建等（2014）建立基于贝叶斯理论的原油价格系统模型识别原油价格系统，发现原油价格波动的首要因素为中国原油净进口，同时对影响原油价格系统进行了结构性分析，发现原油市场的状态转换的渐变性；钟美瑞等（2016）提炼供需因素与金融因素影响有色金属价格波动的作用机理，构建马尔可夫区制转移的向量自回归（Markov-switching vector auto-regression，MSVAR）模型研究铜价格影响机制，发现铜价格波动存在显著的区制转换特征；谌金宇等（2017）构建 MSVAR 模型实证分析我国货币政策对大宗商品市场的非线性影响，我国大宗商品价格波动存在显著的区制转换特征，即上行期、平稳期、下行期三种状态。

　　在总结以前学者研究的基础上，本章从天然气供需和结构变化出发，在天然气供给不足、对外依存度攀升及城市燃气用户增加的背景下，研究我国的天然气市场波动对天然气下游城市燃气企业的资本市场的影响效应。同时，对学者的方法进行总结，研究影响天然气市场与下游企业资本市场的关系。探讨这些问题，对于解决我国天然气市场供应不确定性的问题、规范我国天然气市场、满足居民城市用气和交通用气、优化产业结构具有现实意义。

10.3　数据说明与研究方法

10.3.1　数据说明

LNG 是下游城市燃气企业的原材料，因此本章天然气市场数据选择了 LNG 的产量、LNG 进口量、LNG 现货价格。下游企业价格指数包括下游企业 15 家公司收盘价（后复权）。根据数据的可得性，这里选取了 2012 年 1 月至 2019 年 7 月的月度数据作为研究区间，共 455 个数据。本章数据来自 Wind 数据库，其中所涉及数据有：①天然气供需存在着生产的相对均衡性和用气量波动之间的矛盾，天然气市场具有区域性和季节性，因此收集了 LNG 产量数据。原始数据单位为万吨，为了统一数据单位，转换为吨。②受多种因素影响，LNG 价格快速上涨和下跌，因此选择 LNG 现货价作为代表天然气市场波动的变量之一。这里用的是丙烷（冷冻货）：CFR（cost and freight，成本加运费）华东地区的现货价来代替 LNG 市场价（万元/吨）。③目前，我国的天然气供应是国产气与进口气并存。由于天然气进口量增加，对外依存度上升，这里选取了 LNG 进口量作为研究天然气市场的变量之一。原始数据单位为万吨，转换为吨。④目前，中国内地有 15 家上市城市燃气企业，这里用的是中国内地城市燃气企业 15 家上市企业的收盘价（后复权），通过熵权法构建中国内地城市燃气企业 15 家上市企业价格指数。具体情况如表 10.1 所示。

表 10.1　下游企业指标名称及个数

项目	胜利股份	大通燃气	国新能源	金鸿控股	南京公用	大众公用	深圳燃气	申能股份	百川能源	新天然气	贵州燃气	新疆火炬	东方环宇	佛燃股份	重庆燃气	总计
数据个数/个	91	91	91	91	91	91	91	91	91	35	21	19	13	22	59	988
权重	0.03	0.06	0.03	0.03	0.05	0.08	0.04	0.07	0.06	0.21	0.07	0.08	0.10	0.06	0.03	1

注：该数据为时间序列，由于数据缺失，按照不同的指标数赋予不同的权重。熵权法正好可以弥补数据不足的缺点

在信息论中，熵权法是一种客观赋权重的方法，通过这种方式，可以使数据避免主观性。包含的信息越少，在系统中所占的比重越小，相应所占的比重越小，通过这种方法构建 15 家下游企业价格指数（王永川和樊禹均，2019；姚震等 2018），具体构建方法如下。

首先，给定了 k 个指标，$X_1, X_2, \cdots, X_k$，其中 $X_i = \{x_1, x_2, \cdots, x_k\}$。各指标数据标准化后的值为 $Y_1, Y_2, \cdots, Y_k$，将数据标准化：

$$Y_{i,j} = [X_{i,j} - \min(X_j)][\max(X_i) - \min(X_j)]^{-1} \tag{10.1}$$

然后，求各指标的信息熵：

$$E_j = -\ln n^{-1} \sum_{i}^{n} Y_{ij} \tag{10.2}$$

通过信息熵计算各指标的权重：

$$W_i = (1 - E_i)(k - E_j)^{-1}, \quad i = 1, 2, \cdots, k \tag{10.3}$$

10.3.2　数据预处理

本章做了三个方面的数据预处理：①统一数据频率，LNG 价格选择的是每个月最后一个交易日的数据，其他非月度数据按月平均调整为月度数据。②填补缺漏数据，通过使用 SPSS 软件，通过分析点处的线性趋势，填补了 LNG 产量的缺失数据。③为了去除时间序列的季节性，本章采取了 X-12 季节调整方法对各变量进行了季节性调整。

对所有数据求对数收益率后，用 q、i、p、index 分别表示 LNG 产量、LNG 进口量、LNG 价格、下游企业价格指数。

10.3.3　研究方法

1. STL

基于 loess 的季节和趋势分解（seasonal-trend decomposition procedure based on loess，STL）是 1990 年由密歇根大学的 Cleveland 等（1990）提出来的一种对时间序列进行分解的方法。STL 将时间序列分解成季节成分、趋势成分及残余成分。比起传统的时间序列分解模型，STL 模型可以适用于任何季节周期的数据，季节性成分随时间的变化率可以被控制。其公式如下：

$$Y_t = T_t + S_t + R_t, \quad t = 1, 2, \cdots \tag{10.4}$$

式中，T_t、S_t、R_t 分别为趋势成分、周期成分、残差成分。

2. SVAR 模型

1980 年 Sims（1980）将 VAR 模型引入经济学，推动了经济系统动态分析的广泛应用。但是，VAR 模型并没有给出变量之间当期相关关系。为了弥补这一缺点，Blanchard 和 Quah（1989）在 1989 年提出了 SVAR 模型，在模型中包含变量之间的当期关系，本章采用了 SVAR 模型。

k 个变量，p 阶 SVAR（p）

$$C_0 Y_t = \Gamma_1 Y_{t-1} + \Gamma_2 Y_{t-2} + \cdots + \Gamma_p Y_{t-p} + \varepsilon_t, \quad t = 1, 2, \cdots, T \tag{10.5}$$

式中，$Y_t = (\Delta i, \Delta q, \Delta p, \Delta\text{index})$，$\Delta i$ 为 LNG 进口量对数值的一阶差分，即 LNG 进口量增长率；Δq 为 LNG 产量对数值的一阶差分，即 LNG 产量增长率；Δp 为 LNG 价格对数值的一阶差分，即 LNG 价格变化率；Δindex 为下游企业价格指数的收益率；Γ 为向量自回归系数。

式中：

$$C_0 = \begin{pmatrix} 1 & -C_{12} & \cdots & -C_{1k} \\ -C_{21} & 1 & \cdots & -C_{2k} \\ \vdots & \vdots & & \vdots \\ -C_{k1} & -C_{k2} & \cdots & 1 \end{pmatrix} \tag{10.6}$$

该模型的简化式：

$$Y_t = C_0^{-1}\Gamma_1 Y_{t-1} + C_0^{-1}\Gamma_2 Y_{t-2} + \cdots + C_0^{-1}\Gamma_p Y_{t-p} + C_0^{-1}\varepsilon_t, \quad t = 1, 2, \cdots, T \tag{10.7}$$

假设同期关系矩阵可逆，令 $C_0^{-1}\Gamma_i = A_i$，$C_0^{-1}\varepsilon_t = u_t$，$i = 1, 2, \cdots, P$，则

$$Y_t = A_1 Y_{t-1} + A_2 Y_{t-2} + \cdots + A_p Y_{t-p} + u_t, \quad t = 1, 2, \cdots, T \tag{10.8}$$

式中，ε_t 和 u_t 分别为结构性冲击及简化式冲击。其中，u_t^i、u_t^p、u_t^q、u_t^{index} 为简化式扰动项；ε_t^i、ε_t^p、ε_t^q、$\varepsilon_t^{\text{index}}$ 分别为 LNG 进口量冲击、LNG 价格冲击、LNG 产量冲击、下游企业价格指数冲击。

对于式（10.6）的 SVAR 模型需要估计的参数个数 $k^2 P + k^2$，而简化式模型的待估参数为 $k^2 P + (k + k^2)/2$，因此，要想得到结构式模型唯一的估计参数，需要施加的约束条件个数为 $k(k-1)/2$。

本章对式（10.6）施加短期约束即期影响矩阵 C_0 为施加短期零约束，需要施加 6 个约束条件，约束条件如下：

$$C_0 = \begin{pmatrix} 1 & 0 & -C_{13} & 0 \\ 0 & 1 & 0 & 0 \\ -C_{31} & -C_{32} & 1 & 0 \\ -C_{41} & -C_{42} & -C_{43} & 1 \end{pmatrix} \tag{10.9}$$

做出以下假设：①考虑城市燃气企业资本市场对天然气市场的影响具有时滞性，假设下游天然气企业价格指数不对当期任何变量产生影响，因此约束矩阵第 4 列除第 4 个元素外，其余元素均为 0，即 $C_{14} = C_{24} = C_{34} = 0$。②根据 LNG 进口量的影响机制：LNG 进口量增加→LNG 总供给增加→LNG 的价格下降→LNG 产量增加。进口量改变不会立即反映在产量上来，进口量的改变不能影响即期产量，即 $C_{21} = 0$。③根据供需原理，产量的改变先影响的是价格，然后才影响需求，当

需求不能被满足时，需要增加进口。因此当期 LNG 产量缺口不能立即影响当期的 LNG 进口量，假设产量不对即期进口量产生影响，即 $C_{12}=0$。④LNG 产商在受到 LNG 价格的冲击时，需要很长时间才能调整 LNG 产量，LNG 产量的变化依赖于即期需求量，假设 LNG 价格不对即期 LNG 产量产生影响，因此 $C_{23}=0$。

3. MSVAR 模型

由于经济具有周期性，天然气市场有季节性的特征，所以仅仅研究天然气市场对下游企业城市燃气的动态影响，是不能全面分析整个天然气市场对下游企业资本市场的影响。因此，在建立 SVAR 模型的基础上，通过区制转换来研究整个天然气市场。

MSVAR 模型就是在向量自回归模型的基础上加上马尔可夫链特性的模型。Hamilton（1989）提出的马尔可夫区制转换模型，是在基本转换回归的基础上，将各变量在各区制间的转换概率。将样本分成不可观测的若干区间，分析不同区制下变量间的相互关系，滞后 p 阶的 MSVAR 模型一般具有如下简化形式：

$$Y_t = V_t(S_t) + A_1(S_t)Y_{t-1} + \cdots + A_p(S_t)Y_{t-p} + V_t(S_t) \tag{10.10}$$

式中，S_t 为不同的区制或状态，$S_t = \{1, 2, \cdots, M\}$，即总共存在 M 个状态。区制转换概率表述为

$$P_{ij} = P\left(S_{t+1} = j \mid S_t = i, \sum_{j=1}^{M} P_{ij} = 1\right), \quad \forall i, j \in \{1, 2, \cdots, M\} \tag{10.11}$$

S_t 遍历不可约的 M 个区制状态的概率转移可用马尔可夫转移矩阵表示：

$$P = \begin{bmatrix} P_{11} & P_{12} & \cdots & P_{1M} \\ P_{21} & P_{22} & \cdots & P_{2M} \\ \vdots & \vdots & & \vdots \\ P_{M1} & P_{M2} & \cdots & P_{MM} \end{bmatrix} \tag{10.12}$$

式中，$\sum P_{i,M} = 1$，$i = 1, 2, \cdots, M$。

10.4　实证结果分析与讨论

10.4.1　STL 结果

本节用 STL 方法下 LNG 进口量、LNG 产量、LNG 价格和下游企业价格指数分解序列。对于四组时间序列，季节性特征明显。从趋势项来看，LNG 产量呈线性下降趋势，供给变化率下降。LNG 进口量与下游企业价格指数几乎呈现相同趋势，

在 2016 年，LNG 进口量的趋势达到最大，在 2015 年底，下游企业价格指数的趋势达到最大。但是 STL 只能看出 LNG 价格与下游企业价格指数之间的趋势，为了进一步分析天然气市场与下游企业价格指数之间的动态关系，构建了 SVAR 模型。

10.4.2　SVAR 模型估计结果

在 SVAR 满足可识别条件的情况下，我们可以用完全信息极大似然方法估计得到 SVAR 模型的所有未知参数，得到的估计结果如表 10.2 所示。

表 10.2　即期影响矩阵估计结果

参数	估计系数
C_{31}	0.076
C_{32}	−0.099
C_{41}	−0.380
C_{42}	−0.100
C_{43}	−0.247

C_{32} 表示 LNG 产量冲击对 LNG 价格冲击的即期影响系数，估计符号为负，这表明 LNG 产量的增加会使得 LNG 价格的下降，符合理论预期。从估计系数来看，C_{32} 为−0.099，当其他变量保持不变时，LNG 产量每增加 1 个单位，则会影响当期价格下降 0.099 个单位。LNG 产量过剩的话，会引起价格的下降。C_{31} 表示 LNG 进口量冲击对 LNG 价格冲击的即期影响系数，估计符号为正，LNG 进口量的增加会使得当期 LNG 总供给量增加，促使当期 LNG 价格上升。当 LNG 进口量变动 1 个单位时，会使得 LNG 价格变动 0.076 个单位。

C_{41}、C_{42}、C_{43} 分别表示 LNG 进口量、产量、价格对下游企业价格指数的影响，无论是哪个因素的正向冲击，都会对即期下游企业价格指数产生反向的冲击。从系数上来看，LNG 进口量的冲击对于即期企业价格指数的影响最大，LNG 价格冲击次之，LNG 产量最小，进一步证明了 LNG 进口量冲击对于下游企业价格指数影响最大。

图 10.1 的第一行为 LNG 进口量（i）、LNG 产量（q）、LNG 价格（p）和下游企业价格指数（index）对 LNG 进口量（i）冲击的脉冲图。可以看到，当产生一个正向的冲击后，除了下游企业价格指数的冲击外，LNG 产量和 LNG 价格在当月都会对 LNG 进口量产生上升的压力。由于 LNG 具有季节性，当 LNG 产量增加时候，往往需求也比较大，当产量的增加无法满足消费需求时，就需要进口

LNG，所以产量的增加会给进口量带来上升的压力，符合经济学基本面的原理；而 LNG 价格的上升在短期内会促进进口量的增加；下游企业价格指数会对 LNG 进口量有一个下降的压力，在第 5 期（第 5 个月），这种冲击效应基本就消失了。综上，从影响时间来看，液化天然价格冲击对 LNG 进口量影响时间最长，LNG 产量次之，下游企业价格指数的影响时间最短；从影响系数来看，下游企业价格指数影响最大，LNG 进口量的影响次之，LNG 产量的影响最小。

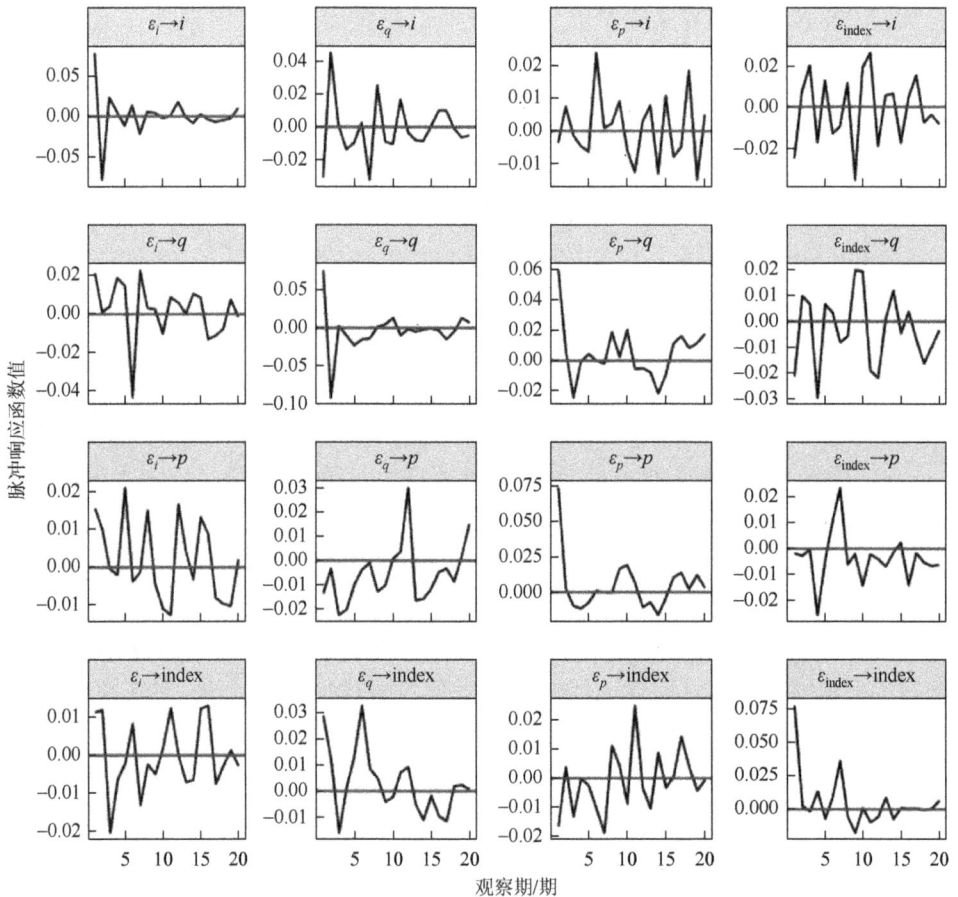

图 10.1　脉冲响应图

图 10.1 的第二行为 LNG 进口量（i）、LNG 产量（q）、LNG 价格（p）、下游企业价格指数（index）对一个单位 LNG 产量（q）结构冲击的响应图。但是它们对于 LNG 产量的冲击程度都比较小，影响微弱，但是持续期比较长，到第 10 期，这种冲击趋于稳定。我国 LNG 产量较为稳定，受其他影响较小。

图 10.1 的第三行为 LNG 进口量（i）、LNG 产量（q）、LNG 价格（p）和下游企业价格指数（index）冲击对 LNG 价格的影响。产生一个单位正向冲击后，LNG 进口量的冲击和下游企业价格指数的冲击对 LNG 的价格产生负向冲击，且冲击作用和持续时间基本相同。LNG 产量对 LNG 价格是正向冲击。LNG 进口量的增加会使得其价格的下降，这符合经济学的规律。产量产生正向的冲击后，在短期会给价格一个向上的压力，随后冲击效应由正变负，影响效应减弱。下游企业价格指数对价格冲击变化频繁，说明 LNG 价格与下游企业价格指数的关系密切。

图 10.1 的第四行为 LNG 进口量（i）、LNG 产量（q）、LNG 价格（p）、下游企业价格指数（index）对下游企业价格指数（index）结构冲击的响应图。随着我国天然气对外依存度的增加，LNG 的进口量对于我国下游企业价格指数有着显著的影响。我国的 LNG 进口量逐年增加，对外依存度上升，会对我国下游企业价格指数产生影响。LNG 价格在短期会对下游企业价格指数冲击效应为负，这种冲击效应逐渐减弱，在第 20 个月完全消失。LNG 产量、进口量、价格与下游企业价格指数的影响日益密切，说明 LNG 市场与下游企业资本市场的关系增强。

脉冲响应分析能够对变量之间的动态影响过程进行分析，但是要进一步了解不同变量之间的相互影响程度还需进一步进行方差分解分析。这里着重对下游企业价格指数冲击预测的方差分解进行分析。如表 10.3 所示，对于下游企业价格指数冲击的预测方差，LNG 产量在第 1 个月的解释能力为 1.43%，LNG 价格的解释能力为 5.40%，下游企业价格指数自身的解释能力为 91.04%，LNG 进口量的解释能力为 2.13%。但是从第 2 个月开始，下游企业价格指数自身的解释能力开始下降，LNG 产量、价格、进口量的解释能力增强。到第 5 个月就开始稳定，LNG 产量的解释能力上升到 1.69%，LNG 价格的解释能力上升到 5.89%，LNG 进口量的解释能力上升到 5.14%，下游企业价格指数的解释能力下降到 87.28%。从预测方差结果看，除了自身的影响外，在短期内 LNG 价格对下游企业价格指数有着较大影响，从长期来看，LNG 价格和进口量对下游企业价格指数影响比较大。

表 10.3　下游企业价格指数预测误差方差分解

时期	LNG 产量冲击	LNG 价格冲击	下游企业价格指数冲击	LNG 进口量冲击
第 1 个月	1.43%	5.40%	91.04%	2.13%
第 2 个月	1.48%	5.42%	90.15%	2.95%
第 3 个月	1.78%	5.66%	89.57%	2.99%
第 4 个月	1.70%	5.87%	88.00%	4.43%
第 5 个月	1.69%	5.89%	87.28%	5.14%

续表

时期	LNG 产量冲击	LNG 价格冲击	下游企业价格指数冲击	LNG 进口量冲击
第 6 个月	1.69%	5.92%	87.25%	5.14%
第 7 个月	1.69%	6.07%	87.10%	5.14%
第 8 个月	1.69%	6.11%	86.96%	5.24%
第 9 个月	1.69%	6.12%	86.95%	5.24%
第 10 个月	1.69%	6.16%	86.91%	5.24%
第 11 个月	1.69%	6.17%	86.90%	5.24%
第 12 个月	1.69%	6.17%	86.90%	5.24%
第 13 个月	1.69%	6.18%	86.89%	5.24%
第 14 个月	1.69%	6.18%	86.89%	5.24%
第 15 个月	1.69%	6.19%	86.88%	5.24%
第 16 个月	1.69%	6.19%	86.88%	5.24%
第 17 个月	1.69%	6.19%	86.88%	5.24%
第 18 个月	1.69%	6.19%	86.88%	5.24%
第 19 个月	1.69%	6.19%	86.88%	5.24%
第 20 个月	1.69%	6.19%	86.88%	5.24%

综上分析，我们可以看到，LNG 进口量冲击对下游企业价格指数影响最大，LNG 进口量的变化关系着我国能源的安全。而 LNG 价格对下游企业价格指数的影响次之，LNG 产量比较稳定，对下游企业影响比较小。

10.4.3 MSVAR 模型回归结果

表 10.4 展示了区制转换下滞后变量的系数。从 LNG 价格来看，在区制 1 的状态下，LNG 进口量对当期 LNG 价格的影响为负，且滞后期越长，影响系数越大；区制 2 下，滞后一期的 LNG 进口量和滞后二期的 LNG 进口量对当期 LNG 价格的影响为正，但是滞后三期的 LNG 进口量对当期 LNG 价格的影响是负向的，影响系数随着滞后阶数变小。滞后一期的下游企业价格指数在区制 1 和区制 2 下都不对当期 LNG 价格产生影响，在区制 1 状态下，滞后二期和滞后三期的下游企业价格指数对当期的 LNG 价格产生负向影响，区制 2 下，滞后二期和滞后三期下游企业价格指数对当期 LNG 价格产生正向影响。

表 10.4　MSVAR 模型回归系数值

变量	区制 1			区制 2		
	LNG 价格	LNG 进口量	下游企业价格指数	LNG 价格	LNG 进口量	下游企业价格指数
LNG 价格（−1）	0.30	0.01	0.00	−0.16	−0.01	0.01
LNG 进口量（−1）	−0.06	−0.87	−0.10	0.12	0.10	0.08
下游企业价格指数（−1）	0.00	−0.08	0.03	0.00	−0.02	−0.05
LNG 价格（−2）	0.01	0.18	0.01	−0.41	−0.24	0.00
LNG 进口量（−2）	−0.11	−0.51	0.01	0.07	−0.13	−0.02
下游企业价格指数（−2）	−0.17	0.24	−0.08	0.27	0.08	0.05
LNG 价格（−3）	−0.25	−0.19	−0.14	0.33	0.15	0.29
LNG 进口量（−3）	−0.03	−0.19	−0.14	−0.06	0.09	0.29
下游企业价格指数（−3）	−0.13	−0.03	−0.16	0.17	−0.04	0.29

从 LNG 进口量来看，区制 1 和区制 2 LNG 价格对 LNG 进口量的影响方向相反。LNG 价格对 LNG 进口量影响在不同区制的影响系数是不同的，区制 1 下影响系数更大。从下游企业价格指数来看，LNG 价格和 LNG 进口量在滞后三期对下游企业价格指数的影响大，而且 LNG 进口量对下游企业价格指数影响更大。

综上，分区制研究，我们可以看到，区制 1 状态下的影响系数比区制 2 状态下的影响系数更大。同时，进一步证明了无论处于怎样的状态下，LNG 进口量对下游企业价格指数的影响都最大。

从 MSVAR 模型在两种状态下的平滑概率值来看，大部分时间都处在区制 1。2012 年 1 月至 2012 年 4 月区制 1 占总体，但从 2012 年 5 月开始，从区制 1 向区制 2 转换；2012 年 6 月完全处在区制 1，到了 2012 年 8 月又转换至区制 1。2015 年 2 月、2016 年 9 月、2019 年 1 月分别经历了三次区制转换。

2012 年 1 月至 2015 年 2 月这段时间，模型主要处在区制 1，概率约等于 1，模型处在区制 2 的概率很小，几乎为零。2012 年 5 月和 2015 年 2 月有两次区制的转换。这一结果表明，西气东输二线、三线及川气东送等开通，我国天然气产量稳定性和国内供给能力增强，使得天然气市场打破了之前的平衡，出现了区制转换。2016 年 9 月以后，出现了频繁的区制转移的多变时期，一直到 2017 年 8 月才稳定下来。

受全球经济环境低迷、国际油价大跌的影响，国内天然气消费量增速已降至 10% 以内，与油价挂钩的中国 LNG 进口价格上涨，2018 年 1～12 月 LNG 到岸均价同比上涨 42%，同时 LNG 消费量的上升及 LNG 进口量的增加，LNG 市场的波动导致整个系统出现了区制的转换。

表 10.5 指出，MSVAR 模型各个区制间的概率转移，处于区制 1 的概率更高，为 0.91，由区制 1 向区制 2 转换的概率为 0.09，处于区制 2 的概率为 0.60，由区制 2 向区制 1 转换的概率为 0.40，同时模型由区制 2 转向区制 1 的概率要比相反方向的转换概率高很多。区制 2 平均持续期为 11.37 个月，而区制 1 平均持续期为 1.67 个月。总体而言，区制 1 的持续概率最大，平均持续期最长，稳定性最强。

表 10.5　区制概率转移矩阵和持续期

状态	区制 1	区制 2	持续期/月
区制 1	0.91	0.09	11.37
区制 2	0.60	0.40	1.67

10.5　主要结论与启示

本章关于中国天然气市场与下游企业资本市场的关系研究，得出以下主要结论。

（1）LNG 进口量对下游企业价格指数的影响显著。与 LNG 价格、产量相比，LNG 进口量对天然气下游企业资本市场影响更大、更剧烈。一方面，我国天然气对外依存度比较高，进口数量逐年增加，LNG 进口量的数量与稳定性关系我国能源安全；另一方面，国外 LNG 进口量对我国天然气市场影响增大，进口量相比于本国 LNG 产量，对下游企业资本市场影响更大。

（2）LNG 价格变化通过三个方面来影响下游企业价格指数。第一方面，LNG 价格会直接影响下游企业资本市场；第二方面 LNG 价格的变化会在短期内给 LNG 产量一个向上的压力，同时 LNG 产量在长期会有一个向下的冲击，进而会影响下游企业价格指数；第三方面 LNG 价格的变化也会影响 LNG 进口量和 LNG 产量，进而传导到下游企业。但是不同气源的价格不一样，对于下游企业的资本市场的影响效应具有不确定性。

（3）MSVAR 模型结果表明，将系统划分为两个区制，市场上存在明显的区制转换。但是从总体来看，还是稳定在区制 1。针对天然气市场出现的不同突发事件，这种结构性的变动是渐变的，由此可见，各种有关天然气的突发事件，使得天然气市场存在波动性，对于下游企业资本市场会产生影响。

研究结论还表明，影响下游企业价格指数收益率的因素主要是 LNG 进口量，其次是 LNG 价格。LNG 产量变化相对稳定，对下游城市燃气企业的冲击小。因此，我国要保证 LNG 产量的有效和稳定供给，保证燃气企业的正常燃气需求，就要稳定国外气源，同时，还要保证天然气市场价格体系协调好供给与需求、进口之间的平衡。但是从区制转换来看，导致国内产量变化的事件也会使得整个天然气市场出现区制的转换。

随着天然气市场与下游企业资本市场关系的日益密切，天然气市场的价格波动、产量波动及进口量的波动会通过成本传导和金融传导机制影响下游燃气企业运营状况。所以稳定天然气市场，不仅保证了下游企业城市燃气的有效供给，为居民城市用气和交通用气提供了方便，同时也保证了下游天然气产业链的稳定。

第 11 章　可中断燃气合同探析及设计

11.1　中国天然气调峰机制及管理诉求

随着我国能源消费结构的不断调整，天然气在我国能源消费结构中的比重不断上升。我国天然气产量持续增长，但从总体来看，天然气仍然供不应求，在 2005 年和 2009 年冬季全国多地已出现过气荒。气荒的主要成因是上游的供应不足和下游的发展过快（Li et al.，2013），打破了国内天然气的供需平衡。在气荒频现的背景下，应急调峰策略成为短期内解决气荒问题的关键。当前中国天然气供应侧调峰方式所面临的主要问题为：①地下建库地质条件复杂，建设速度缓慢；②LNG 接收站调峰方式抗风险能力较弱；③气田调峰不利于气田科学开发（龚承柱等，2014）。为了快速应对天然气的供应短缺，借鉴国际先进经验，可中断燃气管理成为过渡期中国天然气系统解决应急调峰问题具有可行性策略的重要手段。

可中断燃气管理是需求侧管理的重要内容，签订可中断燃气管理合同是实施可中断燃气管理的重要方式。从 20 世纪 70 年代的两次石油危机开始，人们认识到仅从供应侧来满足需求侧的能源利用是远远不够的，故 1984 年美国电力科学研究院提出了一种电力市场的需求侧管理的电力规划方法，此方法是指电力企业通过影响用户用电的方式来改变负荷曲线形状的规划和实施措施（魏欢等，2016）。由于燃气管网和电力网络同属于能源供应网络，且其负荷都具有受终端消费主体的行为影响的相似特点（周明等，2005；Deihimi and Showkati，2012），所以它们的可中断燃气管理有着一定程度的相似性。

借鉴电力市场的可中断燃气的定义，可中断燃气主要是指在用气高峰期供气企业对部分天然气用户采取停止或减少供气的方式实现天然气市场供需平衡（Bordignon et al.，2013）。2018 年在《国务院关于促进天然气协调稳定发展的若干意见》（国发〔2018〕31 号）中指出要建立健全天然气需求侧管理和调峰机制，鼓励发展可中断大工业用户，推行可中断气价等差别化价格政策，促进削峰填谷，引导企业增加储气和淡旺季调节能力（王富平等，2016）。需求侧的可中断燃气管理改变了单纯依靠供应满足需求增长的传统思维模式，在当前天然气供应紧张和天然气市场化改革的新形势下，实施可中断燃气管理已迫在眉睫。

目前已有许多国家将可中断燃气管理合同应用于天然气市场并且都取得了显著的调峰效果。1986 年英国政府颁布的《天然气法案》规定合同市场中用气量在

25 000 英热单位以上的大用户有权与生产商直接协商定价。美国的管道公司和地方配送气公司与很多发电用户、工业用户、医院和大型综合建筑业都签订了可中断燃气管理合同。加拿大的可中断燃气管理合同十分普遍，可中断燃气量约占工业用气量的 20%。法国约有一半的工业用户签订了可中断燃气管理合同。俄罗斯的可中断燃气约为 6000 万米 ^{3}/天。

　　随着我国天然气市场的快速发展，各行各业对天然气的需求与日俱增，但我国还没有真正意义上的可中断燃气用户，所以在我国天然气市场引入并实施可中断燃气管理是十分必要的。从国家层面来讲，实施可中断燃气管理，就意味着挤出非理性需求，推动天然气合理利用，保障天然气安全。从产业角度看，可中断燃气管理是供给推动的重要补充，能够缓解市场供需矛盾，降低天然气消费季节波动的剧烈程度，促进天然气产业的健康发展。从资源利用来说，可中断燃气管理能够达到节约资源和提高能源利用效率的目的，推广节能理念，增强用户的节能意识，从而为产业发展设置正确导向。但目前缺乏对中国可中断燃气发生条件、容量需求、合同设计、交易模式等方面的理论和实证研究，因此如何将可中断燃气管理引入我国天然气市场及如何设计可中断燃气合同的内容和交易模式，这正是本章所研究的关键问题。

11.2　国内外研究状况

　　近年来，随着需求侧管理工作的不断推进，针对电力大用户的可中断燃气管理的理论已经相对成熟。美国的电力危机使得越来越多的学者认识到签订可中断燃气管理合同的重要性（赵军和潘月星，2016）。世界各地联营市场的电价都相当不稳定，因此交易各种电力衍生品来管理市场参与者的金融风险并不奇怪（单娴，2010）。电力市场参与者通过运用电力金融衍生产品市场的远期交易，增加了某一时刻的虚拟电量，从而保持了现货市场上电力价格的稳定性。Cater（1995）认为 Black-Scholes 期权定价模型为期权定价提供了一种功能强大、应用广泛的方法，因此他们利用 Black-Scholes 定价公式，将可中断燃气管理合同看作一种看涨期权来为其进行定价。Kamat 和 Oren（2002）的研究中介绍了使用远期和期权模拟的三个可中断供应合同的定价，并严格推导得到了可中断燃气期权明确的数学表达式。张显等（2004）基于电价的混合模型采用蒙特卡罗法对电力期权进行估价，并提出了该期权在无套利条件下的定价公式。王建学等（2005）讨论了可中断燃气合同的内容和相关市场组织形式，给出可中断燃气的最优购买模型，并通过实际系统算例表明了该模型的有效性。Anderson 等（2007）认为一些对于电价可靠性要求低的用户可以通过承担一部分额外的风险来降低他们的总成本，通过签订可中断燃气合同，分享削减负荷的净利润。陈纯和蒋传文（2008）的研究将期权交易概念引入电力市场中，并假设电力价格的波动率是常数，将 Black-Scholes 模型进行扩展，来为电力期权进行定价。

由于中国天然气行业开发利用起步较晚，相对于电力行业，国内对于天然气可中断燃气管理的研究较少。韩金丽（2008）认为城市燃气公司在寻找解决峰谷差的途径、提高供气可靠性的过程中，必须综合利用储气设施、用气结构调整、节能设备的应用、可中断用户市场的开发等各个手段，其中最具动态调节能力、在短时间内能初见成效、技术成熟度高的方式就是可中断用户市场的开发。单娴（2010）认为可中断燃气是城市燃气公司解决峰谷差问题的有效途径，在短时间内就能看到效果，对提高供气可靠性有着显著作用。董秀成和李佳蔓（2018）从供应链角度分析 2017 年天然气气荒的成因并从天然气供应、消费需求和产业链发展等三个角度提出建议，他们认为增加可中断工业用户对实现天然气用气调峰具有显著作用。吕明等（2018）认为在调峰设施建设中，对可中断用户管输费要本着低于固定用户的原则，其不应承担调峰成本。诸克军等（2015）的研究构建了工商业用户需求响应模型，认为存在一个最优的分时价格关系能有效降低燃气管网的峰谷负荷差，起到削峰填谷的作用。董达鹏（2017）基于层次分析法，提出了天然气备用市场选择可中断燃气的决策模型。王富平等（2016）的研究从可中断用户等级划分、可中断气价方案选择、可中断气价如何实施等方面进行了分析，提出了中断气价的优惠幅度、可中断用户界定、旺季与淡季划分等相关建议。综上，现有文献中对天然气可中断燃气管理研究普遍侧重于理论分析，实证研究较少。

在总结前人研究的基础上，本章认为随着我国天然气市场化改革的不断推进，我国最终将建立起活跃的天然气市场。由于天然气期权交易自由、频繁发生，这时推出天然气的可中断期权，有利于规避天然气交易中的风险，充分优化配置天然气。因此，本章将可中断燃气管理引入天然气市场，与期权定价理论相结合，提出可中断燃气合同交易模式，讨论了可中断燃气合同的内容和相关市场组织形式，并尝试利用 Black-Scholes 模型测算可中断燃气合同的期权费用，基于此，建立可中断燃气最优购买模型对执行合同所花费的费用进行测算。这是本章的创新之处，同时也为可中断燃气交易做出了有效的尝试，对缓解当前气荒问题具有一定的参考价值。

11.3　结合期权的可中断燃气合同

本章是对可中断燃气合同的双边直接交易模式进行的初步探索，主要通过对可中断燃气期权的相关概念的介绍，突出可中断燃气的调峰优势，选择可中断燃气用户并针对可中断燃气特点并提出可中断燃气合同的设计思路。

　　李宏勋等（2011）认为气荒折射出我国天然气峰谷差日趋严峻，天然气供气系统安全平稳运行的压力不断增大，如果单纯依靠天然气上游勘探开发企业增加天然气调峰设施来满足短暂的高峰用气，则上游天然气企业的建设任务比较艰巨，也会造成资源的巨大浪费；而如果单纯采用限制供暖用户的用气量等硬性方法来进行调峰，又违背了天然气作为改善城市大气环境方式的初衷。因此，省网公司只有通过调整供气来维护系统稳定，才能规避市场风险。但省网公司对供气的调整应符合相关规定，随意中断供气会对用户造成不利的影响和带来极大的损失。可中断燃气期权合同正是在这种情况下应运而生。

　　根据经济基本面分析，天然气价格反映了市场的供求关系，可以根据天然气价格来选择中断的燃气量。目前意义下结合期权的可中断燃气合同，它是就将来的某个时段的天然气交易量，按照双方同意的价格签订交易的合同，省网公司在气价高于可中断气价，即气荒出现危害燃气管网稳定时可以中断部分用户的供气，从而维护燃气管网稳定。当气价低于可中断气价时则向用户正常供气，这就相当于当实时气价超过可中断气价即系统发生缺额时，省网公司将已经卖给用户的天然气按照可中断价格再买回即中断供气，以增加这个时段的虚拟天然气供应量。

11.3.1　可中断燃气用户的选择

　　根据 2012 年 12 月 1 日施行的《天然气利用政策》，我国天然气用户分为城市燃气、工业燃料、天然气发电、天然气化工和其他用户等五大类别。不同用户类别和用气项目的天然气需求既有共性，也有差异性。因此可以根据不同用户用气的特点来划分可中断用户和不可中断用户。炼厂、化肥厂、轧钢厂、铝厂和化工厂等由于用气量大、用气量稳定、启停快、中断潜力较大并且在天然气高峰时段能转用其他燃料等特点，适合选为可中断用户。

11.3.2　可中断燃气合同设计

1. 可中断燃气合同的交易模式的确定

　　运用金融衍生工具，可将可中断燃气合同运用到可中断燃气管理中。它结合了远期合约及期权交易的优势。图 11.1 为可中断燃气合同的交易模式，里面包含了可中断燃气合同交易双方的权利和义务。该合同包含 2 个协议：①可中断用户向省网公司购买远期合约，确保省网公司在合约期内向参与可中断燃气管理的用户输送所需要的天然气，双方对于这些容量的天然气的价格一般提前进行协商，即合同燃气价。合同燃气价一般会在合理的范围内进行一定的折扣，以达到激励用户参与可中断燃气管理的目的。②用户向省网公司卖出该容量的天然气看涨期权。它允许省网公司有权按照期权的敲定价格购回相应天然气的权利，即在预期天然气供应紧张或市场气价较高时，省网公司有权向可中断用户中断供气，并按照预先的敲定价格补偿客户的损失，此敲定价格为可中断燃气价。

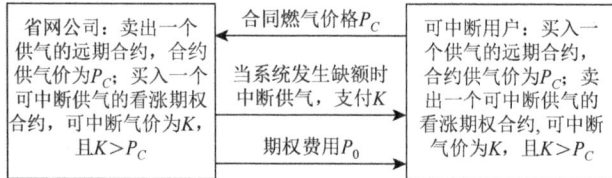

图 11.1　可中断用户与省网公司的可中断燃气合同的交易模式

2. 合同内容的确定

可中断燃气合同应该反映可中断燃气期权的特性，并明确规定相关费用。可中断燃气合同需兼顾省网公司和用户双方的权利与义务，确保合同具有较好的通用性，才能够调动省网公司和用户双方参与交易的积极性，提高交易的参与度，进而满足燃气管网运行对可中断燃气的要求。参照现行市场中的可中断燃气合同，其合同内容应该包含如下：合同有效期、行权时间、提前通知时间、中断持续时间、期权费、中断燃气价、合同燃气价、中断容量等要素。下面将对合同内容进行分类讨论。

合同有效期：为了避免频繁签订合同给省网公司和用户带来麻烦，合同有效期应该较长；由于储气库的建设、负荷需求的变化，合同的有效期也不能过长。合同有效期建议为 4 个月，即一个季度一签。

行权时间：因燃气管网负荷状况动态变化，所以无法在合同中固定行权时间。根据省网公司在一般情况下是不会提前执行期权的特点，本章采用欧式期权行权方法。省网公司只在到期日执行期权，省网公司行权后，用户按照可中断燃气合同要求执行削减负荷。

提前通知时间：在实际市场交易中，提前通知时间会影响期权价格。提前通知时间越短，用户停电成本越高，对应的期权价格就越高，省网公司更倾向采用提前时间较长的期权合同以降低成本。

中断持续时间：因用户自身的复杂性，用户停气损失与停气时间的关系难以进行量化，但绝大多数用户停气损失是随停气时间的延长呈非线性加速增长。参照国际上其他国家电力市场的做法，中断持续时间一般可划分为 4 小时和 8 小时。

由于不同行业用气持续性的要求不同，在签订合同时，可由用户自行选择对该行业较为有利的中断持续时间。

期权费：期权费即期权价格，是指期权的买卖费用，通常作为期权的保险金，由期权的买方将其支付给期权卖方，从而取得期权。本章利用 Black-Scholoes 期权定价模型对期权价格进行测算。

中断燃气价：省网公司执行可中断燃气期权后，依据中断期间所产生的实际燃气量进行补偿，该中断燃气价事先在合同中约定，用来补偿在期权执行期间所产生的损失。

合同燃气价：为了调动可中断用户参与可中断燃气管理的积极性，一般合同燃气价应低于中断燃气价。

中断容量：用户在可中断燃气报价时须同时申报可中断燃气量，省网公司执行期权时，用户必须按要求减少不低于中断燃气量的负荷，为方便合同的交易，取 1 万立方米作为中断燃气量申报的最小交易单位。

11.4　Black-Scholoes 模型应用与可中断燃气最优购买模型

根据用户的中断燃气价和可中断燃气合同期权费用，以满足最大容量缺额为约束，建立省网公司对可中断燃气的最优购买模型，该模型的求解方法采用动态排队法，按照各用户的中断费用从小到大依次购买，直到满足系统缺额约束为止。

11.4.1　Black-Scholoes 模型的可行性说明

期权又称为选择权，是买卖双方在未来一定时间内以事先商定的价格购买或出售某种商品的选择权利。实践中，主要利用 Black-Scholoes 期权定价模型来确定期权价格的费用。Black-Scholoes 模型是 20 世纪 70 年代初，由费希尔·布莱克、迈伦·斯克尔斯和罗伯特·默顿提出的一种概率模型方法。Black-Scholoes 模型一直以来都是为衍生品进行定价的重要工具。在可中断燃气管理的研究历程中，Black-Scholoes 模型是最早应用的方法。

由于 Black-Scholoes 模型适用于欧式期权，因此先要对可中断燃气期权的属性进行界定。从可中断燃气定义来看，省网公司可以在合同期限内任意交易日行使期权，从而赋予了可中断燃气期权的美式期权特性。但可中断燃气期权实际上是一项无红利股票的看涨期权。为了维护社会的稳定，省网公司一般只会在管网缺额过大时才行使期权，在一般情况下是不会提前行使期权。因此本章认为可中断燃气期权的性质近似于欧式期权，适用于 Black-Scholoes 模型对期权价值进行计算。

　　另外，本章的研究主要放在如何将可中断燃气合同引入天然气市场及可中断燃气合同内容的设计，其目的在于陈述理论框架和分析方法。虽然 Black-Scholoes 模型的计算公式比较复杂，但是由于原始数据的可得性和真实性可以有效降低计算的复杂性，更能灵活展示本章的研究框架，因此从理论和经验上来看，使用 Black-Scholoes 模型测算我国可中断燃气期权价格，具有一定的可行性。

11.4.2　可中断燃气期权交易模型假定

　　（1）假设天然气价格服从几何布朗运动，满足微分方程：

$$\mathrm{d}S_t = \mu S(t)\mathrm{d}t + \delta S(t)\mathrm{d}w(t) \tag{11.1}$$

式中，S_t 为标的天然气现货价格；μ 为天然气收益率；δ 为天然气价格的波动率；$w(t)$ 为布朗运动过程。

　　（2）为了防止执行天然气期权合约的随意性给可中断燃气价格的调整和制定带来困难，假设可中断燃气期权采用的是欧式看涨期权。

　　（3）天然气市场不存在无风险套利的机会、无交易成本或税收。

　　（4）进行可中断期权的实物交割时，暂不考虑管网建设费用、大用户的转换费用。

　　（5）在期权有效期内，无风险利率 r 为常数。

11.4.3　可中断燃气的最优购买模型

　　基于以上的讨论，大用户通过签订可中断燃气合同对可中断燃气价格进行报价，并给出在合同有效期内可以中断燃气的容量和时间。省网公司根据大用户报价和平衡市场的预测天然气价格，合理购买可中断燃气。可中断燃气的最优购买模型如下：

$$\min f = \sum_{i=1}^{n} (P_i^0 + K_i) \cdot R_i \cdot t_i \tag{11.2}$$

$$\sum_{i=1}^{m} R_i \cdot t_i \geqslant \max Q \tag{11.3}$$

$$P_i^0 = S \cdot N_{(d_1)} - K \cdot \mathrm{e}^{-r(T-t)} \cdot N_{(d_2)} \tag{11.4}$$

$$d_1 = \frac{\ln \dfrac{S}{K_i} + \left(r + \dfrac{\sigma^2}{2}\right) \cdot (T-t)}{\sigma \sqrt{(T-t)}} \tag{11.5}$$

$$d_2 = d_1 - \sigma \sqrt{(T-t)} \tag{11.6}$$

　　在式（11.2）～式（11.6）中，式（11.2）为目标函数，表示购买的可中断燃气费用最小；式（11.3）为约束条件，表示在某时段内购入的可中断燃气量大于等于系统缺额容量。式（11.4）～式（11.6）为定价公式，用来测算期权费用。式中，i 为能够提供可中断燃气的用户编号（$i=1,2,3,\cdots,n$）；m 为选定的合约数量；P_i^0 为第 i 个用户签订合同所获得的期权费用；K_i 为第 i 个用户所报的可中断气价；R_i 为第 i 个用户的中断容量；t_i 为第 i 个用户的中断时长；$\max Q$ 为系统的缺额容量；S 为天然气 t 时刻的市场现货价格；$N_{(x)}$ 为均值为 0、标准偏差为 1 的标准正态分布变量小于 x 的累积概率分布函数；r 为在 $t-T$ 时间内以连续复利计算的无风险利率（短期国债收益率）；t 为省网公司与可中断用户签订合约后购买期权的时刻；T 为可中断燃气的销售时刻；σ 为天然气价格的波动率；d_1、d_2 为参数。

1. 无风险利率 r 的确定

无风险利率是指将资金投资于没有任何风险的标的资产时所获得的利息率。无风险利率 r 是 Black-Scholoes 定价公式中一个十分重要的参数，但它又是一个理想的参数，在现实中，并不存在完全没有风险的投资。在我国的资本市场中，国债一般具有安全性高、违约风险低的特点，故可以选取与可中断燃气期权期限相同或相近的国债收益率作为参考来确定无风险利率。由于 Black-Scholoes 模型 r 要求利率连续复利，而 r_0 通常为一年复利一次。因此 r_0 必须通过转换才能代入公式计算，两者的转换关系为

$$r = \frac{1}{n}\ln(1+r_0) \tag{11.7}$$

式中，r 为无风险利率；r_0 为同期国债利率；n 为国债期限。

2. 波动率 σ 的估计

本章使用天然气价格的历史波动率来对 σ 进行估计。其中隐含了一个假设，即天然气价格的波动率在一段时间内是相对稳定的，这样使用历史波动率才不会造成过大偏差。一般来讲，数据越多，估计的精确度也会越高，但是过老的历史数据对于预测波动率可能不太相关。因此，一个折中的办法是采用最近 90～180 天内天然气市场价格来进行波动率的测算。历史波动率计算过程如下。

计算天然气价格的对数收益，公式为

$$R_t = \ln\left(\frac{S_t}{S_{t-1}}\right) \tag{11.8}$$

$$s = \sqrt{\frac{\sum_{t=1}^{n} R_t - \bar{R}}{n-1}} \tag{11.9}$$

$$\hat{\sigma} = \frac{s}{\sqrt{\tau}} \tag{11.10}$$

式中，S_t 为当前天然气价格；S_{t-1} 为前一日天然气价格；R_t 为自然对数的计算结果，即购买天然气的对数收益；s 为 R_t 的标准差；n 为数据长度；$\bar{R}$ 为 R_t 的均值；τ 为时间区间的长度，以年为单位。

3. 可中断燃气模型的求解方法

该模型的求解方法采用动态排队法，按照各用户的中断费用从小到大依次购买，直到满足系统缺额约束为止。图 11.2 为求解的总流程。

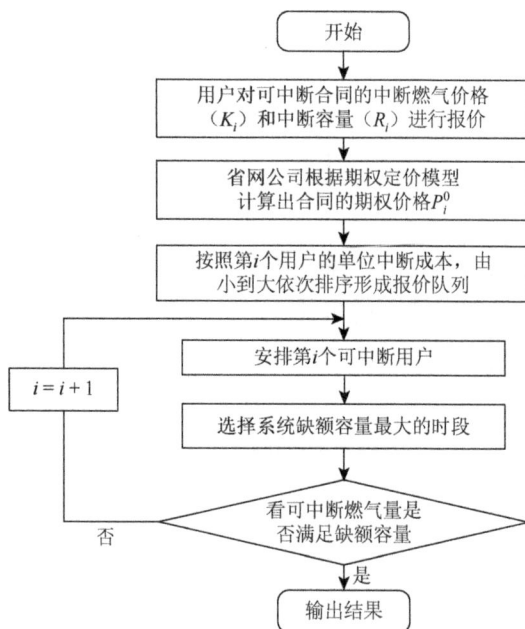

图 11.2　动态排队法求解可中断燃气模型流程图

（1）用户对可中断燃气合同的中断燃气价格（K_i）和中断容量（R_i）进行报价，省网公司根据期权定价模型计算期权价格 P_i^0。

（2）按照第 i 个用户的单位中断成本 f 由小到大依次排序。

（3）选择系统缺额容量最大的时段，依次从费用年成本最小的用户购买，直到满足式（11.3）的约束。

（4）根据选定的合约数，按照式（11.2）计算省网公司对可中断燃气期权合约的总购买费用。

11.5　案例分析

结合陕西省的实际情况，对工业用户实施可中断燃气应采用较为简单的形式：

先让可以中断的大用户进行报价,省网公司根据该报价和预测的实际市场情况进行优化调度,采用 Black-Scholes 模型为可中断燃气期权费用进行定价。合同有效期宜采用一季度一签的形式,对于停电持续时间可分为 4 小时和 8 小时两种类型。本章采用陕西省的用户调查结果数据。陕西省非居民用户有 7.01 万户,符合可中断条件的工业用户有 888 户。陕西省在冬季用气量高峰期日,全省日最高减限气量为 266×10^4 立方米,其中工业大用户减限气量在 200×10^4 立方米左右。由于大部分用户为了保证正常生产从中获得利润而不愿意中断燃气或者会大幅度抬高自己的中断燃气价,故只有部分工业用户愿意在合理中断燃气价格下中断燃气。表 11.1 为愿意中断燃气的大用户对中断燃气价格的报价。

表 11.1 可中断燃气用户上报的指标数据

用户编号	中断容量/(10^4 米^3/小时)	报价/(元/米^3)	中断持续时间/小时
1	9	1.8	4
2	10	2.1	4
3	8	2.0	4
4	15	2.2	4
5	7	1.9	4
6	9	2.4	4
7	18	2.2	4
8	13	2.5	4
9	8	2.0	4
10	12	2.1	4

运用 Black-Scholes 模型来测算期权价格,并计算中断费用,然后按照费用情况,进行排列,排列结果如表 11.2 所示。

表 11.2 不同可中断用户的中断费用

用户编号	报价/(元/米^3)	期权费用/(元/米^3)	中断总容量/10^4 米^3	中断费用/万元
5	1.9	1.11	28	84.28
3	2.0	1.01	32	96.32
9	2.0	1.01	32	96.32
1	1.8	1.21	36	108.36
6	2.4	0.62	36	108.72
2	2.1	0.91	40	120.40

续表

用户编号	报价/(元/米^3)	期权费用/(元/米^3)	中断总容量/10^4米^3	中断费用/万元
10	2.1	0.91	48	144.48
8	2.5	0.53	52	157.56
4	2.2	0.82	60	181.20
7	2.2	0.82	72	217.44

参考陕西省网公司与可中断大用户签订可中断燃气期权订购合约，据表 11.1 中结果，按照单位中断成本 f 从小到大对表 11.1 中的用户进行排队，结果为表 11.2。并根据式（11.2）在满足式（11.3）约束条件的基础上，选择出购买费用最小的可中断燃气用户组合。由此，可选择出可中断燃气用户 5、3、9、1、6 等参与天然气备用市场，总计备用天然气容量为 204×10^4 立方米，这覆盖了陕西省工业用户日最高减限气量 200×10^4 立方米。最终按照模型计算可中断燃气购买费用：$\min f = 614.4$ 万元。

11.6 结　论

在运行良好的天然气市场中，价格是反映天然气市场的重要经济指标。但突发事件的发生，可能会引起天然气价格的剧烈波动，这对于市场参与者来讲是难以接受的，因此天然气期权作为风险管理的工具出现在天然气市场上是必然的。对于处在天然气市场改革初期的中国，在合理的能源价格机制、气源风险、管输及储气能力等问题还尚未解决的情况下，结合天然气期权的可中断燃气合同将会受到普遍关注。本章认为当我国天然气市场机制建立起来时，实施可中断燃气合同是切实可行的，必将促进我国天然气市场的快速发展。

天然气需求的时间性、季节性可能会造成天然气市场价格发生较大波动，影响燃气管网的稳定运行。当天然气管网系统缺额较大时省网公司有权在合同的到期日按可中断燃气价格回购天然气，即不给可中断用户供气，如果到期日天然气管网运行稳定，即系统没有发生缺额，它可以不执行期权，即放弃按照中断气价购买可中断的天然气的权利。可中断燃气合同能在一定程度上降低省网公司的市场风险，维护燃气管网稳定。

在天然气市场上，允许可中断大用户以可中断燃气的方式参与天然气备用市场，在省网公司履行合同时，可中断用户可以获得按可中断燃气价格出售天然气的收益和期权费用，在省网公司不履行合同时，可中断用户仍可以获得期权费用。只要可中断燃气价格选择合适，就可以节约成本避免损失。

　　本章认为可中断燃气合同可以用于可中断燃气的管理，并从期权角度分析可中断燃气合同的选择权。本章应用 Black-Scholes 期权定价公式来测算可中断燃气合同的期权费用，并讨论了相关参数的取值方法。但是以上的研究均假设天然气现货价格服从几何布朗运动，而天然气价格的特性可能无法完全由几何布朗运动描述，所以采用传统 Black-Scholes 期权定价公式对天然气的期权费用进行估价可能会存在一定的误差，并且此模型运用效果还有待在实践中进一步检验，希望后续学者对此模型的假设条件进一步放松和修正。

参 考 文 献

蔡流. 2014. 我国天然气供需格局演变及影响因素分析[J]. 地域研究与开发, 33（2）：41-45.

柴建, 卢全莹, 邢丽敏, 等. 2017. 中国天然气产业的发展过快了吗?[J]. 管理评论, 29（8）：23-32.

柴建, 卢全莹, 张钟毓, 等. 2015. 工业化、城镇化进程中电力需求分析及预测[J]. 运筹与管理, （1）：164-172.

柴建, 张钟毓, 付举磊, 等. 2014. 国际原油价格系统结构性突变识别与分析[J]. 管理科学, 27（2）：133-144.

柴建, 张钟毓, 李新, 等. 2016 中国航空燃油消费分析及预测[J]. 管理评论, 28（1）：11-21.

陈纯, 蒋传文. 2008. 期权交易在电力市场中的应用[J]. 华东电力, （5）：20-23.

陈伟, 牛霖琳. 2013. 基于贝叶斯模型平均方法的中国通货膨胀的建模及预测[J]. 金融研究, （11）：15-27.

陈瑜, 田澎. 2006. 岭回归在资本结构影响因素回归建模中的应用[J]. 统计与决策, （10）：125-126.

陈正惠. 2013. 生态文明建设背景下的我国天然气开发利用[J]. 管理世界, （10）：1-5, 18.

成金华, 刘伦, 王小林, 等. 2014. 天然气区域市场需求弹性差异性分析及价格规制影响研究[J]. 中国人口·资源与环境, 24（8）：131-140.

揣小伟, 黄贤金, 王倩倩, 等. 2009. 基于信息熵的中国能源消费动态及其影响因素分析[J]. 资源科学, 31（8）：1280-1285.

代军. 2009. 权证定价中 B-S 模型与 CSR 模型的比较[J]. 中国管理科学, 17（5）：20-26.

董达鹏. 2017. 天然气市场下可中断负荷参与备用市场研究[J]. 科技和产业, 17（5）：62-65.

董秀成, 李佳蔓. 2018. 我国天然气"气荒"成因及对策研究[J]. 价格理论与实践, （2）：47-50.

冯良, 张丹, 王晓庆. 2009. 上海天然气市场需求模型构建与计量分析[J]. 天然气工业, 29（2）：120-122, 147.

高铁梅. 2009. 计量经济分析方法与建模[M]. 北京：清华大学出版社.

高千惠, 叶作亮, 代丽, 等. 2012. 天然气价格弹性实证研究——以成都地区为例[J]. 天然气工业, 32（8）：113-116, 137-138.

龚承柱, 李兰兰, 杨娟, 等. 2014. 基于 EMD-PSR-LSSVM 的城市燃气管网短期负荷预测[J]. 系统工程理论与实践, 34（11）：3001-3008.

韩金丽. 2008. 基于开发可中断用户市场的调峰研究[J]. 煤气与热力, （3）：49-52.

韩立岩, 尹力博. 2012. 投机行为还是实际需求?——国际大宗商品价格影响因素的广义视角分析[J]. 经济研究, （12）：83-96.

何耀耀, 许启发, 杨善林, 等. 2013. 基于 RBF 神经网络分位数回归的电力负荷概率密度预测方法[J]. 中国电机工程学报, 33（1）：93-98.

贺小莉，潘浩然. 2013. 基于 PSTR 模型的中国能源消费与经济增长非线性关系研究[J]. 中国人口. 资源与环境，23（12）：84-89.

简新华，黄锟. 2010. 中国城镇化水平和速度的实证分析与前景预测[J]. 经济研究（3）：28-39.

姜磊，季民河. 2011. 基于 STIRPAT 模型的中国能源压力分析——基于空间计量经济学模型的视角[J]. 地理科学，（09）：1072-1077.

姜子昂，肖学兰，余萌，等. 2011. 面向绿色发展的中国天然气科学体系构建[J]. 天然气工业，31（9）：7-11，131-132.

金朗，曹飞韶. 2017. 我国可再生能源发展现状与趋势[J]. 生态经济，33（10）：10-13.

兰海强，孟彦菊，张炯. 2014. 2030 年城镇化率的预测：基于四种方法的比较[J]. 统计与决策，（16）：66-70.

李成仁. 2012. 电力市场中可中断电价机制设计[J]. 能源技术经济，24（4）：11-15，38.

李宏勋，杜媛媛，包郁鹏. 2011. 从电力需求侧管理看中国天然气调峰[J]. 天然气工业，31（2）：107-109，133.

李君臣，董秀成，高建. 2010. 我国天然气消费的系统动力学预测与分析[J]. 天然气工业，30（4）：127-129，151.

李兰兰，徐婷婷，李方一，等. 2017. 中国居民天然气消费重心迁移路径及增长动因分解[J]. 自然资源学报，32（4）：606-619.

李兰兰，诸克军，杨娟. 2012. 天然气需求价格弹性研究综述[J]. 北京理工大学学报（社会科学版），14（6）：22-31.

李润生，瞿辉. 2015. 我国天然气产业发展面临的不确定性因素[J]. 国际石油经济，23（3）：1-4，109.

李善同，侯永志，刘云中，等. 2005. 中国经济增长潜力与经济增长前景分析[J]. 管理世界，（9）：7-19.

林伯强，杜克锐. 2013. 要素市场扭曲对能源效率的影响[J]. 经济研究，（9）：125-136.

林伯强，蒋竺均. 2009. 中国二氧化碳的环境库兹涅茨曲线预测及影响因素分析[J]. 管理世界，（04）：27-36.

刘扬，陈劭锋，张云芳，等. 能源 Kuznets 曲线：发达国家的实证分析[J]. 中国管理科学，（S1）：648-653.

刘毅军. 2010. 产业链视角下的"气荒"解读[J]. 天然气工业，30（1）：119-122，150-151.

刘毅军，汪海. 2002. 影响我国未来天然气价格因素的分析[J]. 价格理论与实践，（2）：29-31.

卢全莹，柴建，朱青，等. 2015. 天然气消费需求分析及预测[J]. 中国管理科学，（S1）：823-829.

吕明，徐东，丛威. 2018. 我国天然气调峰定价研究[J]. 价格理论与实践，（5）：35-38.

毛家义. 2015. 中国天然气价格形成机制的历史演变及价格变化综述[J]. 国际石油经济，（4）：19-27，110.

谌金宇，朱学红，钟美瑞. 2017. 我国货币政策对大宗商品市场影响的非线性效应[J]. 系统工程，35（6）：10-17.

单娴. 2010. 促进我国天然气市场调荷节能的研究——天然气市场引入可中断负荷的思考[J]. 价格理论与实践，（11）：31-32.

邵朝对，苏丹妮. 2015. 中国能耗增长的阶段性特征：基于 LMDI 模型的实证研究[J]. 南方经济，（1）：1-17.

邵帅，张曦，赵兴荣. 2017. 中国制造业碳排放的经验分解与达峰路径——广义迪氏指数分解和动态情景分析[J]. 中国工业经济，（3）：44-63.

施训鹏. 2017. 欧洲天然气交易枢纽发展经验及其对中国的启示[J]. 天然气工业，37（8）：108-117.

史立军，周泓. 2012. 我国天然气供需安全的系统动力学分析[J]. 中国软科学，（3）：162-169.

孙德强，张涵奇，卢玉峰，等. 2018. 我国天然气供需现状、存在问题及政策建议[J]. 中国能源，40（3）：41-43，47.

孙东琪，陈明星，陈玉福，等. 2016. 2015-2030年中国新型城镇化发展及其资金需求预测[J]. 地理学报，2016，（6）：1025-1044.

孙敬水，陈稚蕊，李志坚. 2011. 中国发展低碳经济的影响因素研究——基于扩展的STIRPAT模型分析[J]. 审计与经济研究，（4）：85-93.

滕玉华，刘长进. 2010. 中国省际技术进步、技术效率与区域能源需求[J]. 中国人口·资源与环境，20（3）：30-34.

田利辉，谭德凯. 2014. 大宗商品现货定价的金融化和美国化问题——股票指数与商品现货关系研究[J]. 中国工业经济，（10）：72-84.

万广华. 2011. 2030年：中国城镇化率达到80%[J]. 国际经济评论，（6）：99-111.

万玺，李必鑫，严毅，等. 2007. 重庆市"十一五"天然气需求组合预测研究[J]. 天然气技术，（3）：82-84，96.

王富平，文雯，吴杨洁，等. 2016. 对我国建立可中断天然气价格的思考[J]. 天然气技术与经济，10（6）：40-43，82-83.

王红晨. 2007. 我国天然气的价格研究及政策建议[D]. 北京：对外经济贸易大学.

王建学，王锡凡，王秀丽. 2005. 电力市场可中断负荷合同模型研究[J]. 中国电机工程学报，（9）：11-16.

王双英，李东，王群伟. 2011. 基于LMDI指数分解的中国石油消费影响因素分析[J]. 资源科学，（4）：759-765.

王婷，孙传旺，李雪慧. 2012. 中国天然气供给预测及价格改革[J]. 金融研究，（3）：43-56.

王文圣，丁晶，赵玉龙，等. 2003. 基于偏最小二乘回归的年用电量预测研究[J]. 中国电机工程学报，（10）：17-21.

王永川，樊禹均. 2019. 液化天然气行业分析及信贷风险防范建议[J]. 西部金融，（1）：90-93.

王勇，郑海东. 2014. 价格管制环境下的国际油价不确定性对企业投资的影响——来自中国资本市场的经验证据[J]. 系统工程，32（2）：21-31.

王震，赵林. 2016. 新形势下中国天然气行业发展与改革思考[J]. 国际石油经济，24（6）：1-6.

魏欢，田静，李波，等. 2016. 中国天然气储气调峰方式研究[J]. 天然气工业，36（8）：145-150.

武盈盈. 2008. 国内外天然气价格水平比较分析[J]. 国际石油经济，（10）：60-65，82.

燕群. 2016. 中国天然气价格影响因素及未来运行趋势[J]. 国际石油经济，（6）：45-51.

姚震，黎江峰，吴巧生，等. 2018. 中国天然气资源安全态势分析[J]. 地质通报，37（7）：1374-1378.

殷建平，黄辉. 2010. 我国天然气供求分析和未来消费政策选择[J]. 改革与战略，（4）：26-29.

俞剑，郑文平，程冬. 2016. 油价不确定性与企业投资[J]. 金融研究，（12）：32-47.

张东明，田光. 2017. 陕西省天然气供需平衡分析及对策[J]. 油气储运，36（2）：132-137.

张抗. 2003. 中国天然气价格的比较分析[J]. 天然气经济，（6）：26-30，74.

张文，王珏，部慧，等. 2012. 基于时差相关多变量模型的金融危机前后国际原油价格影响因素分析[J]. 系统工程理论与实践，32（6）：1166-1174.

张显，王锡凡，王建学，等. 2004. 可中断电力合同中新型期权的定价[J]. 中国电机工程学报，
　（12）：22-27.

赵进文，范继涛. 2007. 经济增长与能源消费内在依从关系的实证研究[J]. 经济研究，（8）：31-42.

赵军，潘月星. 2016. 欧盟天然气行业市场化改革实践及对我国的启示[J]. 价格理论与实践，
　（12）：82-85.

赵晓琴，康正坤，吴凤荣. 2008. 天然气消费的影响因素及灰色关联分析[J]. 油气储运，27（8）：5-8.

甄仟，郭晓茜，闫强. 2018. 基于行业视角的中国天然气消费因素分解[J]. 中国矿业，27：50-57.

郑言. 2012. 我国民用天然气的短期和长期需求弹性研究——以上海市为例[J]. 特区经济，
　（11）：49-51.

钟美瑞，谌杰宇，黄健柏，等. 2016. 基于 MSVAR 模型的有色金属价格波动影响因素的非线性
　效应研究[J]. 中国管理科学，24（4）：45-53.

周明，李庚银，倪以信. 2005. 电力市场下电力需求侧管理实施机制初探[J]. 电网技术，（5）：6-11.

诸克军，龚承柱，李兰兰，等. 2015. 天然气工商业用户分时定价与政府补贴策略[J]. 系统管理
　学报，24（4）：588-594.

邹才能，赵群，陈建军，等. 2018. 中国天然气发展态势及战略预判[J]. 天然气工业，38（4）：1-11.

Aguilera R F. 2014. The role of natural gas in a low carbon Asia Pacific[J]. Applied Energy，113（1）：
　1795-1800.

Akouemo H N，Povinelli R J. 2016. Probabilistic anomaly detection in natural gas time series data[J].
　International Journal of Forecasting，32（3）：948-956.

Almansour A. 2016. Convenience yield in commodity price modeling：a regime switching approach[J].
　Energy Economics，53：238-247.

Anderson E J，Hu X，Winchester D. 2007. Forward contracts in electricity markets：the Australian
　experience[J]. Energy Policy，35（5）：3089-3103.

Ang B W. 2004. Decomposition analysis for policymaking in energy：which is the preferred method?[J].
　Energy Policy，32（9）：1131-1139.

Ang B W，Liu N. 2007. Energy decomposition analysis：IEA model versus other methods?[J]. Energy
　Policy，35（3）：1426-1432.

Ansari A，Jedidi K，Dube L. 2002. Heterogeneous factor analysis models：a Bayesian approach[J].
　Psychometrika，67（1）：49-77.

Ansari A，Jedidi K，Jagpal S. 2000. A hierarchical Bayesian methodology for treating heterogeneity in
　structural equation models[J]. Marketing Science，19（4）：328-347.

Apergis N，Payne J E. 2009. Energy consumption and economic growth：evidence from the
　Commonwealth of Independent States[J]. Energy Economics，31（5）：641-647.

Aras N. 2008. Forecasting residential consumption of natural gas using genetic algorithms[J]. Energy
　Exploration & Exploitation，26（4）：241-266.

Asif M，Muneer T. 2007. Energy supply，its demand and security issues for developed and emerging
　economies[J]. Renewable and Sustainable Energy Reviews，11（7）：1388-1413.

Aslan A，Kum H. 2011. The stationary of energy consumption for Turkish disaggregate data by
　employing linear and nonlinear unit root tests[J]. Energy，36（7）：4256-4258.

Azadeh A，Asadzadeh S M，Saberi M，et al. 2011. A neuro-fuzzy-stochastic frontier analysis approach for long-term natural gas consumption forecasting and behavior analysis: the cases of Bahrain, Saudi Arabia, Syria, and UAE[J]. Applied Energy, 88 (11): 3850-3859.

Balestra P, Nerlove M. 1966. Pooling cross section and time series data in the estimation of a dynamic model: the demand for natural gas[J]. Econometrica, 34 (3): 585.

Barnard G A. 1963. New methods of quality control[J]. Journal of the Royal Statistical Society, 126 (2): 255.

Barnes R, Bosworth R. 2015. LNG is linking regional natural gas markets: evidence from the gravity model[J]. Energy Economics, 47: 11-17.

Barry D, Hartigan J A. 1992. Product partition models for change point problems[J]. The Annals of Statistics, 20 (1): 260-279.

Bates J M, Granger C W J. 1969. The combination of forecasts[J]. Journal of the Operational Research Society, 20 (4): 451-468.

Bentley R W. 2002. Global oil & gas depletion: an overview[J]. Energy Policy, 30 (3): 189-205.

Bessec M, Fouquau J. 2008. The non-linear link between electricity consumption and temperature in Europe: a threshold panel approach[J]. Energy Economics, 30 (5): 2705-2721.

Bianco V, Scarpa F, Tagliafico L A. 2014a. Scenario analysis of nonresidential natural gas consumption in Italy[J]. Applied Energy, 113 (6): 392-403.

Bianco V, Scarpa F, Tagliafico L A. 2014b. Analysis and future outlook of natural gas consumption in the Italian residential sector[J]. Energy Conversion & Management, 87 (87): 754-764.

Blanchard O, Quah D. 1989. The dynamic effects of aggregate demand and supply disturbances[J]. The American Economic Review, (4): 655-673.

Blattenberger G R, Taylor L D, Rennhack R K. 1983. Natural gas availability and the residential demand for energy[J]. The Energy Journal, 4 (1): 1-37.

Boran F E. 2015. Forecasting natural gas consumption in Turkey using grey prediction[J]. Energy Sources Part B Economics Planning and Policy, 10 (2): 208-213.

Bordignon S, Bunn D W, Lisi F, et al. 2013. Combining day-ahead forecasts for British electricity prices[J]. Energy Economics, 35: 88-103.

Boys K A, Florax R J. 2007. Meta-regression estimates for CGE models: a case study for input substitution elasticities in production agriculture[R]. In Proceedings of the American Agricultural Economics Association Annual Meeting, Portland, OR, 29 July-1 August 2007.

Brons M, Nijkamp P, Pels E, et al. 2008. A meta-analysis of the price elasticity of gasoline demand. A SUR approach[J]. Energy Economics, 30: 2105-2122.

Brown S P A, Yücel M K. 2008. What drives natural gas prices? [J]. Energy Journal, 29 (2): 45-60.

Cardoso C A V, Cruz G L. 2016. Forecasting natural gas consumption using ARIMA models and artificial neural networks[J]. IEEE Latin America Transactions, 14 (5): 2233-2238.

Cater J C. 1995. Valuing options for electric power resources[J]. The Electricity Journal, 8(3): 43-49.

Chai J, Fan W, Han J . 2019. Does the energy efficiency of power companies affect their industry status? A DEA analysis of listed companies in thermal power sector[J]. Sustainability, 12 (1): 138.

Chai J, Guo J, Lu H. 2008. Forecasting energy demand of China using Bayesian combination model[J]. China Population Resources & Environment，18（4）：50-55.

Chai J，Guo J，Meng L，et al. 2011. Exploring the core factors and its dynamic effects on oil price：an application on path analysis and BVAR-TVP model[J]. Energy Policy，39（12）：8022-8036.

Chai J，Guo J，Wang S Y，et al. 2009. Why does energy intensity fluctuate in China?[J]. Energy Policy，37（12）：5717-5731.

Chai J，Liang T，Lai K K，et al. 2018. The future natural gas consumption in China：based on the LMDI-STIRPAT-PLSR framework and scenario analysis[J]. Energy Policy，119：215-225.

Chai J，Liang T，Zhou X，et al. 2016. Natural gas consumption of emerging economies in the industrialization process[J]. Sustainability，8（11）：1089.

Chai J，Zhang Z Y，Wang S Y，et al. 2014. Aviation fuel demand development in China [J]. Energy Economics，46：224-235.

Chen C S，Leu J T. 1990. Interruptible load control for Taiwan power company[J]. IEEE Transactions on Power Systems，5（2）：460-465.

Chen W，Nu L L. 2013. Modeling and forecasting inflation in China：based on a Bayesian model averaging approach[J]. Journal of Financial Research，（11）：15-27.

Chen Z H，An H Z，Gao X Y，et al. 2016. Competition pattern of the global liquefied natural gas，LNG trade by network analysis[J]. Journal of Natural Gas Science & Engineering，33：769-776.

Cheng J H，Liu L，Wang X L，et al. 2014. Research on the difference analysis of natural gas regional market demand elasticity and the impact of price regulation[J]. China Population，Resource and Environment，24：131-140.

Chipman H，George E I，McCulloch R E，et al. 2001. The practical implementation of Bayesian model selection[J]. Lecture Notes-Monograph Series，38（262）：65-134.

Cleveland R B，Cleveland W S，McRae J E，et al. 1990. STL：a seasonal-trend decomposition[J]. Journal of Official Statistics，6（1）：3-73.

Deihimi A，Showkati H. 2012. Application of echo state networks in short-term electric load forecasting[J]. Energy，39（1）：327-340.

Dergiades T，Martinopoulos G，Tsoulfidis L. 2013. Energy consumption and economic growth：parametric and non-parametric causality testing for the case of Greece[J]. Energy Economics，36：686-697.

Dietz T，Rosa E A. 1994. Rethinking the environmental impacts of population，affluence and technology[J]. Human Ecology Review，1：277-300.

Dijk D V，Teräsvirta T，Franses P H. 2002. Smooth transition autoregressive models—a survey of recent developments[J]. Econometric Reviews，21（1）：1-47.

Dilaver Ö，Dilaver Z，Hunt L C. 2014. What drives natural gas consumption in Europe？Analysis and projections[J]. Journal of Natural Gas Science and Engineering，19：125-136.

Dong X C，Pi G L，Ma Z W，et al. 2017. The reform of the natural gas industry in the PR of China[J]. Renewable & Sustainable Energy Reviews，73：582-593.

Ediger V S，Akar S. 2007. Arima forecasting of primary energy demand by fuel in turkey[J]. Energy Policy，35（3）：1701-1708.

Egging R，Holz F. 2016. Risks in global natural gas markets：investment，hedging and trade[J].

Energy Policy，94：468-479.

Ehrlich P R，Holdren J P. 1971. Impact of population growth[J]. Science，171（3977）：1212-1217.

Engle R F. 2002. Dynamic conditional correlation：a simple class of multivariate generalized autoregressive conditional heteroskedasticity models[J]. Journal of Business & Economic Statistics，20（3）：339-350.

Erdogdu E. 2010. Natural gas demand in Turkey[J]. Applied Energy，87（1）：211-219.

Ervural B C，Beyca O F，Zaim S，et al. 2016. Model estimation of ARMA using genetic algorithms：a case study of forecasting natural gas consumption[J]. Procedia-Social and Behavioral Sciences，235：537-545.

Espey J A，Espey M. 2004. Turning on the lights：a meta-analysis of residential electricity demand elasticities[J]. Journal of Agricultural and Applied Economics，36：65-81.

Espey M. 1996. Explaining the variation in elasticity estimates of gasoline demand in the United States：a meta-analysis[J]. The Energy Journal，17（3）：49-60.

Espey M. 1998. Gasoline demand revisited：an international meta-analysis of elasticities[J]. Energy Economics，20：273-295.

Fallahi F. 2011. Causal relationship between energy consumption（EC）and GDP：a Markov switching （MS）causality[J]. Energy，36（7）：4165-4170.

Feng L，Zhang D，Wang X Q. 2009. Econometric analysis and modeling on residential demand of natural gas in Shanghai[J]. Natural Gas Industry，29：120-122.

Fouquau J，Hurlin C，Rabaud I. 2008. The Feldstein-Horioka puzzle：a panel smooth transition regression approach[J]. Economic Modelling，25（2）：284-299.

Frank L E，Friedman J H. 1993. A statistical view of some chemometrics regression tools[J]. Technometrics，35（2）：109-135.

Gao Q H, Ye Z L, Dai L, et al. 2012. Case study of natural gas price elasticity in Chengdu，Southwest China[J]. Natural Gas Industry，32：113-116.

Geman S，Geman D. 1987. Stochastic relaxation，gibbs distributions，and the Bayesian restoration of images[J]. Readings in Computer Vision，PAMI-6（6）：564-584.

Geng J B，Ji Q，Fan Y. 2014. A dynamic analysis on global natural gas trade network[J]. Applied Energy，132（1）：23-33.

González A，Teräsvirta T，Dijk D. 2005. Panel smooth transition regression models[R]. SSE/EFI Working Paper Series in Economics and Finance.

Goodwin P. 2005. How to integrate management judgment with statistical forecasts[J]. Foresight：The International Journal of Applied Forecasting，（1）：8-12.

Gorucu F B. 2004a. Evaluation and forecasting of gas consumption by statistical analysis[J]. Energy Sources，26（3）：267-276.

Gorucu F B. 2004b. Artificial neural network modeling for forecasting gas consumption[J]. Energy Sources，26（3）：299-307.

Hamilton J D. 1989. A new approach to the economic analysis of nonstationary time series and the business cycle[J]. Econometrica，57（2）：357.

Hamilton J D，Wu J C. 2014. Risk premia in crude oil futures prices[J]. Journal of International

Money and Finance, 42: 9-37.

Hansen B E. 1999. Threshold effects in non-dynamic panels: estimation, testing, and inference[J]. Journal of Econometrics, 93 (2): 345-368.

Havranek T, Irsova Z. 2012. Survey article: publication bias in the literature on foreign direct investment spillovers[J]. The Journal of Development Studies, 48 (10): 1375-1396.

Havranek T, Kokes O. 2015. Income elasticity of gasoline demand: a meta-analysis[J]. Energy Economics, 47: 77-86.

He G J, Xiao R G, Liang S. 2015. Prediction and influencing factors analysis of natural gas consumption in China based on SPSS[C]. International Conference on Automation, Mechanical Control and Computational Engineering.

He L Y, Li Y. 2009. Characteristics of China's coal, oil and electricity price and its regulation effect on entity economy[J]. Procedia Earth & Planetary Science, 1 (1): 1627-1634.

He Y X, Liu Y Y, Wang J H, et al. 2014. Low-carbon-oriented dynamic optimization of residential energy pricing in China[J]. Energy, 66 (2): 610-623.

Henderson B J, Pearson N D, Wang L. 2015. New evidence on the financialization of commodity markets[J]. Review of Financial Studies, 28 (5): 1285-1311.

Herbert J H, Sitzer S, Eades-Pryor Y. 2014. A statistical evaluation of aggregate monthly industrial demand for natural gas in the U.S.A[J]. Energy, 12 (12): 1233-1238.

Hoeting J A, Madigan D, Raftery A E, et al. 1999. Bayesian model averaging: a tutorial[J]. Statistical Science, 14 (4): 382-401.

Hong S, Bradshaw C J A, Brook B W. 2013. Evaluating options for sustainable energy mixes in South Korea using scenario analysis[J]. Energy, 52 (2): 237-244.

Huntington H G. 2007. Industrial natural gas consumption in the United States: an empirical model for evaluating future trends [J]. Energy Economics, 29 (4): 743-759.

Hyndman R J, Akram M, Archibald B C. 2008. The admissible parameter space for exponential smoothing models[J]. Annals of the Institute of Statistical Mathematics, 60 (2): 407-426.

Inoue A, Kilian L. 2005. In-sample or out-of-sample tests of predictability: which one should we use? [J]. Econometric Reviews, 23 (4): 371-402.

Işik C. 2010. Natural gas consumption and economic growth in Turkey: a bound test approach[J]. Energy Systems, 1 (4): 441-456.

Ji Q, Zhang D Y. 2019. How much does financial development contribute to renewable energy growth and upgrading of energy structure in China? [J]. Energy Policy, 128: 114-124.

Jia J S, Deng H B, Duan J, et al. 2009. Analysis of the major drivers of the ecological footprint using the STIRPAT model and the PLS method—A case study in Henan Province, China[J]. Ecological Economics, 68 (11): 2818-2824.

Jiang Z, Lin B. 2012. China's energy demand and its characteristics in the industrialization and urbanization process[J]. Energy Policy, 49: 608-615.

Ju K, Su B, Zhou D, et al. 2017. Does energy-price regulation benefit China's economy and environment? Evidence from energy-price distortions[J]. Energy Policy, 105: 108-119.

Kalkuhl M, Edenhofer O, Lessmann K. 2013. Renewable energy subsidies: second-best policy or fatal aberration for mitigation? [J]. Resource & Energy Economics, 35 (3): 217-234.

Kamat R, Oren S S. 2002. Exotic options for interruptible electricity supply contracts[J]. Operations Research, 50 (5): 835-850.

Kani A H, Abbasspour M, Abedi Z. 2014. Estimation of demand function for natural gas in Iran: evidences based on smooth transition regression models[J]. Economic Modelling, 36: 341-347.

Karvetski C W, Lambert J H, Linkov I. 2011. Scenario and multiple criteria decision analysis for energy and environmental security of military and industrial installations[J]. Integrated Environmental Assessment & Management, 7 (2): 228-236.

Kaynar O, Yilmaz I, Demirkoparan F. 2011. Forecasting of natural gas consumption with neural network and neuro fuzzy system[J]. Energy Education Science and Technology Part A: Energy Science and Research, 26 (2): 221-238.

Kepner W G, Semmens D J, Bassett S D, et al. 2004. Scenario analysis for the San Pedro river, analyzing hydrological consequences of a future environment[J]. Environmental Monitoring & Assessment, 94 (1/2/3): 115-127.

Khotanzad A, Elragal H. 1999. Natural gas load forecasting with combination of adaptive neural networks[C]. International Joint Conference on Neural Networks, 6: 4069-4072.

Khotanzad A, Elragal H, Lu T L. 2000. Combination of artificial neural-network forecasters for prediction of natural gas consumption[J]. IEEE Transactions on Neural Networks, 11 (2): 464-473.

Kilian L. 2009. Not all oil price shocks are alike: disentangling demand and supply shocks in the crude oil market[J]. American Economic Review, 99 (3): 1053-1069.

Kizilaslan R, Karlik B. 2009. Combination of neural networks forecasters for monthly natural gas consumption prediction[J]. Neural Network World, 19 (2): 191-199.

Koenker R, Bassett G. 1978. Regression quantiles[J]. Econometrica, 46 (1): 33-50.

Krichene N. 2002. World crude oil and natural gas: a demand and supply model[J]. Energy Economics, 24 (6): 557-576.

Kum H, Ocal O, Aslan A. 2012. The relationship among natural gas energy consumption, capital and economic growth: bootstrap-corrected causality tests from G-7 countries[J]. Renewable and Sustainable Energy Reviews, 16 (5): 2361-2365.

Kumar S, Kwon H T, Choi K H, et al. 2011. Current status and future projections of LNG demand and supplies: a global prospective[J]. Energy Policy, 39 (7): 4097-4104.

Kumar U, Jain V K. 2010. Time series models (Grey-Markov, Grey Model with rolling mechanism and singular spectrum analysis) to forecast energy consumption in India[J]. Energy, 35 (4): 1709-1716.

Labandeira X, Labeaga J M, López-Otero X. 2017. A meta-analysis on the price elasticity of energy demand[J]. Energy Policy, 102: 549-568.

Leamer E E. 1978. Specification Searches: Ad Hoc Inference with Nonexperimental Data[M]. New York: Wiley.

Lee C C. 2005. Energy consumption and GDP in developing countries: a cointegrated panel analysis[J]. Energy Economics, 27 (3): 415-427.

Lee C C, Chiu Y B. 2011. Electricity demand elasticities and temperature: evidence from panel smooth transition regression with instrumental variable approach[J]. Energy Economics, 33 (5): 896-902.

Lee S Y. 1981. A Bayesian approach to confirmatory factor analysis[J]. Psychometrika, 46 (2): 153-160.

Lee S Y, Song X Y. 2004. Evaluation of the Bayesian and maximum likelihood approaches in analyzing structural equation models with small sample sizes[J]. Multivariate Behavioral Research, 39 (4): 653.

Lee S Y, Song X Y, Skevington S, et al. 2005. Application of structural equation models to quality of life[J]. Structural Equation Modeling A Multidisciplinary Journal, 12 (3): 435-453.

Levin A, Lin C F, Chu C S J. 2002. Unit root tests in panel data: asymptotic and finite-sample properties[J]. Journal of Econometrics, 108 (1): 1-24.

Li J, Dong X C, Jian G. 2010. Dynamical modeling of natural gas consumption in China[J]. Natural Gas Industry, 30 (4): 127-129.

Li J, Dong X C, Shangguan J X, et al. 2011. Forecasting the growth of China's natural gas consumption[J]. Energy, 36 (3): 1380-1385.

Li L, Gong C Z, Wang D Y, et al. 2013. Multi-agent simulation of the time-of-use pricing policy in an urban natural gas pipeline network: a case study of Zhengzhou[J]. Energy, 52: 37-43.

Liao H, Fan Y, Wei Y M. 2007. What induced China's energy intensity to fluctuate: 1997-2006? [J]. Energy Policy, 35 (9): 4640-4649.

Lin B, Ouyang X. 2014. Energy demand in China: comparison of characteristics between the US and China in rapid urbanization stage[J]. Energy Conversion and Management, 79: 128-139.

Lin B, Wang T. 2012. Forecasting natural gas supply in China: production peak and import trends [J]. Energy Policy, 49 (1): 225-233.

Liu G X, Jia F R, Yue Q, et al. 2016. Decoupling of nonferrous metal consumption from economic growth in china[J]. Environment Development & Sustainability, 18 (1): 221-235.

Liu L M, Lin M W. 1991. Forecasting residential consumption of natural gas using monthly and quarterly time series[J]. International Journal of Forecasting, 7 (1): 3-16.

Liu W, Li H. 2011. Improving energy consumption structure: a comprehensive assessment of fossil energy subsidies reform in China[J]. Energy Policy, 39 (7): 4134-4143.

Liu Y B. 2009. Exploring the relationship between urbanization and energy consumption in China using ARDL(autoregressive distributed lag)and FDM(factor decomposition model)[J]. Energy, 34 (11): 1846-1854.

Loschi R H, Cruz F R B, Iglesias P L, et al. 2003. A Gibbs sampling scheme to the product partition model: an application to change-point problems[J]. Computers & Operations Research, 30 (3): 463-482.

Ma H W, Wu Y H. 2009. Grey predictive on natural gas consumption and production in China[R]. 2009 Second Pacific-Asia Conference on Web Mining and Web-based Application.

Ma Y F, Li Y L. 2010. Analysis of the supply-demand status of China's natural gas to 2020[J]. Petroleum Science, 7 (1): 132-135.

Malik A S. 1998. Simulation of DSM resources as generating units in probabilistic production costing framework[J]. IEEE Transactions on Power Systems, 13 (4), 1528-1533.

Mark N C. 1995. Exchange rates and fundamentals: evidence on long-horizon predictability[J]. American Economic Review, 85 (1): 201-218.

Mensi W, Beljid M, Boubaker A. 2013. Correlations and volatility spillovers across commodity and stock markets: linking energies, food, and gold[J]. Economic Modelling, 32 (5): 15-22.

Min C K, Zellner A. 1993. Bayesian and non-Bayesian methods for combining models and forecasts with applications to forecasting international growth rates[J]. Journal of Econometrics, 56(1/2): 89-118.

Moody J, Darken C J. 1989. Fast learning in networks of locally-tuned processing units[J]. Neural Computation, 1 (2): 281-294.

Moral-Carcedo J, Vicéns-Otero J. 2005. Modelling the non-linear response of Spanish electricity demand to temperature variations[J]. Energy Economics, 27 (3): 477-494.

Moryadee S, Gabriel S A, Avetisyan H G. 2014. Investigating the potential effects of US LNG exports on global natural gas markets[J]. Energy Strategy Reviews, 2 (3-4): 273-288.

Mraihi R, Abdallah K B, Abid M. 2013. Road transport-related energy consumption: analysis of driving factors in Tunisia[J]. Energy Policy, 62 (7): 247-253.

Mu X Y. 2007. Weather, storage, and natural gas price dynamics: fundamentals and volatility[J]. Energy Economics, 29 (1): 46-63.

Nelson J P, Kennedy P E. 2009. The use (and abuse) of meta-analysis in environmental and natural resource economics: an assessment[J]. Environmental and Resource Economics, 42 (3): 345-377.

Nguyen B H, Okimoto T. 2019. Asymmetric reactions of the US natural gas market and economic activity[J]. Energy Economics, 80: 86-99.

Nwachukwu M U, Chike H. 2011. Fuel subsidy in Nigeria: fact or fallacy[J]. Energy, 36 (5): 2796-2801.

Paltsev S, Zhang D W. 2015. Natural gas pricing reform in China: getting closer to a market system?[J]. Energy Policy, 86: 43-56.

Parikh J, Shukla V. 1995. Urbanization, energy use and greenhouse effects in economic development: results from a cross-national study of developing countries[J]. Global Environmental Change, 5 (2): 87-103.

Park J H, Hong T H. 2013. Analysis of south korea's economic growth, carbon dioxide emission, and energy consumption using the markov switching model[J]. Renewable & Sustainable Energy Reviews, 18 (2): 543-551.

Pesaran M H, Shin Y, Smith R J. 2001. Bounds testing approaches to the analysis of level relationships[J]. Journal of Applied Econometrics, 16 (3): 289-326.

Qi T, Weng Y Y, Zhang X L, et al. 2016. An analysis of the driving factors of energy-related CO_2 emission reduction in China from 2005 to 2013[J]. Energy Economics, 60: 15-22.

Qiang W, Qiu H N, Kuang Y. 2009. Market-driven energy pricing necessary to ensure China's power supply[J]. Energy Policy, 37 (7): 2498-2504.

Raftery A E, Madigan D, Hoeting J A. 1997. Bayesian model averaging for linear regression models[J]. Journal of the American Statistical Association, 92 (437): 179-191.

Ramírez A, de Keizer C, van der Sluijs J P, et al. 2008. Monte Carlo analysis of uncertainties in the

Netherlands greenhouse gas emission inventory for 1990-2004[J]. Atmospheric Environment, 42 (35): 8263-8272.

Ratti R A, Seol Y, Yoon K H. 2011. Relative energy price and investment by European firms[J]. Energy Economics, 33 (5): 721-731.

Reynolds D, Kolodziej M. 2009. North American natural gas supply forecast: the hubbert method including the effects of institutions[J]. Energies, 2 (2): 269-306.

Ritz R A. 2014. Price discrimination and limits to arbitrage: an analysis of global LNG markets[J]. Energy Economics, 45: 324-332.

Rodger J A. 2014. A fuzzy nearest neighbor neural network statistical model for predicting demand for natural gas and energy cost savings in public buildings[J]. Expert Systems with Applications, 41 (4): 1813-1829.

Sadorsky P. 2009. Renewable energy consumption and income in emerging economies[J]. Energy Policy, 37 (10): 4021-4028.

Sadorsky P. 2010. The impact of financial development on energy consumption in emerging economies[J]. Energy Policy, 38 (5): 2528-2535.

Sánchez-Úbeda E F, Berzosa A. 2007. Modeling and forecasting industrial end-use natural gas consumption[J]. Energy Economics, 29 (4): 710-742.

Santamouris M, Paravantis J A, Founda D, et al. 2013. Financial crisis and energy consumption: a household survey in Greece[J]. Energy & Buildings, 65 (10): 477-487.

Scheines R, Hoijtink H, Boomsma A. 1999. Bayesian estimation and testing of structural equation models[J]. Psychometrika, 64 (1): 37-52.

Schwartz, Peter. 1996. The Art of the Long View: Paths to Strategic Insight for Yourself and Your Company[M]. New York: Currency Doubleday.

Shahbaz M, Lean H H, Farooq A. 2013. Natural gas consumption and economic growth in Pakistan[J]. Renewable & Sustainable Energy Reviews, 18 (2): 87-94.

Shi J Q, Lee S Y. 1998. Bayesian sampling-based approach for factor analysis models with continuous and polytomous data[J]. British Journal of Mathematical & Statistical Psychology, 51 (2): 233-252.

Shi X P, Variam H M P, Tao J. 2017. Global impact of uncertainties in China's gas market[J]. Energy Policy, 104: 382-394.

Shi X P, Variam H M P. 2016. Gas and LNG trading hubs, hub indexation and destination flexibility in East Asia[J]. Energy Policy, 96: 587-596.

Shi X F, Sun S Z. 2017. Energy price, regulatory price distortion and economic growth: a case study of China[J]. Energy Economics, 63: 261-271.

Shin Y, Yu B, Greenwood-Nimmo M. 2014. Modelling asymmetric cointegration and dynamic multipliers in a nonlinear ardl framework[J]. Social Science Electronic Publishing: 281-314.

Siliverstovs B, L'Hégaret G, Neumann A, et al. 2005. International market integration for natural gas? A cointegration analysis of prices in Europe, North America and Japan[J]. Energy Economics, 27 (4): 603-615.

Simões S, Cleto J, Fortes P, et al. 2008. Cost of energy and environmental policy in Portuguese CO_2

abatement-scenario analysis to 2020[J]. Energy Policy，36（9）：3598-3611.

Simpson R J S，Pearson K. 1904. Report on certain enteric fever inoculation statistics[J]. British Medical Journal，2：1243-1246.

Sims C A. 1980. Macroeccconomics and reality，modeling economic series[J]. Economerica，（48）：1-48.

Soldo B. 2012. Forecasting natural gas consumption[J]. Applied Energy，92（4）：26-37.

Stanley T D，Doucouliagos H. 2007. Identifying and correcting publication selection bias in the efficiency-wage literature：heckman meta-regression[J]. Economics Series，11：2007.

Stanley T D，Jarrell S B. 2005. Meta-regression analysis：a quantitative method of literature surveys[J]. Journal of Economic Surveys，19（3）：299-308.

Sun C W，Ouyang X L. 2016. Price and expenditure elasticities of residential energy demand during urbanization：an empirical analysis based on the household-level survey data in China[J]. Energy Policy，88：56-63.

Sun J W. 1998. Changes in energy consumption and energy intensity：a complete decomposition model[J]. Energy Economics，20（1）：85-100.

Szoplik J. 2015. Forecasting of natural gas consumption with artificial neural networks[J]. Energy，85：208-220.

Tang C F，Tan E C. 2013. Exploring the nexus of electricity consumption，economic growth，energy prices and technology innovation in Malaysia[J]. Applied Energy，104（4）：297-305.

Tang K，Xiong W. 2012. Index investment and the financialization of commodities[J]. Financial Analysts Journal，68（6）：54-74.

Tang W，Wu L，Zhang Z X. 2010. Oil price shocks and their short-and long-term effects on the Chinese economy[J]. Energy Economics，32（1）：S3-S14.

Taylor J W. 2000. A quantile regression neural network approach to estimating the conditional density of multiperiod returns[J]. Journal of Forecasting，19（4）：299-311.

Teräsvirta T. 1994. Specification，estimation，and evaluation of smooth transition autoregressive models[J]. Journal of the American Statistical Association，89（425）：208-218.

Thompson R G，Proctor M S，Hocking R R. 1972. Investment-borrowing decisions in natural gas transmission[J]. Management Science，18（10）：B-544.

Torrie R D，Stone C，Layzell D B. 2016. Understanding energy systems change in canada：1. decomposition of total energy intensity[J]. Energy Economics，56，101-106.

Tsai C L. 2015. How do US stock returns respond differently to oil price shocks pre-crisis，within the financial crisis，and post-crisis？[J].Energy Economics，50：47-62.

Vivoda V. 2014. Natural gas in Asia：trade，markets and regional institutions[J]. Energy Policy，74：80-90.

Vondráček J，Pelikán E，Konár O，et al. 2008. A statistical model for the estimation of natural gas consumption[J]. Applied Energy，85（5），362-370.

Wang J，Feng L，Zhao L，et al. 2013. China's natural gas：resources，production and its impacts[J]. Energy Policy，55（3）：690-698.

Wang J，Jiang H，Zhou Q，et al. 2016a. China's natural gas production and consumption analysis based on the multicycle Hubbert model and rolling grey model[J]. Renewable and Sustainable Energy Reviews, 53: 1149-1167.

Wang J, Mohr S, Feng L, et al. 2016b. Analysis of resource potential for China's unconventional gas and forecast for its long-term production growth[J]. Energy Policy, 88: 389-401.

Wang T, Lin B. 2017. China's natural gas consumption peak and factors analysis: a regional perspective[J]. Journal of Cleaner Production, 142: 548-564.

Wang T, Lin B. 2014. China's natural gas consumption and subsidies—from a sector perspective[J]. Energy Policy, 65 (2): 541-551.

Wang T, Sun C, Li X. 2012. Natural gas supply forecast and pricing reforms in China[J]. Journal of Financial Research, (3): 43-56.

Wang Z, Yin F, Zhang Y, et al. 2012. An empirical research on the influencing factors of regional CO_2 emissions: evidence from Beijing city, China[J]. Applied Energy, 100: 277-284.

Wold S, Albano C, Dunn W J, et al. 1983. Pattern recognition: finding and using regularities in multivariate data[J]. Food Research and Data Analysis, 3: 183-185.

Wu H M, Xu W. 2014. Cargo transport energy consumption factors analysis: based on LMDI decomposition technique[J]. IERI Procedia, 9: 168-175.

Wu L, Liu S, Chen H, et al. 2015. Using a novel grey system model to forecast natural gas consumption in China [J]. Mathematical Problems in Engineering, 2015: 1-7.

Xu D. 1993. Price distortion in the transition process: a CGE analysis of China's case[J]. Economic Change and Restructuring, 26 (2): 161-182.

Xu G, Wang W. 2010. Forecasting China's natural gas consumption based on a combination model[J]. Journal of Natural Gas Chemistry, 19 (5): 493-496.

Yang C J, Xuan X, Jackson R B. 2012. China's coal price disturbances: observations, explanations, and implications for global energy economies[J]. Energy Policy, 51: 720-727.

Yao Y C. 1984. Estimation of a noisy discrete-time step function: Bayes and empirical Bayes approaches[J]. Annals of Statistics, 12 (4): 1434-1447.

York R. 2007. Demographic trends and energy consumption in European Union Nations, 1960-2025[J]. Social Science Research, 36 (3): 855-872.

Yu F, Xu X. 2014. A short-term load forecasting model of natural gas based on optimized genetic algorithm and improved BP neural network[J]. Applied Energy, 134 (134): 102-113.

Yu Y H, Zheng X Y, Han Y. 2014. On the demand for natural gas in urban China[J]. Energy Policy, 70: 57-63.

Zamani M. 2007. Energy consumption and economic activities in Iran[J].Energy Economics, 29 (6): 1135-1140.

Zeng B, Li C. 2016. Forecasting the natural gas demand in China using a self-adapting intelligent grey model[J]. Energy, 112: 810-825.

Zeng S, Chen Z M, Alsaedi A, et al. 2018. Price elasticity, block tariffs, and equity of natural gas demand in China: investigation based on household-level survey data[J]. Journal of Cleaner Production, 179: 441-449.

Zhang C M, Peng S N. 2011. Analysis of the market position of natural gas in China based on energy production and consumption elasticity[J]. Advanced Materials Research，（343/344）：212-215.

Zhang M，Li H，Zhou M，et al. 2011. Decomposition analysis of energy consumption in Chinese transportation sector[J]. Applied Energy，88（6）：2279-2285.

Zhang M，Mu H，Li G，et al. 2009. Forecasting the transport energy demand based on PLSR method in China[J]. Energy，34（9）：1396-1400.

Zhang W，Yang J. 2015. Forecasting natural gas consumption in China by Bayesian model averaging[J]. Energy Reports，1：216-220.

Zhang W，Yang J，Zhang Z，et al. 2017. Natural gas price effects in china based on the CGE model[J]. Journal of Cleaner Production，147：497-505.

Zhang Y J，Chevallier J，Guesmi K. 2017. "De-financialization" of commodities? Evidence from stock，crude oil and natural gas markets[J]. Energy Economics，68：228-239.

Zhang Y，Ji Q，Fan Y，et al. 2018. The price and income elasticity of China's natural gas demand：a multi-sectoral perspective[J]. Energy Policy，113：332-341.